Vogel

Laura Lynne Jackson
Das Licht zwischen uns

Laura Lynne Jackson

Das Licht zwischen uns

Botschaften von Verstorbenen, Antworten für unser Leben

Aus dem Englischen übersetzt
von Dr. Juliane Molitor

Ansata

Die amerikanische Originalausgabe erschien 2015 unter dem Titel »The light between us« bei Spiegel & Grau, an imprint of Random House, a division of Penguin Random House LLC, New York, USA.

MIX
Papier aus verantwortungsvollen Quellen
FSC® C014889
FSC
www.fsc.org

Verlagsgruppe Random House FSC®N001967
Ansata Verlag
Ansata ist ein Verlag der Verlagsgruppe Random House GmbH.

ISBN 978-3-7787-7510-3
Erste Auflage 2016

Redaktion: Dr. Anita Krätzer
Umschlaggestaltung: Guter Punkt, München unter Verwendung eines Motivs von © istock / thinkstock
Satz: Satzwerk Huber, Germering
Druck und Bindung: GGP Media GmbH Pößneck

www.ansata-verlag.de

Für meine Mutter, Linda Osvald, die mir beigebracht hat, dem Licht in mir zu vertrauen und das Licht zwischen uns allen zu ehren. Mama, jede Schönheit dieser Welt, die durch mich zum Ausdruck kommt, hat mit dir zu tun. Du bist ihre Wurzel.

Und für Garrett, Ashley, Hayden und Juliet, die meine Welt mit Licht, Freude und Bedeutung erfüllt haben. Ihr seid der Grund für alles, was ich tue.

Und für alle, die dies lesen. Mögen wir einander stets ein Licht auf dem Weg sein.

Es gibt zwei Arten, sein Leben zu leben:
entweder so, als wäre nichts ein Wunder,
oder so, als wäre alles eines.

Albert Einstein

Inhalt

****

Teil Eins

****

****

Teil Zwei

****

****

Teil Drei

****

Einleitung

Ich war auf der Jericho Turnpike nach Westen unterwegs, als die Botschaften ankamen.

Ich umklammerte das Lenkrad meines Honda Pilot, bog nach rechts ab und fuhr schließlich auf den Parkplatz vor einem Staples-Markt. Ich trat auf die Bremse und kam auf einem Stellplatz schief zum Stehen.

Darauf war ich nicht vorbereitet gewesen. Noch kurz zuvor hatte ich tief ein- und ausgeatmet und versucht, ruhig zu bleiben, weil ich so nervös war. Genau genommen war mir himmelangst. Bald würde ich in einem Raum voller leidender Menschen stehen. Meine Rolle an diesem Abend bestand darin, ihre Qualen zu lindern, und ich hatte Angst, dass ich vielleicht alles noch schlimmer machen würde.

Ich trug ein einfaches schwarzes Oberteil und eine schwarze Hose, um zu vermeiden, dass irgendjemand vom Muster meiner Bluse oder von den Blumen auf meiner Kleidung abgelenkt wurde. Das Abendessen hatte ich ausfallen lassen, weil ich viel zu abgespannt war, um etwas zu essen. Garrett, mein Mann, war noch nicht von der Arbeit zurückgekommen. Also hatte ich meine Mutter gebeten, auf unsere beiden kleinen Kinder aufzupassen, bis er nach Hause kam. Ich war ein bisschen spät dran. Daher versuchte ich, mich auf der stark befahrenen Straße durchzuwinden, aber ich kam nur langsam voran.

Dann plötzlich kamen sie auf mich zu.

Die Kinder.

Alle auf einmal, als Gruppe. Es war erstaunlich, als wäre ich ganz allein in einem Raum gewesen, und plötzlich ginge die Tür auf und zehn oder fünfzehn Leute kämen herein. Man sieht oder hört sie vielleicht noch nicht einmal, weiß aber trotzdem, dass sie da sind. – Sie können sie *spüren* und wissen, dass Sie nicht mehr allein sind. So fühlte ich mich in meinem Honda Pilot – ich wusste, dass ich nicht allein war.

Dann kamen die Worte und Namen und Geschichten und Bitten und Beschreibungen und Bilder und all die Dinge, die sie mir mitteilen wollten. Es waren so viele, dass ich sie bremsen musste.

»Moment, Moment«, rief ich, während ich in meiner Tasche nach meinem kleinen roten Notizblock und einem Stift wühlte. Ich schrieb so schnell ich konnte, kam aber kaum nach, so viele Botschaften empfing ich. Es sprudelte nur so.

Sag ihnen, dass ich noch da bin, bat einer.

Sag ihnen, dass ich immer noch ein Teil ihres Lebens bin, meldete sich ein anderer.

Sag ihnen: »Ich liebe euch, und ich sehe alles, was weiter geschieht.«

Bitte weint nicht um mich. Mir geht es gut.

Ich bin nicht tot. Ich bin noch immer euer Kind.

Denkt nicht, dass ich weg bin. Ich bin nicht weg.

Bitte sag ihnen, dass ich nicht weg bin!

Ich saß in meinem schief geparkten Auto vor Staples und schrieb und schrieb – eine Frau, umgeben von Kindern, die niemand sonst sehen konnte.

Schließlich, nach ein paar Minuten, verstaute ich meine Notizen in der Tasche, fuhr zurück auf die Straße und dann so schnell ich konnte zum Huntington Hilton in der Broad Hollow Road. Ich rannte durch die Hotellobby und fand den

Konferenzraum, wo die Veranstaltung stattfinden sollte. Ein davor aufgestelltes Schild gab einen vagen Hinweis darauf, was an diesem Abend passieren würde. Da stand: »So hören Sie richtig zu, wenn Ihre Kinder sprechen.«

Es war ein ganz gewöhnlicher Konferenzraum – braune Vorhänge, Deckenleuten, Teppichboden, Drehstühle. Mitten im Raum stand ein langer rechteckiger Tisch, und darum herum saßen in ziemlich steifer Haltung neunzehn Leute. Als ich hereinkam, verstummten sie sofort und drehten sich alle gleichzeitig zu mir um. Ihre Gesichter sahen traurig und gequält aus. Eine gefühlte volle Minute schien niemand auch nur zu atmen.

Das waren also die Eltern.

Die Gastgeber des Abends, Phran und Bob Ginsberg, Leiter der Forever Family Foundation, kamen zu mir herüber und lösten die Anspannung, indem sie mich zur Begrüßung umarmten und mir einen Stuhl anboten. Aber ich lehnte ab, denn ich war viel zu nervös, um mich setzen zu können. Bob ging nach vorn und räusperte sich.

»Das ist Laura Lynne Jackson«, sagte er mit sanfter Stimme. »Sie ist ein von der Forever Family Foundation beglaubigtes Medium. Heute Abend ist sie hier, um uns beizubringen, wie wir mit unseren Kindern sprechen können.«

Bob trat beiseite und erteilte mir das Wort. Ich atmete tief durch und warf einen Blick auf die schnell hingekritzelten Notizen, die ich in der Hand hielt. Die Eltern starrten mich an und warteten. Ich wusste nicht, was ich sagen oder wie ich anfangen sollte. Ein weiterer langer Moment verging, und die dicke, schwere Stille kehrte zurück.

Niemand wusste, was als Nächstes kam, und ich am allerwenigsten.

Schließlich schaute ich einfach auf und sprach.

»Ihre Kinder sind hier«, platzte es aus mir heraus. »Und sie möchten Sie etwas wissen lassen.«

* * *

Mein Name ist Laura Lynne Jackson. Ich bin Ehefrau, Mutter und Englischlehrerin an einer Highschool.

Außerdem bin ich ein Medium mit übersinnlichen Fähigkeiten.

Vermutlich bin ich nicht ganz das, was sich die meisten Leute unter einem Medium vorstellen. Ich lese nicht im Kaffeesatz, lege keine Tarotkarten und sitze nicht in einem Schaufenster. Ich bin keine Wahrsagerin und besitze keine Kristallkugel. (Na gut, ich habe eine winzige zu Dekorationszwecken, aber nur, weil ich mich nicht zurückhalten konnte, sie zu kaufen, als ich sie im Laden sah.) Ich bin einfach jemand, der eine Gabe hat, die bei mir konzentrierter vorhanden ist als bei anderen.

Ich bin hellsichtig. Das heißt, dass ich die Fähigkeit habe, mit anderen Mitteln als meinen fünf Sinnen Informationen über Menschen und Ereignisse zu sammeln. Ich bin auch hellhörig; ich kann Geräusche und Klänge mit anderen Mitteln als meinen Ohren wahrnehmen. Und ich bin hellfühlig, was es mir erlaubt, Dinge mit anderen als den üblichen menschlichen Mitteln zu fühlen.

Wenn ich beispielsweise an einem Tisch im Restaurant sitze, kann ich die Energie der Menschen, die dort vor mir gesessen haben, so deutlich spüren, als hätten sie Dutzende von energetischen Fingerabdrücken hinterlassen. Und wenn mich diese Energie in einer negativen Weise berührt, teile ich der Kellnerin höflich mit, dass ich lieber woanders sitzen möchte oder leider gehen muss, wenn das der letzte freie

Tisch ist. Das sorgt bei meinem Mann und meinen Kindern nicht immer für Begeisterung. Und bei der Kellnerin auch nicht.

Abgesehen von meinen übersinnlichen Fähigkeiten bin ich auch ein Medium. Das heißt, ich kann mit Menschen kommunizieren, die diese Erde verlassen haben.

Wenn Sie jetzt fragen, wie ich so geworden bin, lautet meine spontane Antwort: Ich weiß es nicht. Ich habe ein ganzes Leben damit verbracht, es herauszufinden. Auf meiner Suche nach Antworten habe ich mich strengen Tests unterzogen – durchgeführt zunächst von der Forever Family Foundation, einer gemeinnützigen, wissenschaftlich arbeitenden Gruppe, die trauernden Menschen hilft, und dann vom Windbridge Institute for Applied Research in Human Potential in Arizona. Am Windbridge Institute nahm ich an einer achtstufigen Fünffach-Blindstudie teil, die von Wissenschaftlern durchgeführt wurde. An deren Ende gehörte ich zu einer kleinen Gruppe von beglaubigten Forschungsmedien.

Aber obwohl ich nach Antworten darüber suchte, worin meine wahre Bestimmung bestand, versteckte ich meine Fähigkeiten sorgfältig vor dem Rest der Welt. Ich wusste noch nicht, wo oder wie meine Fähigkeiten in mein Leben passten und was ich mit ihnen anfangen sollte. Einen großen Teil meines Lebens habe ich mit dem Versuch verbracht, meinen eigenen Weg zu finden. Und ein übersinnlich begabtes Medium zu sein, gehörte nicht zu dem, was ich anstrebte.

In meinem letzten College-Jahr studierte ich in Oxford. Dort beschäftigte mich eingehend mit Shakespeare und tauchte ganz in mein Studium ein. Nachdem ich meinen Abschluss gemacht hatte, zog ich in Erwägung, Anwältin zu werden. Mir wurde von zwei renommierten juristischen

Fakultäten ein Studienplatz angeboten, aber ich beschloss dann doch, meiner Leidenschaft zu folgen und zu unterrichten. Lange habe ich mich in erster Linie als Lehrerin verstanden. Aura-Readings und Gespräche mit Geistwesen hatten keinen Platz in meinem akademischen Leben.

Also führte ich fast zwanzig Jahre lang ein heimliches Doppelleben.

Tagsüber brachte ich Teenagern *Macbeth* und *Früchte des Zorns* nahe, aber abends, wenn mein Mann unten auf die Kinder aufpasste, war ich oben in meinem Zimmer und führte private Telefongespräche mit Prominenten und Sportlern und Astronauten und Politikern und Geschäftsführern und allen möglichen Menschen, um ihnen einen Einblick in etwas zu geben, das die akzeptierten Grenzen der menschlichen Erfahrung übersteigt.

Aber während ich dieses Doppelleben führte, machte ich eine bemerkenswerte Entdeckung. Ich erkannte, dass ich gar nicht so anders bin. Obwohl mir meine besonderen Fähigkeiten das Gefühl gaben, nicht wie andere Menschen, also nicht »normal« zu sein, gelangte ich zu der Überzeugung, dass meine Eigenschaft, in dieser Weise »begabt« zu sein, nicht in der Begabung an sich bestand.

Die schöne Gabe, die mir geschenkt worden ist – das Wissen darum, dass wir alle durch starke Schnüre aus Licht und Liebe miteinander verbunden sind, sowohl hier auf der Erde als auch jenseits von ihr – ist etwas, das uns allen gehört.

* * *

Wie mein Leben ist auch dieses Buch eine Reise von der Dunkelheit ins Licht. Es erzählt die Geschichte meines Weges zum Verständnis meiner wahren Bestimmung und der

Art und Weise, wie wir mit unserer Umwelt verbunden sind. Ich hoffe sehr, dass Sie in dieser Schilderung etwas finden, das auf eine Resonanz in *Ihrem* Leben stößt.

Denn wenn das so ist, können Sie zu der gleichen Auffassung gelangen wie ich. Nämlich zu der, dass die kraftvollen Bande, die uns mit den Menschen, die wir lieben, hier und im Jenseits verbinden, wenn wir unser Herz und unsere Sinne für sie öffnen, die Art, wie wir heute leben und lieben, unermesslich stark verbessern können.

Aber selbst nachdem ich zu dieser Auffassung gelangt war, hatte ich nie daran gedacht, sie mit der Welt zu teilen. Ich hatte nicht vor, ein Buch zu schreiben. Doch eines Tages, als ich an der Highschool, an der ich unterrichte, Pausenaufsicht hatte, spürte ich einen plötzlichen, gewaltigen Download von Informationen und Erkenntnissen aus dem Universum. Es fühlte sich an wie ein Blitzschlag, der eine sofortige Klarheit brachte. Und die Anweisung, die ich dabei erhielt, war im Grunde ganz einfach.

Du sollst andere an deiner Geschichte teilhaben lassen.

Dies hatte nichts mit mir persönlich zu tun, sondern es ging dabei ausschließlich um diese Botschaft. Die Lebenslektionen, die sich aus meinen Readings ergaben, waren nicht dazu bestimmt, geheim gehalten zu werden. Sie sollten vielmehr in die Welt getragen werden.

Ich betrachte dieses Buch nicht als so etwas wie meine Memoiren, sondern ich sehe meine Geschichte als eine Möglichkeit, ein paar der kraftvollsten und fundiertesten Readings zu veröffentlichen, die ich im Laufe der Jahre weitergegeben habe. Dabei handelt es sich um Deutungen, die Menschen mit ihren Lieben auf der anderen Seite verbunden und ihnen im weiteren Verlauf geholfen haben, alte Wunden heilen zu lassen, ihre Vergangenheit zu bewältigen, ihr Leben neu zu überdenken und schließlich ihren wahren Weg und ihre Bestimmung in dieser Welt zu erkennen. Diese Readings waren ungemein ergreifend und informativ für mich.

Bei den Readings und in meiner Lebensgeschichte geht es letztendlich immer nur um eins: die tapfere und unermüdliche Suche der Menschheit nach Antworten. Als Literaturstudentin wurde ich immer wieder aufgefordert, mich mit den tiefgründigsten Fragen von allen zu beschäftigen: Warum sind wir hier? Was bedeutet es zu existieren? Worin besteht der Sinn unseres Lebens? Ich behaupte nicht, die Antworten auf diese Fragen zu kennen. Ich kann nur meine Geschichte erzählen. Und ich kann meiner Überzeugung Ausdruck verleihen, dass wir uns, wenn wir ein Leben nach dem Tod nicht zumindest als Möglichkeit in Betracht ziehen und die Fülle von Beweisen, die in den vergangenen Jahren für das Überleben des Bewusstseins aufgetaucht sind, einfach außer Acht lassen, von einer Quelle großer Schönheit sowie des Trostes, der Heilung und der Liebe abschneiden. Wenn wir jedoch offen für einen Austausch sind, können wir zu klügeren, glücklicheren und authentischeren Menschen werden. Zu Menschen, die ihrer eigenen Wahrheit näher und näher an ihrem wahren Ich sind. Das ist die beste Variante unserer selbst, die es uns erlaubt, unser bestes Ich mit anderen zu teilen und auf diese Weise die Welt zu verändern.

Das ist alles, was ich will: diesen Austausch pflegen. Ich möchte mich für die Möglichkeit öffnen, dass es mehr gibt als unsere althergebrachte Weltsicht. Ich möchte erforschen, was ich bei meinen Readings immer wieder beobachtet habe: dass das Universum nach dem Prinzip der Synchronizität funktioniert, einer unsichtbaren Macht, die Ereignisse miteinander verbindet und allem, was wir tun, eine Bedeutung gibt.

Ich möchte Ihnen verständlich machen, dass dieses Buch aus gutem Grund seinen Weg zu Ihnen gefunden hat. Vor allem aber möchte ich eine erstaunliche Wahrheit darlegen, die sich mir durch meine Arbeit offenbart hat, dass wir hier auf der Erde alle durch Schnüre aus Lichtenergie verbunden sind, die uns auch mit Verstorbenen verbinden.

Ich sehe diese Schnüre aus Licht. Ich sehe das Licht zwischen uns. Und weil dieses Licht da ist, weil es uns verbindet, weil unsere Schicksale ineinandergreifen und weil wir all unsere Kraft aus ein und derselben Energiequelle schöpfen, wissen wir, dass es eine andere Wahrheit gibt.

Niemand führt ein unbedeutendes Leben.

Niemand wird vom Universum vergessen.

Jeder von uns kann die Welt zum Leuchten bringen.

Es ist nur so, dass manche von uns noch nicht erkannt haben, wie stark wir sind.

* * *

Ich erwarte nicht, dass meine Vorstellungen widerstandslos akzeptiert werden. Ich bin seit fast zwei Jahrzehnten Lehrerin und nicht so leicht von halbgaren Theorien oder blauäugigen Argumenten zu überzeugen. Ich habe meinen Schülern immer beigebracht, kritisch zu denken – selbst zu recherchieren, zu analysieren und die Dinge infrage zu stellen. Und genau so bin ich auch mit meiner Gabe umgegangen. Ich habe meine Fähigkeiten von Wissenschaftlern überprüfen lassen. Ich habe mit mutigen Forschern und tiefsinnigen Denkern gesprochen. Ich habe die wissenschaftlichen Entwicklungen des vergangenen Vierteljahrhunderts verfolgt, die uns erstaunliche neue Einblicke in die menschlichen Fähigkeiten gegeben haben.

Ich verstehe mittlerweile, auf welche Weise die vielen bemerkenswerten Ereignisse in meinem Leben mit dem übereinstimmen und durch das erklärt werden können, was wir aktuell über die Macht und Beständigkeit des menschlichen Bewusstseins erfahren. Dennoch stammen die wichtigsten Lektionen in diesem Buch nicht von Wissenschaftlern oder Forschern und ganz sicher nicht von mir. Ich bin kein Prophet und kein Orakel. Ich bin lediglich ein Kanal.

Die wichtigsten Lektionen stammen von Lichtwesen, die uns aus dem Jenseits eine helfende Hand reichen.

Als Medium mit außersinnlichen Fähigkeiten habe ich für Hunderte von Menschen Readings durchgeführt. Mancher dieser Menschen war reich und berühmt, andere waren es nicht. Durch diese Readings habe ich sie mit ihren Lieben in Verbindung gebracht, die nicht mehr auf dieser Erde weilen. Diese geliebten Verstorbenen haben uns wundersame Einblicke in die Existenz und in das Universum gegeben.

* * *

Der erste Schritt auf unserem Weg ist ganz einfach. Er besteht einfach nur darin, die Möglichkeit nicht auszuschließen, dass das Leben aus mehr besteht als aus dem, was wir mit unseren fünf Sinnen erfassen können.

Die allermeisten von uns akzeptieren diese Möglichkeit bereits und glauben an eine höhere Macht – welchen Namen sie dafür auch verwenden mögen. Ich bezeichne diese höhere Macht als das Universum. Andere nennen sie Gott. Ich wurde dazu erzogen, an Gott zu glauben, und glaube immer noch an ihn, aber Religionen sind für mich wie ein großer Teller, der in viele Stücke zerbrochen ist. Jedes Stück ist anders, aber all diese Stücke sind dennoch Teile ein und desselben Tellers. Die Worte, die wir verwenden, um das zu beschreiben, woran wir glauben, sind nicht so wichtig wie unser Glaube selbst.

Wir sind also bereits willens, an etwas zu glauben, das größer ist als wir selbst; an etwas, das wir nicht beweisen oder erklären und noch nicht einmal ganz verstehen können. Wir haben keine Angst, diesen Sprung zu wagen. Aber wenn wir den nächsten Sprung machen und glauben, dass unser Bewusstsein nicht mit dem Tod endet, sondern sich auf eine noch viel größere Reise begibt, passiert etwas wirklich Unglaubliches. Wenn wir nämlich an ein Leben nach dem Tod glauben, müssen wir uns der Möglichkeit öffnen, dass wir damit in Kontakt treten können.

Allerdings muss ich eines ehrlich zugeben: Ich bin mir nicht sicher, ob ich, wenn mir die erstaunlichen Dinge, die sich in meinem Leben ereignet haben, nicht passiert wären, glauben würde, dass sie möglich sind. Aber sie sind mir passiert. Daher weiß ich, dass sie nicht nur möglich, sondern dass sie real sind.

Und ich weiß, wenn wir unseren Geist dafür öffnen, wie wir alle miteinander verflochten sind – als Teil desselben Ganzen, das Vergangenheit, Gegenwart und Zukunft umfasst –, können wir allmählich Verbindungen und Bedeutungen und Licht erkennen, wo wir vorher nichts als Dunkelheit gesehen haben.

Teil Eins

✱✱✱ 1 ✱✱✱

Pop Pop

Es war an einem sonnigen Mittwochnachmittag im August. Ich war elf Jahre alt und planschte mit meiner Schwester und meinem Bruder in einem einen Meter tiefen Pool im Garten unseres Hauses auf Long Island herum. Uns blieben nur ein paar Tage, bis die Schule wieder anfing, und wir versuchten, das letzte bisschen Spaß aus dem Sommer herauszuholen. Meine Mutter kam heraus, um uns zu sagen, dass sie unsere Großeltern in Roslyn besuchen wolle, das etwa fünfzig Minuten Autofahrt entfernt lag. Jahrelang hatte ich sie auf diesen Fahrten zu meinen Großeltern begleitet, und ich war immer sehr gern mitgefahren. Aber als ich älter wurde, kamen andere Aktivitäten dazwischen, und manchmal fuhr meine Mutter allein und ließ uns zurück. Und an diesem wunderschönen Sommertag wusste sie genau, dass sie keine Chance hatte, einen von uns aus diesem Pool zu bekommen.

»Habt Spaß, Kinder«, rief sie uns zu. »In ein paar Stunden bin ich wieder zurück.« Und das sollte es eigentlich gewesen sein.

Doch dann bekam ich ganz plötzlich Panik. Ich spürte es bis in die Knochen. Eine blanke, unerklärliche, eiskalte Panik.

Ich schoss aus dem Schwimmbecken kerzengerade hoch und brüllte meiner Mutter hinterher. »Warte!«, schrie ich. »Ich muss mit dir kommen!«

Meine Mutter lachte. »Schon okay. Bleib«, rief sie zurück. »Hab Spaß, es ist ein wunderschöner Tag.«

Aber ich paddelte bereits wie wild zum Rand des Schwimmbeckens. Mein Bruder und meine Schwester sahen zu und fragten sich, was mit mir los war. »Nein!«, brüllte ich. »Ich will mit dir mitkommen! Warte bitte auf mich.«

»Laura, es ist gut …«

»Nein, Mama, ich muss mitkommen!«

Meine Mutter hörte auf zu lachen. »Na gut, beruhige dich«, sagte sie. »Komm rein und zieh dich um. Ich warte so lange.«

Ich rannte tropfnass ins Haus, zog mir schnell ein paar Sachen über, stürmte wieder nach draußen und setzte mich halb nass ins Auto, noch immer in äußerster Panik.

Eine Stunde später bogen wir in die Einfahrt meiner Großeltern ein, und ich sah meinen Großvater, den ich Pop Pop nannte. Er winkte uns von der Terrasse aus zu. Erst als ich ihn vor mir sah und ihn umarmen konnte, klang die Panik allmählich ab.

Die nächsten paar Stunden verbrachte ich mit Pop Pop auf der Terrasse. Wir unterhielten uns, lachten, sangen und erzählten uns Witze. Als es Zeit zu gehen war, umarmte ich ihn, gab ihm einen Kuss und sagte: »Ich liebe dich.«

Ich habe ihn nicht mehr lebend wiedergesehen.

* * *

Ich wusste nicht, dass sich Pop Pop schon länger schwach und müde gefühlt hatte. Die Erwachsenen hatten nie mit mir über solche Dinge gesprochen. Als ich an jenem Tag bei ihm gewesen war, war er wie immer: warmherzig, lustig und ausgelassen. Er muss seine ganze Kraft zusammengenommen haben, um mir gegenüber so gesund zu wirken.

Drei Tage nach meinem Besuch suchte Pop Pop seinen Arzt auf. Der Arzt konfrontierte ihn mit der niederschmetternden Nachricht, dass er Leukämie habe. Drei Wochen später lebte Pop Pop nicht mehr.

Als sich meine Mutter mit meiner Schwester, meinem Bruder und mir aufs Sofa setzte und uns schonend mitteilte, dass Pop Pop gestorben war, durchzuckte mich ein Blitz von Emotionen: Schock. Verwirrung. Ungläubigkeit. Wut. Tiefe Trauer. Das intensive, schreckliche Gefühl, dass ich ihn schon jetzt vermisste. Und was das Schlimmste war: Ich hatte ein schreckliches, erschütterndes Schuldgefühl.

In dem Moment, in dem ich erfuhr, dass mein Großvater nicht mehr lebte, war mir klar, warum ich ihn so panisch noch einmal hatte sehen wollen. Ich hatte gewusst, dass er sterben würde.

Natürlich hatte ich es nicht wirklich *gewusst*. Ich wusste ja noch nicht einmal, dass er krank war. Und doch war da so ein Gefühl. Warum sonst hätte ich so nachdrücklich darauf bestanden, ihn zu sehen?

Aber wenn ich es gewusst hatte, warum habe ich nichts darüber verlauten lassen – Pop Pop, meiner Mutter oder auch nur mir selbst gegenüber? Ich hatte keine klare Vorstellung, ja, noch nicht einmal eine Ahnung davon gehabt, dass mit meinem Großvater irgendetwas nicht stimmte, und ich hatte ihn nicht mit dem Gedanken besucht, dass es vielleicht das letzte Mal sein könnte. Alles, was ich hatte, war dieses rätselhafte Gefühl eines inneren Wissens. Ich verstand es zwar überhaupt nicht, aber es vermittelte mir ein schreckliches Unbehagen, als sei ich irgendwie mitschuldig an Pop Pops

Tod. Ich spürte irgendeine Verbindung zu den grausamen Mächten, die sein Leben gefordert hatten, und das flößte mir ein unvorstellbares Schuldgefühl ein.

Allmählich dachte ich, mit mir sei ernsthaft etwas nicht in Ordnung. Ich hatte noch nie jemanden getroffen, der spüren konnte, dass jemand bald sterben würde, und nun, wo es mir so ergangen war, verstand ich es nicht ansatzweise. Ich verstand nur eins: Dieses Wissen war schrecklich. Ich war überzeugt, dass es nicht normal war und dass ein Fluch auf mir lag.

* * *

Eine Woche später hatte ich einen Traum.

In diesem Traum war ich erwachsen und Schauspielerin. Ich lebte in Australien. Ich trug ein langes, farbenprächtiges Kleid im Stil des 19. Jahrhunderts und fühlte mich wunderschön. Plötzlich empfand ich eine überwältigende Sorge um meine Familie. Es war dieselbe Familie, die ich im wirklichen Leben hatte. Im Traum griff ich mir an die Brust und brach auf dem Fußboden zusammen. Mir war bewusst, dass ich starb.

Doch ich wachte nicht auf. Der Traum ging weiter. Ich spürte, wie ich meinen physischen Körper verließ und ein frei schwebendes Bewusstsein wurde und alles um mich herum beobachten konnte. Ich sah, wie sich meine Familie in dem Raum, in dem ich zusammengebrochen war, um meine Leiche versammelte. Alle weinten. Es regte mich derart auf, sie so leiden zu sehen, dass ich versuchte, ihnen etwas zuzurufen. »Macht euch keine Sorgen, ich lebe! Es gibt keinen Tod!«, teilte ich ihnen mit. Aber es war sinnlos, weil ich keine Stimme mehr hatte. Sie konnten mich nicht hören. Ich konnte nur meine Gedanken auf sie richten. Und dann driftete ich allmählich von ihnen weg wie ein mit Helium gefüllter Ballon, den jemand losgelassen hat, und schwebte sehr hoch über ihnen in eine Dunkelheit – eine dichte, friedvolle Dunkelheit mit wunderschönen, funkelnden Lichtern. Ich fühlte, wie mich ein starkes Gefühl der Ruhe und der Zufriedenheit durchdrang.

Und in genau diesem Moment bot sich mir ein unglaubliches Bild.

Ich sah Pop Pop.

Er war da, direkt in dem Raum vor mir, wenn auch nicht in seinem physischen Körper, sondern als Geist – ein Geist, der schön und unbestreitbar ganz seiner war. Mein Bewusstsein erkannte sein Bewusstsein sofort. Er war ein Lichtpunkt, so etwas wie ein hell leuchtender Stern am dunklen Nachthimmel, aber das Licht war mächtig und magnetisch, es zog mich an und erfüllte mich mit Liebe. Es war, als würde ich Pop Pops wahres Selbst sehen – nicht seinen irdischen Körper, sondern ein größeres inneres Licht, das er wirklich war. Ich sah seine Seelenenergie.

Ich erkannte, dass Pop Pop in Sicherheit war und sich an einem schönen, von Liebe erfüllten Ort aufhielt. Ich begriff, dass er zu Hause war, und in dem Moment war mir auch klar, dass dies der Ort war, von dem wir alle kommen und zu dem wir alle gehören. Er war an den Ort zurückgekehrt, von dem er gekommen war.

Als ich erkannte, dass Pop Pop irgendwie immer noch existierte, war ich weniger traurig. Ich spürte eine große Liebe, einen großen Trost und, in diesem Moment der Erkenntnis, ein großes Glück. Und kurz bevor ich zusammen mit Pop Pop ganz nach Hause gezogen wurde, spürte ich, dass sich etwas um mich legte und mich zurückzog.

Dann wachte ich auf.

Ich saß kerzengerade im Bett. Mein Gesicht war ganz nass. Ich weinte. Aber ich war nicht traurig. Es waren Freudentränen. Ich weinte, weil ich Pop Pop gesehen hatte.

Ich lag im Bett und weinte lange. Mir war gezeigt worden, dass Sterben nicht bedeutet, dass wir die Menschen verlieren, die wir lieben. Ich wusste, dass Pop Pop immer noch in meinem Leben präsent war, und ich war unendlich dankbar für meinen Traum.

* * *

Erst Jahre – viele Jahre – später hatte ich genug Erfahrung gesammelt, um zu verstehen, welche Bedeutung Pop Pops Tod und alles, was sich darum herum ereignete, für mein Leben hatten.

Was ich damals im Pool gespürt hatte, war der Beginn der Reise von Pop Pops Seele zu irgendeinem anderen Ort. Weil ich ihn so sehr liebte, weil ich auf so kraftvolle Weise mit ihm verbunden war, spürte meine Seele, dass sich seine Seele auf die Reise machen wollte. Und die Fähigkeit, dies zu spüren, war alles andere als ein Fluch. Sie erlaubte es mir, jenen letzten magischen Nachmittag mit Pop Pop zu verbringen. Wenn das kein Geschenk war, was ist dann eins?

Und der Traum?

Der Traum überzeugte mich davon, dass Pop Pop nicht weg war. Er war nur an einem anderen Ort. Aber wo? Wo genau war er? Auf diese Frage hatte ich keine Antwort, als ich elf war. Aber im Laufe der Zeit wurde mir klar, dass sich Pop Pop auf der anderen Seite befand.

Ich möchte dies an einem einfachen Beispiel erklären, was ich mit der anderen Seite meine. Stellen Sie sich Ihren

Körper als Auto vor – erst ist es neu, dann älter, dann richtig alt. Was passiert mit Autos, die richtig alt sind? Sie werden verschrottet.

Aber wir Menschen werden nicht zusammen mit den Autos verschrottet. Wir machen weiter. Wir bleiben in Bewegung. Wir sind mehr als das Auto und waren nie durch das Auto definiert. Wir sind definiert durch das, was wir mitnehmen, wenn wir das Auto zurücklassen. Wir überdauern das Auto.

Meine gesamte Erfahrung sagt mir, dass wir unseren Körper überdauern. Wir machen weiter. Wir bleiben in Bewegung. Wir sind mehr als unser Körper. Was uns definiert, ist das, was wir mitnehmen, wenn wir unseren Körper zurücklassen: unsere Freude, unsere Träume, unsere Liebe, unser Bewusstsein.

Wir sind keine Körper mit Seelen.

Wir sind Seelen in Körpern.

Unsere Seele überdauert. Unser Bewusstsein überdauert. Die Energie, die uns versorgt, überdauert.

Die andere Seite ist also der Ort, an den unsere Seele geht, wenn unser Körper versagt.

Das wirft eine Menge Fragen auf: Ist die andere Seite lokalisierbar? Ist sie eine Sphäre? Ein Reich? Ist sie materiell oder spirituell? Ist sie eine Station auf einem Weg oder dessen Ziel? Wie sieht sie aus? Wie fühlt sie sich an? Ist sie voll von goldenen Wolken und perlmutternen Toren? Gibt es dort Engel? Ist Gott dort? Ist die andere Seite der Himmel?

Ich gelangte nur sehr langsam zu meinem Verständnis von der anderen Seite und bin mir sicher, dass ich auch heute nur einen kleinen Teil von dem weiß, was es darüber zu wissen gibt. Aber wir müssen uns die andere Seite nicht umfassend vorstellen und sie auch nicht voll und ganz verstehen können, um sie als tröstlich zu empfinden. In der Tat glauben viele von uns schon jetzt, dass unsere verstorbenen Lieben immer noch bei uns sind – im Geist, im Herzen und durch unsere Erinnerungen in unserem Leben. Und dieser Glaube ist unendlich nährend.

Die Realität dessen, was passiert, wenn unsere Lieben sterben, ist jedoch unendlich viel tröstlicher, als den meisten Menschen klar ist, weil uns die dahingeschiedenen Seelen viel näher sind, als wir denken.

Hier sind die ersten beiden Wahrheiten, die ich durch meine Gabe gelernt habe:

Unsere Seele überdauert den Tod und kehrt an einen Ort zurück, den wir als die andere Seite oder Jenseits bezeichnen.

Die andere Seite ist uns wirklich sehr nah.

Wie nah? Versuchen Sie dies: Nehmen Sie ein gewöhnliches Blatt Papier in die Hand. Halten Sie es so vor sich, als würden Sie etwas davon ablesen. Stellen Sie sich vor, dass das Blatt Papier zur Grenze wird, die den Raum, in dem sie sich befindet, aufteilt. Sie ist vielleicht dünn und durchscheinend und besteht aus ein paar winzigen, miteinander verbundenen Zellstofffasern, aber sie ist dennoch ohne Zweifel eine Grenze. Sie trennt eine große Menge an Molekülen, Atomen und subatomaren Teilchen voneinander. Wenn Sie diese Grenze vor sich halten, sind Sie und unzählige Dinge auf der einen Seite, und unzählige andere Dinge – Stühle, Fenster, Autos, Menschen, Parks, Berge und Ozeane – sind auf der anderen Seite.

Und doch können Sie die andere Seite von Ihrer Seite des Papiers aus ganz leicht sehen und hören und Zugang zu ihr bekommen. Einige Ihrer Finger sind sogar schon dort und halten das Papier auf der anderen Seite fest. Die Seiten mögen voneinander getrennt sein, aber in der Praxis sind sie ein und dasselbe. Die andere Seite des Papiers ist *gleich da drüben.*

Denken Sie an dieses Blatt Papier, wenn Sie im weiteren Verlauf des Buches auf den Begriff »andere Seite« stoßen. Fragen Sie sich: *Was, wenn die Grenze zwischen unserem irdischen Leben und dem Leben nach dem Tod so dünn und durchlässig wäre wie ein einziges Blatt Papier? Was, wenn die andere Seite gleich da drüben wäre?*

*** 2 ***

Das Mädchen im Supermarkt

Schon lange vor dem Zwischenfall im Pool war ich ein seltsames kleines Kind.

Ich war hyperaktiv und sprunghaft. Ich reagierte auf ganz gewöhnliche Dinge extrem. »Wenn Laura fröhlich ist, ist sie fröhlicher als jedes Kind, das ich je gesehen habe«, schrieb meine Mutter in mein Babybuch, als ich ein Jahr alt war. »Aber wenn sie traurig ist, ist sie trauriger, als ein Kind jemals sein kann.«

Viele Kinder sind zappelig und energiegeladen, aber ich hatte so eine Art Motor in mir, der permanent alles aufwühlte und den ich nicht ausschalten konnte. In der ersten Woche nach meiner Einschulung bekam meine Mutter einen Anruf von der Schulkrankenschwester. »Die gute Nachricht zuerst«, sagte sie. »Wir konnten die Blutung stillen.«

Ich war auf dem Spielplatz in eine Leiter gelaufen und hatte mir eine klaffende Wunde auf der Stirn zugezogen. Meine Mutter brachte mich zum Arzt. Die Wunde wurde mit sieben Stichen genäht.

Eine Woche später hatte ich einen üblen Wutanfall in meinem Zimmer, weil meine Schwester in den Pool eines

Nachbarhauses eingeladen worden war und ich nicht. Ich warf die schwere Holzleiter unseres Stockbettes um und sie fiel mir auf den Hinterkopf. Wieder brachte mich meine Mutter zum Arzt, der diese Wunde mit drei Stichen nähte. Anschließend setzte er sich mit meiner Mutter zusammen und stellte ihr viele strenge Fragen.

Ich war ein Hänfling, zu klein für mein Alter und spindeldürr, ein kleiner blonder Fratz mit Stirnfransen. Aber ich konnte der blanke Terror sein. Meine Mutter musste mich an einem Arm oder Bein festhalten, um mich anziehen zu können. Wenn sie mich auch nur eine Sekunde losließ, war ich weg. Ständig lief ich gegen irgendwelche Dinge: Türen, Wände, Briefkästen, parkende Autos. Wenn meine Mutter mich auch nur einen Moment aus den Augen ließ, war das Nächste, was sie hörte, ein Krachen oder Rumsen. Zunächst umarmte sie mich und tröstete mich, aber nach einiger Zeit sagte sie nur noch: »Oh, Laura Lynne ist wieder einmal gegen eine Wand gelaufen.«

Wenn ich mich über meine ältere Schwester Christine aufregte, stampfte ich mit den Füßen auf, senkte den Kopf und ging wie ein Stier auf sie los. Entweder rannte ich in sie hinein und stieß sie um, oder sie sprang mir aus dem Weg, und ich flog durch die Gegend.

»Geh auf dein Zimmer«, sagte meine Mutter dann, »und komm erst zurück, wenn du dich wieder wie ein Mensch benehmen kannst.«

Die schlimmste Bestrafung von allen war jedoch die Aufforderung, still zu sitzen.

Wenn ich mich ganz besonders schlecht aufgeführt hatte, befahl mir meine Mutter, mich auf einen Stuhl zu setzen und mich nicht zu bewegen. Nicht eine Stunde oder auch nur zehn Minuten lang. Meine Mutter wusste sehr wohl, dass das nicht klappen würde. Nein, meine Strafe bestand darin, eine Minute still auf einem Stuhl zu sitzen.

Und selbst das war viel zu lange. Ich schaffte es nie.

* * *

Wir halten uns für feste, stabile physische Wesen. Aber das sind wir nicht.

Wie alles im Universum bestehen auch wir aus Atomen und Molekülen, die permanent schwingen und in Bewegung sind. Diese Atome und Moleküle schwingen mit unterschiedlicher Intensität. Wenn wir uns einen fest dastehenden Stuhl anschauen, macht es nicht den Eindruck, als würden sich die Atome und Moleküle, aus denen er besteht, bewegen. Aber sie bewegen sich. Alle Materie, die ganze Schöpfung, alles Leben befindet sich in dieser Schwingungsbewegung. Wir sind nicht so fest und solide, wie wir denken. Im Grunde sind wir Energie. Und ich nehme mal an, dass meine Schwingungsbewegungen einfach etwas intensiver waren als die anderer Kinder.

Doch abgesehen davon hatte ich eine ziemlich normale Kindheit. Ich wuchs in einem idyllischen Dorf namens Greenlawn auf Long Island auf, dessen Bewohner vorwiegend der Mittelschicht angehörten. Mein Vater, ein ungarischer Einwanderer der ersten Generation, unterrichtete an der Highschool Französisch. Meine Mutter, deren Eltern aus Deutschland stammten, war Englischlehrerin, ebenfalls an der Highschool. Solange wir drei Kinder noch klein waren, blieb sie zu Hause und kümmerte sich um unsere Erziehung, bevor sie wieder in ihren Beruf zurückkehrte.

Wir waren nicht arm, aber das Geld war knapp. Ich musste immer einige Zeit auf meinen nächsten Haarschnitt warten und trug die abgetragenen Kleidungsstücke meiner älteren Schwester. Meine Mutter tat viel dafür, uns Kindern eine besonders schöne Kindheit zu schenken. Wenn sie sich keine neuen Spielsachen für uns leisten konnte, bastelte sie erstaunliche Autos, Züge und sogar ganze Dörfer aus bunt bemaltem Karton. Jeden Morgen malte sie kleine Szenen und Figuren auf unsere Brottüten aus braunem Papier. An Feiertagen und Geburtstagen schmückte sie das ganze Haus, und zu einer von Christines Partys hatte sie hübsche Hüte für sie und all ihre Freunde gebastelt. Sie hielt uns vom Fernseher fern und förderte unsere Kreativität. Christine und ich malten und zeichneten und eröffneten unsere eigene kleine Kunstgalerie (zehn Cent pro Meisterwerk). Meine Mutter sorgte dafür, dass sich unsere Kindheit magisch anfühlte.

Dennoch war nicht zu leugnen, dass ich schwierig und anders als andere Kinder war.

Als ich sechs Jahre alt war, nahm mich meine Mutter eines Tages mit in den Supermarkt. Während wir in der Schlange an der Kasse standen, wurde ich plötzlich von Emotionen überwältigt. Am liebsten wäre ich in Tränen ausgebrochen. Mir war, als stünde ich an einem Strand und würde von einer riesigen Welle aus Emotionen überrollt und umgeworfen, so kraftvoll und verunsichernd fühlte sich das an. Ich stand da und war unerträglich traurig und verwirrt. Meiner Mutter sagte ich nichts davon. Dann wurde meine Aufmerksamkeit plötzlich von der Kassiererin angezogen.

Sie war jung, vielleicht um die zwanzig, und unauffällig. Weder runzelte sie die Stirn noch weinte sie. Sie sah vielmehr gelangweilt aus. Aber ich wusste, dass sie nicht einfach nur gelangweilt war. Ich wusste, dass sie die Quelle dieser schrecklichen Traurigkeit war, die ich gerade empfand.

Für mich stand außer Frage, dass ich gerade die Traurigkeit der Kassiererin in mich aufnahm. Ich wusste nicht, was das zu bedeuten hatte oder warum es passierte. Ich wusste noch nicht einmal, ob es ungewöhnlich war oder nicht. Ich wusste nur, dass ich ihre Traurigkeit spürte, und das war extrem unangenehm und verwirrend, und ich konnte es nicht abstellen.

Ich machte noch viele andere derartige Erfahrungen. Manchmal wurde ich, wenn ich auf der Straße an einem Fremden vorbeiging, von einer mächtigen Ladung Wut oder Angst getroffen. Zu anderen Zeiten nahm ich die Emotionen meiner Freunde und Klassenkameraden in mich auf. Und meist waren diese Erfahrungen schwierig und unerfreulich. Aber ich spürte auch positive Emotionen.

Jedes Mal, wenn ich mich in der Gesellschaft von jemandem befand, der besonders glücklich war, fühlte ich mich beschwingt. Es war, als würden die Gefühle nicht nur auf mich übertragen, sondern auf dem Weg zu mir auch noch intensiviert. Manchmal erlebte ich in Momenten, in denen eine weniger ekstatische Reaktion eindeutig angebrachter gewesen wäre, eine reine, unbändige Freude. In einfachen Glücksmomenten – wenn ich mit Freunden ein Eis aß, an einem Sommertag schwimmen ging, mit meiner Mutter zusammen lachte – konnte es passieren, dass ich von Euphorie geradezu überflutet wurde und meine Seele zu schweben begann.

Noch heute kann ich diese Momente der Glückseligkeit heraufbeschwören, und meine Neigung zur Überreaktion ist immer noch vorhanden. Manchmal brauche ich nur ein Lied oder die Rezitation eines Gedichts zu hören, mir ein Gemälde anzuschauen oder einen Bissen von etwas besonders Köstlichem zu essen, um eine Explosion der Freude und des

Wohlbefindens zu spüren. Es ist, als könne ich in diesen einfachen Momenten meine Verbindung mit der ganzen Welt sehr intensiv spüren.

Als ich noch ein Kind war, bedeutete dies, dass ich zwischen extremen Glücksgefühlen und schlimmen Depressionen schwankte, je nachdem, wer gerade in meiner Nähe war. Ich war himmelhoch jauchzend, zu Tode betrübt und dann dasselbe noch einmal von vorn – eine Achterbahn der Stimmungen. Nach und nach gewöhnte ich mich an diese wilden emotionalen Wechselbäder und lernte, ihr Ende abzuwarten, um mein Gleichgewicht wiederzuerlangen.

Die Erkenntnis, dass ich die Gefühle anderer Menschen in mich aufnehme, war ein großer Schritt in Richtung eines Verstehens, warum ich emotional derart sprunghaft war. Aber es sollte noch Jahre dauern, bis ich erkannte, dass diese merkwürdige Fähigkeit, die ich besaß, gar nicht so merkwürdig war und sogar einen Namen hatte: Empathie.

Der Begriff Empathie bezeichnet die Fähigkeit, die Emotionen anderer zu verstehen und zu teilen. Es sind bahnbrechende wissenschaftliche Experimente durchgeführt worden, vor allem von den beiden Neurowissenschaftlern Giacomo Rizzolatti und Marco Iacoboni. Durch sie wurde herausgefunden, dass die Gehirne mancher Tiere und fast aller Menschen Zellen enthalten, die Spiegelneuronen genannt werden. Spiegelneuronen feuern sowohl beim Ausführen als auch beim Beobachten einer Aktivität. »Wenn Sie sehen, wie der emotionale Stress mir fast die Kehle zuschnürt, simulieren Spiegelneuronen in Ihrem Gehirn meinen Stress«, erklärt Iacoboni. »Sie wissen, wie ich mich fühle, weil Sie buchstäblich fühlen, was ich fühle.«

Empathie ist eine Möglichkeit, wie wir uns als Menschen zutiefst miteinander verbinden können. Sie ist der Grund, warum wir uns so sehr freuen, wenn unser Lieblingsteam gewinnt. Denn auch wenn wir nicht selbst mitspielen, empfinden wir die Begeisterung der Spieler, und das macht uns glücklich. Empathie bringt uns auch dazu, für die Opfer von Tragödien am anderen Ende der Welt Geld zu spenden, weil wir uns dadurch in völlig fremde Menschen hineinversetzen und ihre Not nachempfinden können.

Mit anderen Worten: Menschliche Wesen sind zutiefst miteinander verbunden. Es gibt sehr reale und grundlegende Verbindungen zwischen uns.

Zunächst erlebte ich diese Verbindungen als geteilte Traurigkeit und geteiltes Glück. Später sah ich die Lichtschnüre, die uns verbinden. Die Erkenntnis, dass wir alle miteinander verknüpft sind, kam mir zum ersten Mal damals in jenem Supermarkt, und jede weitere Erfahrung, die ich in dieser Hinsicht machte, hat mein Verstehen des Lichts zwischen uns vertieft.

*** 3 ***

Australien

Zu der Zeit, als Pop Pop starb, war mir bereits klar, dass ich eine starke Verbindung zu den Menschen um mich herum habe – so stark, dass ich ihren Emotionen nicht ausweichen kann. Und nachdem Pop Pop gestorben war und ich ihn im Traum gesehen hatte, wurde mir bewusst, dass ich auf irgendeine Weise auch mit den Verstorbenen in Verbindung stehe.

All das war sehr verwirrend. Obwohl es ein Geschenk war, Pop Pop wiederzubegegnen, empfand ich meine Fähigkeiten nach wie vor mehr als Fluch denn als Segen. Meine Gaben verwirrten mich, und oft waren sie einfach nur überwältigend. Was hatten diese Verbindungen zu bedeuten, und warum war ich in der Lage, sie wahrzunehmen? War ich einfach irgendwie verschroben und seltsam? Oder war da noch etwas anderes am Werk?

Ich musste einen Namen für das finden, was mit mir nicht in Ordnung war. Und dann wartete ich, ohne zu wissen, was genau das Wort bedeutete, mit einer Diagnose auf. Als meine Mutter eines Tages die Geschirrspülmaschine einräumte, ging ich zu ihr und sagte: »Mama, ich glaube, ich bin eine Hellseherin.«

Ich weiß nicht mehr, wann oder wie ich aufgeschnappt hatte, was Hellsehen ist. Vielleicht war es in einer Fernsehsendung erwähnt worden, oder ich hatte in einem Buch darüber gelesen. Was damit gemeint war, verstand ich trotzdem nicht wirklich. Mir genügte es jedoch zu wissen, dass eine Hellseherin in die Zukunft schauen konnte. War es nicht das, was auch ich konnte?

Meine Mutter hörte mit dem Geschirreinräumen auf und beugte sich zu mir herunter. Und plötzlich brach alles aus mir heraus, und ich erzählte ihr alles – dass ich gewusst hatte, dass Pop Pop sterben würde, wie ich ihm im Traum begegnet war und dass ich nun unter Ängsten und Schuldgefühlen litt.

Und während ich sprach, spürte ich, wie mir die Tränen in die Augen stiegen. »Was stimmt eigentlich nicht mit mir?«, fragte ich meine Mutter. »Bin ich ein schlechter Mensch, weil ich das gewusst habe? War es meine Schuld, dass er gestorben ist? Bin ich verflucht? Warum kann ich nicht einfach nur normal sein?«

Meine Mutter legte mir die Hand auf die Schulter und setzte sich mit mir an den Küchentisch. Dann nahm sie meine Hand in ihre.

»Hör zu«, sagte sie. »Es ist nicht deine Schuld, dass Pop Pop gestorben ist. Und du bist auch nicht verflucht. Es gibt überhaupt nichts, weswegen du dich schuldig fühlen müsstest. Du hast eine besondere Fähigkeit – das ist alles.«

Es war das erste Mal, dass jemand meine Verfassung als Fähigkeit bezeichnete.

»Es ist einfach ein Teil von dir, und jedes Teil von dir ist schön«, sagte meine Mutter. »Es ist etwas ganz Natürliches. Du brauchst keine Angst davor zu haben. Das Universum ist größer, als wir denken.«

Dann erzählte mir meine Mutter etwas, das alles veränderte. Die Fähigkeiten, die ich hatte, waren in ihrer Familie anscheinend schon seit Generationen vorhanden. Ihre Mutter, Babette, die ich als Omi kannte, war als eines von zehn Kindern in einem winzigen Bergdorf in Bayern aufgewachsen. Als Omi ein Kind war, kam es oft vor, dass starke Gewitter zwischen den Bergen hängen blieben und sich mit aller Kraft über dem Tal entluden. Oft wurde meine Großmutter mitten in der Nacht von ihren Eltern geweckt und angezogen, damit sie fluchtbereit war, falls ihr Haus vom Blitz getroffen wurde.

Die Abgeschiedenheit ihres Dorfes schränkte Omis Kontakt zur Außenwelt stark ein. Es gab keine Telefone und keine Radios. Omi wuchs mit Legenden, Überlieferungen und Aberglauben auf. Man hatte ihr noch beigebracht, dass der Anblick einer Spinne am Morgen den ganzen Tag Kummer und Sorgen bringt. Links an einem Schaf vorbeizugehen brachte Glück, rechts vorbeizugehen eher nicht.

Sie wusste, dass man die Schuhe auf keinen Fall auf den Tisch stellen durfte, weil man damit das Pech einlud, und dass man tagsüber nicht unnötig das Licht anmachen sollte, weil dann die Engel weinten. Wenn sie etwas zu Hause vergessen hatte, drehte sie sich, nachdem sie es geholt hatte, dreimal um, setzte sich und zählte bis zehn, bevor sie ihren Weg fortsetzte.

Am schlimmsten aber war es, einen Vogel im Haus anzutreffen, denn das bedeutete den sicheren Tod eines nahestehenden Menschen.

Omi lernte auch sehr früh, an Träume zu glauben. Sie stellte fest, dass manchmal die immer gleiche Erscheinung in ihren Träumen auftauchte: eine dunkle Gestalt, die ihr Gesicht von außen an die Fensterscheibe drückte und drei

Finger in die Luft streckte. Sie hasste diese Träume. Am Morgen nach einem solchen Traum kündigte Omi an, dass innerhalb der nächsten drei Tage etwas Schlimmes passieren würde. Sie hatte fast immer Recht: ein Schicksalsschlag, ein Unfall, der Tod eines Menschen.

»Das habe ich kommen sehen«, sagte sie dann. »Wenigstens ist es jetzt vorbei.«

Omi wanderte schließlich nach Amerika aus, heiratete und zog Kinder groß, nämlich meine Mutter Linda und meine Tante Marianna. Aber ihre Träume folgten ihr über den Ozean. Eines Nachts erwachte sie aus einem schrecklichen Traum, in dem ein guter Freund aus Deutschland starb. Sie notierte sich das Datum und die Uhrzeit des Traums. Wenig später erhielt Omi einen Brief mit deutschen Briefmarken und einer Todesanzeige. Omis Freund war genau an dem Tag und zu der Zeit gestorben, die sich Omi aufgeschrieben hatte.

An einem anderen Morgen saß Omi in ihrer Küche und flocht die Haare der neunjährigen Marianna zu Zöpfen. Meine Mutter war damals sieben Jahre alt. Plötzlich klingelte das Telefon.

Bevor Omi den Hörer abnehmen konnte, platzte es aus Marianna heraus: »Sie rufen dich aus Deutschland an, um zu sagen, dass Onkel Karl gestorben ist.«

»Pst!«, schalt Omi. »So etwas Schreckliches sagt man nicht.« Sie ging ans Telefon, hörte eine Weile schweigend zu und wurde bleich. Der Anruf kam aus Deutschland. Omis Bruder Karl war gestorben.

Meine Mutter fragte sich, wie Marianna das nur gewusst haben konnte. Sie und ihre Schwester wussten ja noch nicht einmal, dass sie einen Onkel Karl hatten. Aber über diese Vorhersage wurde nie weiter gesprochen.

Während der gesamten Kindheit meiner Mutter hatte Omi ein spezielles Kartendeck, das sie immer gut versteckt hielt. Die Karten waren deutsch, sehr alt und hatten Ähnlichkeit mit Tarotkarten. Dann und wann, in der Regel sonntagnachmittags, wenn eine ihrer Cousinen zu Besuch kam und sie bat, die Karten herauszuholen, legte Omi sie auf dem Tisch aus und interpretierte sie auf der Suche nach dem guten oder schlechten Schicksal der Betreffenden.

Doch jedes Mal, wenn sie die Karten herausnahm, tat sie es mit einer ernsten Warnung. Mit den Karten solle nicht leichtfertig umgegangen werden, denn jedes Mal, wenn man sie benutze, verlasse einen der eigene Schutzengel für die nächsten drei Tage.

Meine Großmutter hielt jenseitige Energien und Traumkommunikationen für real. Die Botschaften, die bei ihr durchkamen, handelten fast ausnahmslos von Todesfällen, Krankheiten oder Schwierigkeiten. Weil es Warnungen vor schlimmen Dingen waren, die bevorstanden, waren sie nicht willkommen und wurden lediglich akzeptiert.

Jahre später, als ich meiner Mutter erzählte, ich sei hellsichtig, erzählte sie mir von ihren eigenen Träumen. Während ihrer Zeit am College war sie einmal gerade zu Bett gegangen und schlief schon fast, als sie hörte – deutlich hörte –, wie ihr Vater den Namen ihrer Mutter rief. Aber die Art, wie er den Namen rief, hatte etwas furchterregendes. Da war eindeutig etwas nicht in Ordnung! Meine Mutter saß kerzengerade im Bett, zitterte und war völlig verwirrt. Sie hatte noch nie zuvor etwas Derartiges erlebt. Es war zu spät, um noch in dieser Nacht zu Hause anzurufen, aber früh am nächsten Morgen rief sie an und fragte: »Ist mit Papa alles in Ordnung?«

Ihr Vater baute damals gerade das Kellergeschoss aus und kleidete es mit Nut- und Federbrettern aus. Zum Zurechtsägen der Bretter verwendete er eine leistungsstarke Kreissäge, und in der letzten Nacht war er, als er ein Brett mit dem sich drehenden Sägeblatt teilte, abgerutscht und hatte sich tief in einen Finger gesägt und meine Großmutter zur Hilfe gerufen. Es ging so weit gut, aber es war ein schrecklicher Schnitt.

Als sie etwas älter war, träumte meine Mutter, dass ein Nachbar in einem Supermarkt schrecklich gestürzt war. Beim Aufwachen spürte sie den Drang, den Nachbarn anzurufen, um festzustellen, ob mit ihm alles in Ordnung war, ließ es aber sein. Später am selben Tag erfuhr sie, dass der Nachbar gestürzt und gestorben war.

Es gab auch einen Traum mit einem roten Telefon. »In meinem Traum klingelte dieses rote Telefon laut und eindringlich, und ich versuchte verzweifelt, den Hörer abzunehmen, aber ich schaffte es nicht«, erzählte meine Mutter. »Am nächsten Tag erfuhr ich, dass der Onkel deines Vaters in Ungarn gestorben war. Ungarn war ein kommunistisches Land, und der Kommunismus wird mit der Farbe Rot in Verbindung gebracht. Deshalb war das Telefon in meinem Traum rot.« Sie erklärte, dass in hellsichtigen Träumen oder Visionen oft Symbole vorkommen.

Tante Marianna erzählte mir nach meinem Geständnis ihre eigenen Geschichten. Direkt vor Weihnachten hatte sie beispielsweise oft blitzartige Visionen und wusste dann genau, welches Geschenk sie bekommen würde. Einmal sah sie in ihrer Vision einen kleinen Teppich in Form einer Sonnenblume, und drei Tage später fand sie unter dem Weihnachtsbaum genau so einen Teppich.

Marianna hatte auch intensive Vorahnungen und wusste immer schon vorher, dass etwas Schlimmes passieren würde. Tatsächlich traf das Schlimme dann ein paar Tage später ein, und sie sagte, genau wie Omi es immer gesagt hatte: »O Gott, bin ich froh, dass es vorbei ist.«

Aber Marianna hatte auch positive Visionen. Kurz nachdem Omi gestorben war, sah Marianna einen Marienkäfer und erkannte darin eine Botschaft von ihrer Mutter. Wann immer sie seitdem ein Bedürfnis nach der Liebe ihrer Mutter hatte, tauchte auf magische Weise ein Marienkäfer auf. Meine Mutter hat sie ebenfalls gesehen, und auch sie hält sie für Botschafter ihrer Mutter. Kurz bevor meine Tante wegen einer bevorstehenden Operation ins Krankenhaus kam, sah meine Mutter einen Marienkäfer ins Zimmer fliegen. Letztes Jahr zu Weihnachten sah sie einen Marienkäfer über ihren Küchenboden krabbeln. Das war bemerkenswert, weil man mitten im Winter in New York nicht viele Marienkäfer zu Gesicht bekommt. Meine Tante und meine Mutter waren beide stets der Ansicht, dass unsere verstorbenen Angehörigen die ganze Zeit um uns sind und Kontakt zu uns halten.

Ihre lange Berufserfahrung als Krankenschwester bestärkte meine Tante in ihrer Überzeugung, dass unsere Lieben im Jenseits über uns wachen und uns Trost spenden. Oft berichteten ihr todkranke Patienten: »Meine Mutter sitzt gerade neben mir.« Oder sie hörte, wie sie mit Menschen sprachen, die kein anderer sehen konnte; mit Menschen, die schon vor Jahren gestorben waren. Marianna wusste, was das bedeutete: nämlich dass der Patient bald sterben würde.

Sie fand nichts merkwürdig an diesen Vorkommnissen. Sie empfand sie vielmehr als tröstlich – als Bestätigung dafür, dass unsere Lieben oft kommen und uns beim Übergang ins Jenseits behilflich sind. Wenn ihre Patienten also behaupteten, ein Verwandter sei da, sagte meine Tante nur: »Nun, dann begrüßen Sie ihn und bitten Sie ihn herein.«

Jedes Mal, wenn mir meine Tante oder meine Mutter eine dieser Geschichten erzählte, nahm ich sie freudig in mich auf. Sie zweifelten kein bisschen an diesen Träumen, Visionen und Botschaften. Deswegen war meine Mutter so aufgeschlossen, als ich ihr von meiner Vorahnung zu Pop Pop berichtete.

Jahre später, als ich bereits ein Teenager war, überreichten mir meine Mutter und meine Tante ein Geschenk. Es steckte in einem alten grauen Filzbeutel vom Juwelier. Ich griff hinein und zog einen Satz Karten heraus: Omis spezielle Karten.

Die Zeichnungen darauf waren magisch und leuchteten in bunten Farben. Man sah Schwerter und Schilde und Könige und Elefanten, einen Engel mit einem Bierkrug in der Hand, einen Eber mit einem Hund auf dem Rücken. Ich war fasziniert, wie einzigartig und lebendig diese Bilder waren. Als sich meine Tante mit mir hinsetzte und mir die Symbolik der einzelnen Karten erklärte, erkannte ich, dass das, was ich hier in Händen hielt, eine ganz neue Sprache war – eine Möglichkeit, eine neue Sinnebene zu finden.

Ich habe die Karten damals nicht oft eingesetzt und nutze sie auch heute nur selten, weil ich meine eigenen Verbindungen zur anderen Seite zu haben scheine. Aber die Karten können für manche Menschen sehr brauchbare Werkzeuge sein. Sie können das Gehirn beruhigen und uns helfen, uns auf eine neue Art der Wahrnehmung zu konzentrieren, um bestimmte Informationen zu erhalten. Ich glaube, dass Omi sie auf diese Weise verwendet hat.

Indem sie mir die Karten schenkten, haben meine Mutter und meine Tante mich vor allem dazu ermutigt herauszufinden, was da draußen ist, darin zu schwimmen und dem Ganzen Sinn und Bedeutung zu geben. Auf diese Weise ließen sie mich wissen, dass ich keine schrullige Gestalt bin, sondern dass alles mit mir in Ordnung ist und dass meine besondere Gabe tief in der Geschichte meiner Familie wurzelt. »Jeder Teil von dir hat seine Berechtigung«, sagte meine Mutter einmal. »Jeder Teil von dir verdient es, erkundet zu werden. Fürchte dich nicht vor deiner Gabe. Sie ist real und ein Teil von dir.«

***

An dem Tag, an dem ich die sechste Klasse abgeschlossen hatte, neun Monate nach Pop Pops Tod, händigte mir meine Mutter ein anderes kleines Geschenk aus.

»Das ist von Pop Pop«, sagte sie.

Ich erstarrte. Was meinte sie damit? Ich wusste, dass es ihm, als er noch lebte, immer eine große Freude bereitet hatte, uns zu besonderen Gelegenheiten schöne Geschenke zu kaufen. Er hatte das Leben immer auf irgendeine Weise gefeiert. Aber wie konnte dieses Geschenk jetzt von ihm sein?

Meine Mutter sah meinen ungläubigen Gesichtsausdruck und erklärte, mein Großvater habe mir dieses Geschenk gekauft, bevor er gestorben war. Er hatte vorgehabt, es mir zum Abschluss meiner Grundschulzeit zu schenken.

Ich hielt das Geschenk in meinen Händen. Es war eine kleine, zierliche Schachtel, in einfaches braunes Papier gehüllt und sorgfältig mit einem Juteband verschnürt – die Art, wie Pop Pop alles liebevoll verpackte. Ich setzte mich hin und öffnete das Päckchen vorsichtig.

Als ich sah, was es war, staunte ich nicht schlecht. Es war ein wunderschönes Silberarmband mit mehreren Plättchen, und auf jedem Plättchen stand der Name einer Stadt in Australien.

Ich legte das Armband um und berührte die Städtenamen mit den Fingern. War es reiner Zufall, dass dieses Armband wie auch mein Traum über Pop Pop etwas mit Australien zu tun hatte? Oder hatte dies eine tiefere Bedeutung? Schließlich war keiner von uns jemals in Australien gewesen. Das alles wirkte absolut zufällig. Und doch stellte es eine Verbindung zwischen uns her, selbst über seinen Tod hinaus.

War dies Pop Pops Art, mir zu sagen: *Ich bin immer noch bei dir, Kind?*

Jetzt, nach so vielen Jahren, habe ich immer noch sehr lebendige Träume über Pop Pop. Diese Träume fühlen sich besonders real an, als würden sie tatsächlich passieren. Ich nenne sie 3-D-Träume. In diesen Träumen fühle ich mich so leicht wie der Wind, als sei ich nicht mehr in meinem Körper. Und immer ist Pop Pop mit dabei, strahlend vor Freude und Licht wie eh und je. Wir besuchen uns gegenseitig, sprechen miteinander, hängen einfach ab, und obwohl ich mich später nicht daran erinnern kann, worüber wir gesprochen haben, weiß ich immer ganz genau, dass es wieder einmal schön war, mit ihm zusammen zu sein.

Und immer, wenn ich aus diesen Träumen aufwache, weine ich. Ein wenig aus Traurigkeit, weil ich ihn immer noch vermisse. Aber hauptsächlich aus Freude und Liebe und Glück, weil ich weiß, dass ich noch immer mit Pop Pop verbunden bin.

*** 4 ***

Verknallt

Als ich zwölf Jahre alt war, kam Arlene, eine Freundin meiner Mutter, zu Besuch. Ich rannte zur Hautür, um sie zu begrüßen. Ich mochte Arlene; sie war lustig und fröhlich und freute sich immer, mich zu sehen. Aber an diesem Tag war ich verdutzt, als sie hereinkam.

In dem Moment, in dem ich sie sah, hörte ich einen sehr deutlichen Ton – ein sanftes, angenehmes Klirren wie von einem gläsernen Windspiel. Nur dass weder ein Windspiel in der Nähe war noch ein Wind wehte. Dann, in dem Moment, in dem ich Arlene Hallo sagen hörte, sah ich einen wunderschönen Wirbel aus leuchtenden Farben um sie herum.

Ich hatte keine Ahnung, was ich da hörte oder sah.

Als sich meine Mutter und Arlene gesetzt hatten, erzählte ich ihnen, was passiert war.

»Oh«, sagte Arlene lächelnd, »du bist sehr hellsichtig, nicht wahr?«

Und das war's. Die beiden redeten und lachten einfach weiter. Ich weiß nicht, ob sie mir nicht so recht glaubten oder das Ganze einfach für keine besonders große Sache hielten. Aber für mich war es eine große Sache. Denn jetzt spürte ich die Energie anderer Menschen nicht nur, ich hörte und sah sie auch.

Von da an war ich in der Lage, Menschen in Farben zu sehen. Das geschah zwar nicht immer, aber oft genug, sodass ich mich daran gewöhnte. Es gibt einen Fachbegriff für dieses Phänomen: Synästhesie. Laut der Zeitschrift *Scientific American* ist Synästhesie »eine anomale Vermischung der Sinneswahrnehmungen, bei der die Stimulation einer Modalität simultan eine Empfindung in einer anderen Modalität hervorruft«. Beispielsweise können manche Synästhetiker Farben hören. Andere fühlen Klänge oder schmecken Formen.

Einigen Schätzungen zufolge ist dies ein seltenes Phänomen, das nur bei jedem zwanzigtausendsten Menschen zu beobachten ist. Andere Wissenschaftler hingegen sind der Ansicht, dass Synästhesie gar nicht so selten ist und tatsächlich bei jedem zweihundertsten Menschen vorkommt. Ein Synästhetiker hört beispielsweise einen bestimmten Ton und hat dabei den Geschmack von Brokkoli im Mund oder liest eine Reihe von schwarz-weiß gedruckten Zahlen und sieht sie jeweils in verschiedenen Farben.

Ich war damals zwölf Jahre alt und wusste nichts über Synästhesie. Ich wusste nur, dass ich noch eine andere seltsame Fähigkeit hatte. Irgendwie legte mein Gehirn die Farben über die physische Realität. Es war, als schaute ich durch ein farbiges Glas auf ein Objekt. Die Farbe war auf dem Glas, nicht auf dem Objekt. Und die Farben blieben auch nicht lange zu »sehen«. Sie tauchten blitzartig in mir auf und verschwanden genauso plötzlich wieder. Diese Fähigkeit war harmlos und manchmal sogar amüsant. »Diese Person ist blau«, sachte ich kichernd zu mir selbst. Oder: »Weiß diese Frau, dass sie lila ist?«

Schließlich fand ich heraus, dass ich mit größerer Wahrscheinlichkeit von jemandem angezogen wurde, der blau war, als von jemandem, der rot war. Die blaue Farbe gab mir ein Gefühl des inneren Friedens und des Glücks, während sich die rote Farbe wütend und negativ anfühlte. Auf diese Weise erkannte ich allmählich, dass mir die Farben eine schnelle und praktische Möglichkeit boten, Menschen zu lesen – ihre Energie einzuschätzen und zu entscheiden, ob ich sie um mich haben wollte oder nicht. Es war, als hätte ich einen Extrasinn, der mir half, in der Welt zurechtzukommen. Schließlich war die Farbe ja auch ausschlaggebend dafür, welchen Pullover ich tragen wollte. Wir tun das alle ständig. Bestimmte Farben geben uns ein gutes Gefühl, andere nicht. Der einzige Unterschied zu mir besteht darin, dass ich zusätzlich zu den Farben der Pullover auch die der Menschen wahrnehme.

* * *

Etwa um diese Zeit verknallte ich mich zum ersten Mal in einen Jungen. Sein Name war Brian, und er ging mit mir in die sechste Klasse. Wann immer ich in seiner Nähe war, merkte ich, dass ich seine Energie wirklich sehr gern mochte. Es war ein neues und absolut beglückendes Gefühl. Meine Schwärmerei blieb eine Weile mein Geheimnis, bis ich meinen Freundinnen davon erzählte. Die erzählten es Brians Freunden, und danach ging ich davon aus, dass er Bescheid wusste. Doch dann kam mir über den gleichen Umweg zu Ohren, dass meine Verliebtheit in Brian nicht auf Gegenseitigkeit beruhte. Er war in meine Freundin Lisa verliebt. Ich war am Boden zerstört.

Zugleich war ich extrem verwirrt. Es ergab keinen Sinn, dass ich mich so zu ihm hingezogen fühlte, ohne dass er die gleiche Hingezogenheit zu mir empfand. »Aber ich mag seine Energie wirklich«, sagte ich mir selbst. »Wieso kann das ohne Bedeutung sein?« Die Enttäuschung und die Frustration schmerzten sehr. Ich weiß, dass jede unerwiderte Liebe für Mädchen und Jungen in diesem Alter absolut niederschmetternd ist, aber was ich fühlte, war sehr viel mehr als Zuneigung zu jemandem. Ich fühlte mich mit Brian verbunden.

Schließlich kam ich über Brian hinweg und verknallte mich in der siebten Klasse ähnlich heftig in einen Klassenkameraden namens Roy. Wieder erfuhr ich über andere, dass Roy in meine Freundin Leslie verliebt war, nicht in mich. Diesmal waren meine Verwirrung und Enttäuschung unerträglich. Ich konnte einfach nicht verstehen, warum mich diese Hingezogenheit, die ich ganz genau spürte, nirgendwo hinführte. Wie konnte ich mich Roy so verbunden fühlen, wenn es mir nicht bestimmt war, mit ihm zusammen zu sein? Nacht für Nacht saß ich in meinem Zimmer und versuchte, meine Gefühle zu vertreiben, aber ich konnte sie nicht ausblenden. Ich hätte mich am liebsten einfach in Luft aufgelöst, um nicht mehr so intensiv fühlen zu müssen.

Während ich älter wurde, spürte ich die Intensität der Gefühle sowohl bei mir als auch bei anderen. Wenn ein Junge in mich verliebt war, aber ich nicht in ihn, fühlte ich mich ausgesprochen schlecht. Diese Situation ist für jeden unangenehm, aber für mich bedeutete sie mehr, als nur zu wissen, dass ein Junge in mich verliebt war. Ich spürte seine Energie und seine ganze Traurigkeit. Ich verfügte nicht über den Luxus, irgendetwas davon abschütteln zu können. Diese typischen pubertären Interaktionen waren für mich kräftezehrend und manchmal sogar lähmend.

Und meine Fähigkeiten verwirrten mich noch mehr, als ich in meiner Teenagerzeit engere Beziehungen außerhalb meiner Familie aufnahm. Die Erfahrungen, die ich dabei machte, waren durchaus nicht nur negativ. An meinem ersten Tag in der achten Klasse spürte ich plötzlich im Kunstunterricht, wie meine Aufmerksamkeit eindeutig quer durch den ganzen Raum von einem Mädchen mit braunen Haaren und grünen Augen angezogen wurde. Es fühlte sich an, als ziehe jemand oder etwas an mir. Der Name des Mädchens war Gwen, und sie gehörte eigentlich nicht zu denjenigen, denen ich mich normalerweise genähert hätte. Sie war in ein Gespräch mit ihrer Freundin Margie vertieft und schaute ziemlich finster drein. Dennoch spürte ich einen Klick, als rasteten unsere Energien irgendwie ineinander ein. Ich stand also auf, ging zu ihr und sagte Hallo. Sie schaute mich verdutzt an, als wolle sie sagen: *Wer bist du denn, und warum sprichst du mich an?* Aber ich ließ mich nicht umstimmen. Und es dauerte nicht lange, bis Gwen und ich die besten Freundinnen waren.

Unsere Freundschaft überdauerte unsere gesamte Highschool-Zeit und ging noch darüber hinaus. Wir sind bis heute miteinander befreundet, und jede ist immer noch Teil des Lebens der anderen. Wir spornen uns gegenseitig an und trösten einander, wenn es mal nicht so gut läuft. Wir sagen gern, dass wir einander gut ergänzen.

* * *

Als ich fünfzehn war, machte ich mit meiner Familie einen Skiausflug nach Mt. Sutton in Quebec, etwa neun Stunden Fahrt von zu Hause. Wir waren mit Freunden der Familie unterwegs: mit Mr. Smith, einem Englischlehrer und Kollegen meines Vaters (wir nannten ihn Onkel Lee), seiner Frau Nancy und ihren Söhne Damon und Derek sowie mit Damons Freund Kevin. Kevin war zwei Jahre älter als ich,

1,80 Meter groß, blond und schlank. Ich liebte seine Energie sofort. Sie war fröhlich, bescheiden, warmherzig, sanft und sicher. Ich hatte das Gefühl, ihn schon lange zu kennen, obwohl wir uns gerade erst kennengelernt hatten.

Wir wohnten in einer Ferienwohnung in der Nähe des Skiorts, und eines Abends gingen wir alle in ein kleines Bistro nebenan. Ich saß neben Kevin, und wir kamen ins Gespräch. Und während wir miteinander sprachen, wurde es im Raum um uns plötzlich ganz still, und ich spürte ein unglaubliches Verschmelzen von Energie. Es fühlte sich an, als sei gerade eine Entscheidung gefallen. Die Energie im Raum zwischen uns veränderte und verband sich, und ich spürte so etwas wie eine magnetische Anziehung. Es war erstaunlich. Ich hatte noch nie zuvor so etwas empfunden.

Dann kam die Zeit des Abschieds. Ich spürte, wie meine eigene Energie wie wild in mir herumwirbelte, aber ich versuchte, mein Gleichgewicht zu wahren und die Coole zu spielen. Wir standen schon in der Eingangstür und wollten gerade hinaus in die Kälte, als Kevin sich umdrehte, sich mit einem sanften Lächeln zu mir herunterbeugte und mich küsste. Auf den Mund.

Es war mein erster Kuss. Und meine Welt explodierte.

Der Kuss gab mir die Erlaubnis, kopfüber in Kevins Energiefeld einzutauchen. Er war eine Einladung, mich ganz in sein Energiefeld hineinzubegeben. Das war noch nie zuvor geschehen. Die Emotionen anderer Menschen waren immer etwas gewesen, womit ich zu kämpfen hatte und das ich abwehren musste. Aber nicht bei Kevin. Kevins Emotionen waren mir willkommen. Das Gefühl war beglückend. Ich war wahnsinnig verliebt.

Wir verbrachten viele glückliche Monate als Freund und Freundin miteinander. Doch trotz unserer tiefen Verbindung enthüllte mir mein einfacher Zugang zu Kevins innerem Selbst etwas Unerwartetes: Kevin und mir war es nicht bestimmt zusammenzubleiben. Schon sehr früh spürte ich, dass sein Lebensweg unweigerlich in eine andere Richtung ging als meiner. Ich begeisterte mich an Büchern und las gern, während Kevin gern an Autos und Elektronik herumbastelte. Ich liebte ihn immer noch und wusste, dass er eine wunderschöne, fürsorgliche Seele war, aber mir war auch klar, dass es uns bestimmt war, getrennte Wege zu gehen.

Vielleicht ist das etwas, was viele Menschen spüren, auch wenn sie sich in einer sehr liebevollen Beziehung befinden. Aber ich spürte es nicht nur. Ich wusste es mit absoluter Gewissheit.

Meine Trennung von Kevin war nicht besonders dramatisch, und bis heute mag ich ihn sehr, weil er der Mensch ist, der er ist. Er war meine erste Liebe, und allein das macht ihn sehr besonders für mich.

Aber meine Teenagerromanze war auch eine wichtige Lebenslektion: Jemanden zu lieben und das Gefühl zu haben, dass man seinen Seelenpartner gefunden hat, bedeutet nicht unbedingt, dass es einem bestimmt ist, für immer mit diesem Menschen zusammen zu sein.

Wir können die Seele eines Menschen lieben und gleichzeitig einsehen, dass wir nicht mit dieser Person zusammenbleiben sollen. Manchmal ist das Ende einer Beziehung alles andere als ein Misserfolg oder ein Versagen, sondern vielmehr eine Erlösung für beide Beteiligten, die nun ihre eigenen, wahren Wege gehen können. Manche Beziehungen sind nur dazu da, uns etwas über die Liebe zu lehren.

Ich habe auch gelernt, dass wir Menschen ziehen lassen und ihnen dennoch alles Gute wünschen können. Es muss keine Bitterkeit, keine Schuldzuweisung und keinen Groll geben. In der Zwischenzeit habe ich Kevin ein paar Mal zufällig getroffen, und es freut mich sehr zu wissen, dass er glücklich verheiratet ist und drei wunderbare Kinder hat. Kevin führt das Leben, das er führen möchte, und genau das ist es, was ich mir für ihn gewünscht habe.

* * *

Kurz nachdem ich mich von Kevin getrennt hatte, verliebte ich mich wieder. Sein Name war Johnny. Er war ein Mitschüler in der zehnten Klasse der John Glenn Highschool auf Long Island. Johnny war der harte Typ in unserer Klasse. Er war 1,80 Meter groß und hatte blasse Haut, braune Haare und blaue Augen. Er war ein Witzbold, lachte eigentlich immer und dachte sich viele Streiche aus. Aber er war auch knallhart und in viele Kämpfe verwickelt. Er wirkte selbstsicherer, lebendiger und abenteuerlustiger als die meisten Jungen in seinem Alter. Und genau deswegen fühlten sich alle zu ihm hingezogen.

In der Halloween-Nacht unterhielten wir uns zum ersten Mal. Ich war mit ein paar Freunden an einem lokalen Treffpunkt, den wir die »El-Streets« nannten: Ecke Elmundo und Elkhart Street. Ich trug kein Kostüm. Vermutlich dachte ich, dafür sei ich zu cool. Johnny trug eine schwarze Lederjacke. Wir wurden aufeinander aufmerksam, er kam herüber, und wir sprachen miteinander. Und während wir uns unterhielten, spürte ich, wie seine kraftvolle, positive Energie über mich hinwegschwappte. Ehe ich mich versah, war ich vollkommen darin versunken. Ich wusste, dass ich verloren war. Johnny musste mich noch nicht einmal küssen, um die Türen weit aufzustoßen. Es genügte, dass er neben mir stand.

Während ich in sein Energiefeld eintauchte, stellte ich fest, dass mir Johnnys Emotionen in einer Weise offenbart wurden, wie ich es noch nie zuvor erlebt hatte. Ich konnte, wie man so schön sagt, in ihm lesen wie in einem offenen Buch. Mir wurde plötzlich klar, dass Johnny unter seiner hypermaskulinen Fassade ein paar tiefe Wunden verbarg. Ich erfuhr, dass sich seine Eltern hatten scheiden lassen, als er noch ein Kind gewesen war. Johnny hatte mit sehr wenig Aufmerksamkeit von beiden Elternteilen aufwachsen müssen. Alle Erwachsenen in seinem Leben hatten ihn total vernachlässigt, und er sehnte sich danach, sich geliebt zu fühlen.

Ich durchschaute seine Fassade des harten Burschen sofort. Als Johnny erkannte, wie gut ich mich auf den Menschen einstimmen konnte, der er in seinem Innersten war, breitete er alles vor mir aus: seine Geschichte, seine Ängste, seine Träume. Kein Wunder, dass wir uns ineinander verliebten.

Meine Beziehung zu Johnny offenbarte noch eine weitere beunruhigende Facette meiner Fähigkeiten: Weil ich seinen Schmerz und seine Verletztheit so deutlich nachempfinden konnte, spürte ich auch den starken Drang, die Dinge für ihn in Ordnung zu bringen.

Als ich meiner Mutter, die an meiner Schule Englisch unterrichtete, sagte, dass ich mit Johnny ausging, sagte sie: »Mit diesem Typ? Kommt gar nicht infrage, dass du dich mit dem triffst. Er hat mir mal den Stinkefinger gezeigt, als ich Busaufsicht hatte.«

Doch als ich Johnny mit nach Hause brachte und sich meine Mutter mit ihm unterhielt, freundete sie sich auch schnell mit ihm an. Sie sah genau wie ich das verwundete kleine Reh in ihm – den Teil von ihm, der einsam und verletzt war – und wollte ihm so gut wie möglich helfen. In den nächsten paar Jahren gehörte Johnny fast zur Familie.

Unsere Beziehung dauerte ein paar Jahre, aber wie viele Highschool-Verbindungen war sie unstet. Was mich zu ihm hinzog – sein tief in ihm verborgener Schmerz und seine Qual –, war auch genau das, was alles so schwankungsanfällig machte. Wir trennten uns, kamen wieder zusammen und trennten uns wieder. Das war das Wesen unserer Beziehung. Selbst unsere tiefe Seelenverbindung konnte sie nicht retten.

Schließlich erkannte ich, dass ich so stark in Johnnys intensive emotionale Landschaft eingebunden war, dass unsere Beziehung immer unerträglich kompliziert sein würde. Ich wusste, dass wir keine wirkliche Chance hatten, in Harmonie miteinander durchs Leben zu gehen, und ich begriff, dass unsere gemeinsame Zeit zu Ende war.

Ich denke noch immer voller Liebe an Johnny. Unsere gemeinsam verbrachte Zeit hat mein Bewusstsein dafür geschärft, dass uns Menschen aus einem bestimmten Grund über den Weg laufen. In einer Beziehung gibt es immer etwas, das gelehrt oder gelernt werden muss. Das gilt entweder für einen Partner oder für beide. Und ich bin froh sagen zu können, dass ihn sein Weg in ein Leben als glücklich verheirateter Vater von zwei Kindern geführt hat. Es freut mich von Herzen, das zu wissen.

* * *

Meine Fähigkeiten machten es mir nicht unbedingt leichter, mich in den Jahren der Partnersuche zu orientieren, aber sie halfen mir, nach und nach das größere Bild zu sehen. Allmählich fing ich an, eine Art Inventar meiner Fähigkeiten anzulegen. Ich konnte sie nicht benennen und verstand auch nicht ganz, was sie bedeuteten und wie ich sie einsetzen konnte. Aber jedes Mal, wenn ich eine neue entdeckte, wuchs mein Selbstbewusstsein etwas.

Irgendwie konnte ich die Energien anderer Menschen lesen und ihre Emotionen in mich aufnehmen. Ich sah Farben um Menschen und konnte die Welt um mich herum anhand dieser Farben besser verstehen. Ich hatte die Fähigkeit, in das Leben von Menschen zu schauen und Dinge über sie in Erfahrung zu bringen, etwa, wie viele Geschwister sie hatten oder ob ihre Eltern geschieden waren. Ich hatte Träume, die unglaublich lebendig waren, und diese Träume waren voller Botschaften, die in der realen Welt eine Bedeutung für mich hatten.

All diese Fähigkeiten haben Namen, die mittlerweile bekannt sind, aber damals kannte ich sie nur als Phänomene, die meinem Leben eine verwirrende und überwältigende Intensität gaben. Ich wusste noch nicht einmal, ob nur ich darüber verfügte oder ob jeder sie hatte.

In meiner Teenagerzeit wurde die mir innewohnende Energie immer intensiver. Ich suchte nach Möglichkeiten, meinen unermüdlichen inneren Motor zu drosseln, aber nichts schien zu funktionieren. Ich vermute, dass diese Energie jede Facette meines Lebens verschlungen hätte, wenn ich kein ungewöhnliches Ventil dafür gefunden hätte: Fußball.

Als ich in der vierten Klasse war, fing ich mit dem Fußballspielen an. Sehr schnell stellte sich heraus, dass das meine Rettung war. Man stellte mich auf ein riesiges Feld und ließ mich nach Herzenslust laufen. Das Fußballspielen gab mir ein Gefühl von Freiheit und Offenheit und ermöglichte es mir, etwas von meiner verrückten Energie abzubauen.

Ich wurde ziemlich gut darin. Ich spielte in einem Fußballverein, und in der Mittelstufe schaffte ich es in die erste Schulmannschaft. Obwohl ich eigentlich fürs Fußballspielen zu klein war, hielt ich mich wacker. Fußball bedeutete mir mehr als anderen Kindern. Für mich war es nicht nur ein Hobby. Ich hatte keine andere Wahl, als dort draußen unermüdlich aktiv zu sein. Aber ich hatte noch einen anderen Vorteil auf dem Fußballfeld: meine besonderen Fähigkeiten.

Ich fand heraus, dass ich die Energie der gegnerischen Spieler lesen konnte. Wenn ich links oder rechts außen spielte, warf ich einen Blick auf die Verteidigerin, die mir am nächsten stand, und ich wusste sofort etwas über sie, das mir half, eine Entscheidung für meine nächste Aktion zu treffen. *Dieses Mädchen ist sehr aggressiv,* dachte ich beispielsweise. *Ich werde sie angreifen und austricksen, und wenn sie darauf hereinfällt, komme ich an ihr vorbei.* Oder ich sah eine Verteidigerin, die ich als eher passiv wahrnahm, und dachte: *Greife ich sie direkt an, wird sie nicht mithalten können.* Manchmal fühlte sich die ganze linke Hälfte des Fußballfeldes offen und einladend an. Also dribbelte ich den Ball auf der linken Seite bis zum Tor. Das Tor zu schießen war dann meist ganz einfach. Ich schoss eine Unmenge Tore.

War das Betrug? Manchmal fühlte es sich so an. Doch letztendlich konnte ich nichts dagegen tun. Ich wusste, was ich wusste; also war es einfach, wie es war. Ich konnte meine Fähigkeiten nicht ausschalten, warum also sollte ich sie nicht konstruktiv nutzen? Ich wurde so gut, dass oft etwas über mich im Lokalteil der Zeitung stand.

»Laura ist heute kreuz und quer über das ganze Feld gerannt«, stand beispielsweise später in einem Artikel. »Ihre Energie ist unerschöpflich.«

Wenn die gewusst hätten …

*** 5 ***

John Moncello

Dank des Fußballs schaffte ich es durch die Schule. Ich wusste immer noch nicht, wie ich meine Fähigkeiten gezielt einsetzen konnte, aber auf dem Weg dorthin lernte ich, sie zu verstecken. Niemand wusste von der Flut der Emotionen, den eigenartigen Farben und den intensiven Träumen, und ich tat alles dafür, dass es so blieb.

Ich schrieb mich an der Binghamton University ein, einer erstklassigen staatlichen Hochschule etwa dreihundert Kilometer nordwestlich von New York City. Im College würde ich zum ersten Mal fern von zu Hause wohnen, und das war sowohl beängstigend als auch aufregend für mich. Ich war traurig, dass ich meine Eltern verlassen musste. Aber ich spürte auch, dass das Verlassen meines Elternhauses eine Chance für mich war, eine Identität aufzubauen, die frei von all den Seltsamkeiten meiner Kindheit war.

Womit ich nicht rechnete, war der Einfluss, den das Leben am College auf mich haben würde. Dort waren so viele Studenten auf engstem Raum versammelt, dass ich das Gefühl hatte, von einem Tornado neuer Ideen, Emotionen und Energien überwältigt zu werden. Auf dem Weg zwischen meinem Schlafsaal und dem Gemeinschaftsbadezimmer kam ich an mindestens fünf neuen Kommilitonen vorbei, und jeder von ihnen surrte vor neuer Energie. Ich nickte und sagte Hallo, aber gleichzeitig war ich wie betrunken von all dem, was ich in dem Moment fühlte. Etwas später passierte das Gleiche. Angst, Besorgnis, Traurigkeit, Einsamkeit – ein nie erlebtes Sperrfeuer aus Emotionen prasselte auf mich ein. Ich fühlte mich wie eine riesige menschliche Stimmgabel, die durch die kollektive Energie von Hunderten emotional aufgewühlten jungen Menschen in Schwingung versetzt wurde.

Ich lernte auch außergewöhnliche Werke der Kunst, der Geschichte und des politischen Denkens kennen: ein schönes Musikstück, ein klassisches Gemälde, eine mitreißende Vorlesung, ein bewusstseinsveränderndes Gedicht. All das hob meine Stimmung in ungeahnte Höhen. Oft empfand ich eine so unbändige Freude und Begeisterung über irgendetwas, dass ich mich selbst ermahnen musste, das Atmen nicht zu vergessen. Doch dann kam ich auf dem Weg aus dem Klassenzimmer an einem Studenten vorbei, der niedergeschlagen war, was mich mitten aus meinem Höhenflug riss und in einen tiefen Abgrund stürzte. Mir war, als watete ich durch einen Fluss, in dem sich die Strömung und die Temperatur permanent änderten. Im einen Moment war das Wasser eiskalt und reißend, im nächsten friedlich, aber kochend heiß. Ich verstand nicht, was da los war, und ganz sicher konnte ich es nicht stoppen. Ich konnte nur in diesem Wasser bleiben und versuchen, nicht zu ertrinken.

In den Wintersemesterferien fuhr ich zurück nach Long Island und traf mich dort mit einigen meiner Freunde von der Highschool. Ein paar von uns mieteten sich ein Zimmer in dem Hotel, in dem wir unseren Abschlussball gehabt hatten, und wir saßen dort und tranken und redeten über unsere Erfahrungen am College. Mich zog es zu einem wirklich guten Freund namens John Moncello.

John war einer der schönsten und dynamischsten Menschen, denen ich je begegnet bin. Wir kannten uns, seit er mir in der vierten Klasse einen Zettel in den Rucksack gesteckt hatte, auf dem stand, er finde mich toll und würde sich gern mit mir zum Rollschuhlaufen treffen. Wir kamen nie zusammen – aus irgendeinem Grund hatte ich seinen kunstvollen Antrag damals abgelehnt –, aber ich betrachtete uns immer als gute Freunde und fühlte mich auch stets zu seiner Energie hingezogen und mit ihr verbunden. Diese Energie war auf wunderbar wilde Weise positiv. Er war eines der klügsten Kinder in unserer Schule und gehörte zu den Menschen, in deren Gegenwart man sich immer wohl fühlte. Wir alle betrachteten John als den Anführer unserer kleinen Gruppe.

An diesem Abend in unseren Winterferien saßen John und ich in einer Ecke des Hotelzimmers und tauschten Geschichten über Binghamton und Berkeley aus, wo er mit seinem Studium begonnen hatte. Es wurde immer später, und alle anderen gingen schlafen, nur John und ich blieben wach und redeten weiter. So war es schon immer zwischen uns gewesen. Wir hatten uns in ein unglaublich tiefgründiges Gespräch vertieft, wie ich es noch nie mit meinen anderen Freunden geführt hatte. Wir sprachen über das Wesen des Seins. Plötzlich verstummte John und schaute hinaus in den dunklen Nachthimmel.

»Was glaubst du, passiert, wenn wir sterben?«, fragte er.

»Na ja«, sagte ich, »ich weiß, dass es einen Himmel gibt.«

»Woher weißt du das?«

»Ich weiß es einfach«, sagte ich. »Ich weiß, dass es ein Leben nach dem Tod gibt. Und ich weiß, dass wir dorthin gehen, wenn wir sterben.«

John schaute mich an und runzelte die Stirn. Ich spürte den Drang, ihm von meinem Australientraum zu erzählen, davon, dass ich Pop Pop gesehen hatte und von all den anderen eigenartigen Dingen, die mir passiert waren, aber ich hielt mich zurück. Dann lachte John.

»Laura, vielleicht glaube ich das, wenn ich älter bin«, sagte er. »Aber ich bin jung und muss mir daher noch keine Gedanken über so etwas machen. Im Moment glaube ich einfach nicht an ein Jenseits.«

Ich versuchte nicht, ihn vom Gegenteil zu überzeugen. Es stand mir nicht an, das zu tun. Wir beließen es dabei. Ein paar Tage später fuhren wir zurück zu unseren Universitäten.

Etwa einen Monat später hatte ich einen sehr intensiven und unglaublich lebendigen Traum. In diesem Traum war ich am College. Nicht in Binghamton, sondern irgendwo anders. Und ich war jemand anderer und hatte das Gefühl, gleich das Bewusstsein zu verlieren. Ich versuchte, um Hilfe zu rufen, aber kein einziges Wort kam aus meinem Mund. Ich hatte das schreckliche Gefühl, sterben zu müssen, wenn ich keine Hilfe bekam. Doch was ich auch versuchte, ich konnte nicht verhindern, dass ich fortglitt.

Dann, ganz plötzlich, war ich wieder ich selbst. Ich sah eine Gruppe von Freunden aus der Highschool an meinem Schlafsaal vorbeigehen. Sie weinten und trugen etwas auf den Schultern. Irgendeinen Kasten. Der Kasten war geschlossen, sodass ich nicht sehen konnte, was darin war. Aber das brauchte ich auch gar nicht. Ich wusste sofort, dass eine Person in dem Kasten war. Ein Junge. Ein Junge, den wir alle liebten. Unser Anführer.

Als ich so dastand und die Prozession auf mich zukommen sah, spürte ich ein tiefes Grauen, denn ich wusste, wenn ich nichts tat – nämlich dafür sorgte, dass etwas nicht geschah –, würden meine Freunde sehr leiden, weil dieser Junge, den wir so sehr liebten, nicht mehr bei uns sein würde.

Dann erwachte ich. Ich setzte mich schwer atmend und panisch auf und schaute auf die Digitaluhr auf dem Nachttisch. Sie zeigte 00:00 Uhr. Ich griff zu meinem Telefon und wählte hektisch die Nummer meiner Mutter.

»Mama, ist jemand gestorben?«, fragte ich ziemlich hysterisch.

»Was? Nein. Wovon redest du?«

Ich dachte an meinen Traum und hatte die gleichen Schuldgefühle, spürte das gleiche Leid wie damals, nachdem ich herausgefunden hatte, dass mein Großvater gestorben war.

»Laura, beruhige dich, es ist alles in Ordnung«, sagte meine Mutter.

»Nein, Mama, nichts ist in Ordnung!«, schrie ich und fing an zu weinen. »Jemand ist gestorben oder wird sterben! Bitte verlass das Haus nicht! Geh nirgendwo hin!«

Ich war in Panik. Ich wusste genug über diese lebendigen Träume, um zu wissen, dass sie real waren. Meine Mutter redete auf mich ein und beruhigte mich. Sie versicherte mir, dass es in unserer Familie allen gut ging. Den Rest des Tages verbrachte ich hoffend und betend, mein Telefon möge nicht klingeln. Und während die Stunden ohne schlechte Nachrichten vergingen, legte sich meine Aufregung ein wenig.

Um acht Uhr abends klingelte mein Telefon dann doch. Es war einer meiner Freunde aus der Highschool.

»Laura, ich muss dir etwas Schreckliches mitteilen«, sagte er. »John Moncello ist tot.«

* * *

John war gerade Mitglied einer Studentenverbindung in Berkeley geworden und hatte am Abend zuvor ziemlich viel getrunken. Mitten in der Nacht, gegen 3:00 Uhr, riefen ihn einige Corpsbrüder an und sagten, er solle auf der Stelle zum Verbindungshaus kommen. »Du musst hier aufräumen, Fuchs«, verlangten sie. John protestierte und sagte, er sei zu betrunken, um zu kommen. Die Corpsbrüder bestanden jedoch darauf. Also zog sich John ein paar alte Sachen über und torkelte zu dem Haus.

Er putzte und räumte auf, so gut er konnte, und als er fertig war, stieg er aus einem Fenster auf die Feuerleiter. Die Corpsbrüder verließen das Haus oft über diese Feuerleiter. Aber John war immer noch betrunken. Er rutschte aus und trat daneben. Er fiel drei Stockwerke tief und landete in der Einfahrt.

Niemand sah ihn fallen. Niemand wusste, dass er dort war. Also lag er bewusstlos und blutend auf dem Asphalt. Ein paar Stunden später fand ihn jemand. Doch da war er schon tot.

Laut Obduktionsbericht war John wegen einer Schädelverletzung verblutet. Er war also nicht an dem Sturz selbst gestorben, sondern aufgrund des Blutverlustes. Seine Leiche wurde Punkt 9:00 Uhr morgens PST (Pacific Standard Time) gefunden. Da war es 00:00 Uhr in New York, und in dem Moment war ich aus meinem Traum aufgewacht.

Im Obduktionsbericht stand auch, dass John vermutlich eine Zeit lang immer wieder kurz bei Bewusstsein gewesen war. Entweder war er nicht in der Lage gewesen, um Hilfe zu rufen, oder er hatte gerufen, und niemand hatte ihn gehört.

Aber ich hatte ihn gehört.

* * *

Ich war am Boden zerstört. Als mir der Freund am Telefon von Johns Tod berichtete, verlor ich komplett die Fassung. Ich platzte ihm gegenüber mit meinem Traum heraus. Ich fühlte mich so dunkel und so verflucht. Dies war die Bestätigung dafür, dass das, was da mit mir los war – was immer die Quelle meiner Fähigkeiten sein mochte –, etwas Böses sein musste. Wie konnte es sein, dass ich diese Information über meinen Freund John bekommen hatte, aber nicht auch die Möglichkeit, etwas am Ausgang der Ereignisse zu ändern? Warum hatte ich diesen Traum gehabt, war aber nicht in der Lage gewesen, die Information zu nutzen, um John das Leben zu retten? Was für eine kranke, schreckliche, machtlose Fähigkeit war das?

Einen Tag, nachdem ich von Johns Tod erfahren hatte, verließ ich Binghamton und fuhr zurück nach Long Island. Ich traf mich mit einigen Highschool-Freunden, und wir gingen zu Johns Haus, um seiner Mutter unser Beileid auszusprechen.

Sie war völlig außer sich und stand unter Schock. Johns Sachen aus dem College hatte sie im Wohnzimmer aufgestapelt. Wenn wir etwas davon haben wollten, sagte sie, sollten wir es uns einfach nehmen. Ich schaute zu, wie sich einige meiner Freunde auf seine Sachen stürzten: T-Shirts, Bücher, CDs, Turnschuhe. Bei diesem Anblick wurde mir ganz schlecht. *Hört bitte auf!* wollte ich schreien. Aber es kam kein Wort über meine Lippen. Ich stand einfach nur da und fühlte mich noch mehr isoliert.

Den nächsten Tag erlebte ich wie durch eine Nebelwand. Der Trauerzug mit dem Leichenwagen, in dem Johns sterbliche Überreste transportiert wurden, fuhr langsam an seinem Elternhaus vorbei – dem Ort, wo seine Träume und Hoffnungen entstanden waren. Die Totenmesse kam mir surreal vor, als würde ich mir einen Film anschauen. Die Ansprachen, in denen betont wurde, was für ein großartiger Mensch John gewesen war, konnten meine Trauer nicht besänftigen – im Gegenteil: Sie betonten die Endgültigkeit seines Todes noch. John war weg. Er kam nicht mehr zurück. Und in dieser am Boden zerstörten Gruppe von Menschen, die ihn geliebt hatten, war wahrscheinlich nur eine Person, die gewusst hatte, dass sein Leben am seidenen Faden hing, bevor er es verlor. Warum hatte ich ihn nicht retten können?

Mein überwältigendes Schuldgefühl war der Grund, warum ich schließlich beschloss, mit anderen über meinen Traum zu sprechen. Vermutlich hoffte ich, jemanden ausfindig zu machen, der es auch »gewusst« hatte. Ich führte mit drei oder vier Freundinnen separate Gespräche über meinen Traum. Alle hörten höflich zu, aber es war klar, dass er ihnen nichts bedeutete. Für sie war es nur ein Traum, und was haben Träume schon mit der Wirklichkeit von Leben und Tod zu tun?

Danach sprach ich überhaupt nicht mehr über meinen Traum und fraß alles, was ich fühlte, in mich hinein. Vielleicht sollte es so sein. Vielleicht war das die Strafe dafür, dass ich John nicht gerettet hatte.

* * *

Wir müssen alle für uns selbst herausfinden, wer wir sind und wie wir in diese Welt passen. In meinen Teenagerjahren gab es Momente, in denen ich dachte, meine Fähigkeiten seien vielleicht nicht von meiner Bestimmung im Leben zu trennen und von entsprechend zentraler Bedeutung. Ich konnte ihnen nicht entkommen und sie auch nicht einfach abstellen. Also kam ich auf den Gedanken, es sei vielleicht meine Aufgabe, eine Möglichkeit zu finden, sie zu steuern und in den Dienst einer guten Sache zu stellen.

Aber durch Johns Tod und meinen Traum davon änderte sich alles. Es war absolut ausgeschlossen, dass meine Bestimmung im Leben etwas so Schmerzliches, so Schweres und so Qualvolles sein konnte. Diese Art von »Wissen« konnte nichts Gutes, sie musste etwas Schlechtes sein.

Ich schwor, mich von dieser angeblichen Gabe abzuwenden. Ich wollte sie nicht. Ich brauchte sie nicht. Ich würde mein Leben ohne sie weiterführen.

*** 6 ***

Litany Burns

Nach Johns Beerdigung traf ich mich, bevor ich nach Binghamton zurückkehrte, mit dem Pastor meiner Gemeinde auf Long Island. Ich musste mit jemandem sprechen, und mein Pastor war eine naheliegende Wahl. Er war ein guter, freundlicher Mann, und ich kannte ihn, seit ich ein kleines Mädchen war. Er war schlank, trug einen Bart und erinnerte mich an Jesus. Vielleicht hatte ich deshalb so viel Vertrauen zu ihm.

Ich traf den Pastor in seinem Büro im hinteren Teil der Kirche. Kaum hatte ich mich gesetzt, brach ich in Tränen aus. Unter Seufzen und Schluchzen erzählte ich dem Pastor alles über meinen Traum und Johns Tod. Ich erzählte ihm auch von meinem Großvater und dem seltsamen Impuls, der mich dazu gebracht hatte, ihn vor seinem Tod unbedingt noch einmal sehen zu wollen. Ich suchte im Gesicht des Pastors nach Zeichen der Verurteilung oder Verachtung, aber nichts davon war zu sehen. Er saß einfach da, hörte mir zu und ließ mich meine Geschichte erzählen. Erst als ich fertig war, sprach er.

»Laura, welche Fächer hast du im College belegt?« fragte er.

Ich zählte meine Fächer auf: Literatur, Geschichte, Philosophie …

»Du hast auch Philosophie belegt?«

»Ja. Einführung in die Philosophie.«

»Nun, da haben wir es«, sagte er sachlich. »Die Träume und wie du sie interpretierst – all das hat etwas mit deinem Philosophiekurs zu tun. Er ist ein Grund für all die neuen Ideen und Theorien, die deinen Geist erfüllen. Der Kurs hat dafür gesorgt, dass du diesen Traum hattest.«

Ich hörte ihm aufmerksam zu und spürte, wie meine Tränen trockneten. Ich atmete tief durch, dankte dem Pastor für die Zeit, die er sich für mich genommen hatte, schüttelte ihm die Hand und ging. Er meinte es nicht böse und glaubte sicher aufrichtig, dass er mir damit half. Aber mir war sofort klar, dass er mit dem, was er mir sagte, nicht richtig lag. Immerhin hatten mich meine Fähigkeiten schon erschreckt, bevor ich mich für die Einführung in die Philosophie einschrieb.

Ich kam zu dem Schluss, dass ich meine Antworten weder in dieser noch in irgendeiner anderen Gemeinde finden würde. Ich glaubte an Gott und daran, dass er die Antworten kannte, aber nach meinem Gespräch mit dem Pastor glaubte ich auch, dass Gott viel größer und mächtiger war als diese kleine Kirche aus Stein und Mörtel. Die Antworten waren da draußen, woanders.

Zurück in Binghamton versuchte ich, mich wieder in die Rhythmen des College-Lebens einzugliedern. Ich erzählte niemandem, wie verstört und unausgeglichen ich mich fühlte. Und ich wagte auch nicht, irgendjemandem von meinen besonderen Fähigkeiten zu erzählen. Ich versuchte, eine typische Studienanfängerin zu sein. Ich ging auf Partys, lernte viel, traf mich mit Jungs. Aber der Traum über John ging mir nicht aus dem Kopf, und ich fiel in eine tiefe Depression.

Meine Freundin Maureen war meine Rettung. Ihr, die am College meine beste Freundin war, erzählte ich ein wenig von meinen Fähigkeiten. Eines Tages erwähnte sie eine Frau, von der sie gehört hatte. Diese Frau lebte in ihrem Heimatort, dem kleinen Städtchen Nyack nördlich von New York City.

»Ihr Name ist Litany Burns, und sie ist Hellseherin«, sagte Maureen. »Sie hat vor ein paar Jahren am Fall ›Son of Sam‹ mitgearbeitet. Vielleicht kann sie dir ein paar Antworten geben.«

Ich verlor keine Zeit und verabredete mich für eine einstündige Sitzung mit Litany Burns. Sie war Hellseherin, Medium und Heilerin und war im Jahr 1977 von der Staatsanwaltschaft Manhattan gebeten worden, an dem berühmten Fall »Son of Sam« in New York City mitzuarbeiten. Sie machte keinerlei Werbung für ihre Arbeit und bekam ihre Klienten offenbar ausschließlich durch Mundpropaganda.

Eine Woche später fuhren Maureen und ich an einem frischen Märztag in ihrem roten Cabriolet die drei Stunden bis Nyack. Nyack ist eine hübsche Kleinstadt am Hudson River. Sie wirkt, als sei sie in einem anderen Jahrhundert stehen geblieben. Litanys Büro lag in einem bescheidenen zweistöckigen Backsteingebäude in einem altertümlich-anheimelnden Abschnitt der Hauptstraße. Wir fanden einen Parkplatz.

Maureen wünschte mir viel Glück und ging einkaufen. Ich war gespannt und aufgeregt. Und ich fürchtete mich ein wenig. Ich ging zur Haustür, zögerte jedoch, auf den Klingelknopf zu drücken. Mir war ein bisschen schlecht. Schließlich atmete ich tief durch, klingelte, und Litany ließ mich hinein und begrüßte mich an der Tür zu ihrem Büro.

Sie war um die dreißig, trug ihre blonden Haare schulterlang und hatte schöne, sanfte grüne Augen. Als ich ihre strahlende Energie spürte, fühlte ich mich sofort völlig entspannt. Ich sah die Farbe Blau um sie herum – ein warmes, heilendes Blau. In ihrer Nähe zu sein fühlte sich an, als stehe man an einem eiskalten Tag neben einem Ofen. Meine Nervosität verflüchtigte sich sofort.

Wir gaben uns die Hand, und sie führte mich zum Sofa und setzte sich auf einen Stuhl mir gegenüber. Ihr Büro war klein und warm und schlicht. Keine hängenden Kristalle oder dergleichen. Einfach nur ein Sofa, ein Stuhl und ein Schreibtisch. Die Wände waren lavendelfarben gestrichen. Es war ein sicherer, behaglicher Ort.

Litany sagte zunächst nichts. Sie schaute mich an und führte ihren Blick dann um mich herum, als wolle sie mich vergrößern. Schließlich trat ein kleines Lächeln auf ihr Gesicht. »Nun«, sagte sie mit sanfter, beruhigender Stimme, »ich sehe, Sie sind eine von uns.«

Sie war vollkommen sachlich wie eine Schulkrankenschwester, die einem Kind sagt, dass es Fieber hat. Und ich saß ihr ungläubig gegenüber.

»Wissen Sie das?«, fragte Litany. »Wissen Sie, dass Sie ein Medium sind?«

»Nein«, sagte ich. »Davon verstehe ich nichts. Ich denke nur, dass ich irgendwie seltsam bin.«

Litany lächelte. »Spüren Sie Dinge über Menschen?«, fragte sie. Ich nickte. »Können Sie ihre Energie lesen?« Wieder bejahte ich. »Sehen und hören Sie Dinge, die andere nicht sehen oder hören?« Auch das bestätigte ich.

»Sie können hellsehen und hellhören«, erklärte Litany. »Sie haben eine Gabe und werden mit der Zeit verstehen, wie man sie nutzt. Aber der erste Schritt besteht darin, keine

Angst vor dieser Gabe zu haben. Sie sind nicht verflucht und brauchen sich nicht zu schämen. Sie sind seltsam. Ihre Gabe ist etwas sehr Schönes.«

Mit diesen wenigen Worten gab Litany Burns meinem Leben einen Sinn. Es war, als sei ein schwerer schwarzer Vorhang vor einem riesigen Fenster weggezogen worden und als ströme nun eine Flut prächtigen Lichts durch dieses Fenster. Zum ersten Mal in meinem Leben hatte ich das Gefühl, einen Menschen getroffen zu haben, der mich verstand; nicht nur oberflächlich, sondern wirklich von tief innen.

»Sie haben einen Bruder«, sagte Litany. »Und eine ältere Schwester. Ihr Vater ist ein sehr emotionaler Mensch, aber es fällt ihm schwer, seine Gefühle zu zeigen. Ihre Mutter spielt eine wichtige Rolle in Ihrem Leben.«

In wenigen Minuten schien sie alles über meine Familie in Erfahrung gebracht zu haben. Dann ging sie tiefer.

»Sie sind von Natur aus eine hochsensible Heilerin«, sagte sie, »und fühlen sich oft zu Menschen hingezogen, denen es nicht gut geht. Sie möchten ihnen helfen, möchten, damit es ihnen besser geht. Ich sehe, dass Sie viele Informationen in Träumen bekommen. Sie nehmen in Träumen Verbindung mit der anderen Seite auf.«

Während sie sprach, spürte ich eine enorme Erleichterung. Aber da war noch mehr. Es fühlte sich fast so an, als werde mir vergeben. Mir kam plötzlich der Gedanke, dass ich John vielleicht einfach nur deshalb in meinem Traum gehört hatte, weil ich es *konnte*. Nicht weil ich verflucht war, sondern weil ich offen für die andere Seite und daher imstande war, ihn zu hören. Vielleicht hatte ich nicht deshalb von John geträumt, während er starb, weil ich hätte eingreifen oder ihn retten sollen, sondern weil ich hören sollte, wie er sich von dieser Welt verabschiedete.

Litany fuhr fort: »Sie sind auch hellfühlig. Was immer ein anderer fühlt, fühlen Sie auch. Selbst wenn der andere gar nicht weiß, dass er dieses Gefühl hat.«

Ich saß still da und hing an ihren Lippen. Noch wenige Minuten zuvor hatte ich die Geräusche der Autos und Lastwagen auf der Hauptstraße gehört, aber jetzt hörte ich nichts außer Litanys Stimme. Es war, als sei der Rest der Welt zu nichts zusammengeschrumpft.

»Sie haben immer, schon als Sie ein kleines Kind waren, gewusst, dass Sie hier sind, um etwas Bestimmtes zu tun«, erklärte sie. »Dass Sie eine Aufgabe haben, eine Bestimmung. Und dies ist das Jahr, in dem Sie anfangen, das zu verstehen. Deswegen spüren Sie genau jetzt so einen Schub. Sie sind hier, um Menschen zu helfen. Fürchten Sie sich nicht vor Ihrer Kraft. Hier geht es nur darum, dass Sie sich mit Ihren liebevollen und heilenden Kräften wohl genug fühlen, um sie wirklich zu spüren und dann entsprechend zu handeln.«

* * *

Gegen Ende der Sitzung fragte Litany, ob ich noch irgendwelche Fragen hätte. Ich zog ein Foto von John aus meiner Handtasche. Ich war mir nicht sicher, warum ich das Foto mitgebracht hatte, aber jetzt wusste ich, dass ich es ihr zeigen musste.

»Das ist ein Junge«, sagte ich mit kaum hörbarer Stimme. »Er war ein Freund. Ich habe dieses Bild von ihm mitgebracht. Und sein Tod … er ist gestürzt … Und sie waren sich nicht sicher, wie genau es passiert ist.«

Litany hielt das Foto eine Minute in der Hand und legte es dann wieder weg.

»Es war ein Unfall«, sagte sie. »Er wurde nicht geschubst oder dergleichen. Vielleicht hatte er etwas zu viel getrunken, aber es war sein eigenes Werk. Da war keine Fremdeinwirkung im Spiel.«

Dann machte Litany eine Pause. Etwas an ihr veränderte sich, subtil, aber dennoch spürbar: ihr Gesicht, ihre Augen, ihr Verhalten. Sie schien ganz woanders zu sein. Ich hatte keine Ahnung, was hier vor sich ging. Litany beugte sich vor.

»John möchte, dass Sie seine Freunde von ihm grüßen«, sagte sie schließlich. »Er sagt: ›Ich bin hier. Mir geht es gut. Ich wünschte nur, meine Mutter könnte darüber hinwegkommen. Ich komme immer wieder bei ihr vorbei, um sie zu sehen, mit ihr zu sprechen und ihr zu helfen, aber sie hört mich einfach nicht.‹«

Was passierte da? Litany sprach *als John* zu mir. Irgendwie klang sie sogar wie er. Auch die Eigentümlichkeiten ihres Benehmens hatten große Ähnlichkeit mit seinen. Aber wie konnte das sein?

»Es ist ganz nett hier«, fuhr sie fort. »Ich kann alle beobachten und ausspionieren. Körperlich vermisse ich die Leute zwar, aber ich habe nicht wirklich das Gefühl, dass ich weit weg von ihnen bin, denn ich bin immer noch da. Ich möchte dich wissen lassen, dass ich da bin. Ich weiß, dass du mich spüren kannst. Und ich werde immer wieder vorbeikommen, damit du mich spüren kannst und weißt, dass ich da bin. Und wer weiß, vielleicht komme ich eines Tages als Kind von jemandem wieder auf die Welt.«

Dann lachte Litany. Aber es war nicht ihr Lachen. Es war Johns Lachen. Und der Scherz über die Wiedergeburt als Kind von jemandem war genau die Art von Äußerung, die John gemacht hätte. Litany hatte John nie kennengelernt, und doch ließ sie ihn in ihrem kleinen Büro in Nyack wieder lebendig werden. Ich konnte seine Anwesenheit spüren. Ich wusste, dass er da war.

»Es geht ihm gut«, sagte Litany. »Er ist immer noch der gleiche Witzbold, der er hier war. Er fühlt sich gut – stabil. Er möchte euch alle wissen lassen, dass es ihm gut geht. Und, was noch wichtiger ist, er liebt euch alle immer noch.«

Ich senkte den Kopf und fing an zu weinen. Mehr als alles andere spürte ich ein tiefes Gefühl der Erleichterung. Ich war erleichtert, dass mit John alles in Ordnung war. Ich war aber auch erleichtert, weil das, was ich gerade beobachtet hatte – Litany, die John irgendwie heraufbeschworen hatte, von wo immer er jetzt sein mochte – alles andere als dunkel und verzerrt war. Es war gut und versöhnlich und heilend und liebevoll. Es war wunderschön!

Und in diesem Moment klickte es, und es *veränderte* sich etwas. Ich wusste sofort, dass dies ein Wendepunkt in meinem Leben war. Statt von Angst fühlte ich mich nun zum ersten Mal von Hoffnung erfüllt.

Bevor ich ging, machte mir Litany noch ein anderes Geschenk: Sie gab mir ein Buch, das sie vor ein paar Jahren geschrieben hatte. Es trug den Titel *Develop Your Psychic Abilities* (»Entwickle deine außersinnlichen Fähigkeiten«). »Es wird Ihnen vieles erklären«, sagte sie. Ich wollte sie umarmen und nicht mehr loslassen, aber stattdessen schüttelte ich ihr die Hand und bedankte mich höflich bei ihr.

Ich rannte die Treppe hinunter, fand Maureen und erzählte ihr, was gerade passiert war. Mir war schwindelig vor Begeisterung. Ich fühlte mich frei wie seit Jahren nicht mehr, vielleicht sogar wie noch nie.

Sobald wir wieder in Binghamton waren, verschlang ich Litanys Buch. Mit jeder Seite, die ich las, überrollte mich eine Welle der Erkenntnis. »Mein Gott, das bin ich!«, rief ich immer wieder, während ich es las. »Es gibt andere wie mich! Meine Fähigkeit hat einen Namen!«

Mit Litanys Buch war ich schnell durch. Anschließend ging ich in einen Buchladen und suchte nach einem ähnlichen Buch. Ich wusste zwar nicht genau, was ich suchte, aber in dem Laden fühlte ich mich gleich von einem bestimmten Buch angezogen: *Das Handbuch übersinnlicher Wahrnehmung. Übersinnliche Fähigkeiten entdecken und trainieren* von Pete A. Sanders Jr. Der Autor ist erstaunlicherweise Biochemiker und Hirnforscher am Massachusetts Institute of Technology. »Wenn Sie dieses Buch gelesen haben«, stand in einem der ersten Abschnitte, »kann die Fähigkeit, das Temperament und die Persönlichkeit anderer Menschen einzuschätzen und Ereignisse zu sehen, bevor sie passieren, ganz alltäglich für Sie werden.«

Ich las – verschlang – Kapitel für Kapitel; eins war aufschlussreicher als das andere. Es gab sogar ein Kapitel, das mit »Die vier übernatürlichen Sinne« überschrieben war. Der Erste war die übernatürliche Intuition oder, wie der Autor es nannte, das »Wissen«.

Wissen! Genau wie ich es nannte! Wissen »ist ein inneres Gewahrsein, nicht unterstützt von einer bestimmten inneren Empfindung oder einem äußeren Impuls. Man weiß es einfach!«

Meine Sitzung mit Litany war der Wendepunkt in meinem Leben. Weil ich sie kennengelernt hatte, versuchte ich nicht mehr, meine Fähigkeiten zu unterdrücken und zu ignorieren, sondern ich nahm sie allmählich an. Ich arbeitete an ihrer Weiterentwicklung und sah ein, dass sie zu mir gehörten und irgendwie ein Teil meines Weges sein sollten.

Litany hatte dafür gesorgt, dass ich mich weniger isoliert fühlte, weniger sonderbar, und das allein war schon ein

Wunder. Nach und nach fand ich Antworten. Ich fing an, das Puzzle zusammenzusetzen. Ich sah allmählich, wo und wie ich dort hineinpassen konnte.

Aber ich wusste auch, dass es in meiner Sitzung mit Litany nicht nur darum gegangen war, mit mir selbst besser klarzukommen. In dieser Sitzung war es nicht nur um meine Vergangenheit gegangen, sondern vor allem auch um meine Zukunft.

»Nutze deine Talente« hatte Litany mir mit auf den Weg gegeben. »Lies in den Menschen wie in einem Buch. Dein Bauchgefühl wird dir dabei helfen, also richte dich danach, so gut es geht. Folge ihm und setze deine Fähigkeiten praktisch ein. Dann bist du auf deinem wahren Weg.«

*** 7 ***

Noch ein weiter Weg

Meine Begegnung mit Litany war nicht das Ende meiner Suche nach Antworten. In gewisser Weise war sie sogar erst der Anfang. Alles, was sie mir gesagt hatte, und alles, was ich in den Büchern las, vermittelte mir dieselbe kraftvolle Botschaft: Sei offen. Offen für neue Ideen, für einen neuen Informationsfluss, für neue Möglichkeiten. Vielleicht verstand ich meine Fähigkeiten etwas besser, aber ich wusste immer noch nicht, wie ich sie einsetzen sollte. Also suchte ich weiter.

Als ich während meines Juniorjahrs im College in den Ferien zu Hause war, ging ich bei Arlene vorbei, einer Freundin meiner Mutter, deren Farben ich gesehen hatte. Ich hatte mich immer zu ihrer offenen Energie hingezogen gefühlt. Arlene interessierte sich sehr für Astrologie. Ich wusste nicht viel darüber, aber als sie vorschlug, mir ein Horoskop zu erstellen, war ich offen dafür.

Das Horoskop zeigte die Position der Planeten, des Mondes und der Sonne zum Zeitpunkt meiner Geburt. Arlene erklärte, sie könne aus diesen Positionen sowie aus der Konstellation der zwölf Tierkreiszeichen Einsichten über meinen Lebensweg und meine Bestimmung erhalten.

Wir saßen an Arlenes Küchentisch, und sie gab ihr Urteil schnell und mit großer Sicherheit ab. Vieles von dem, was sie sagte, empfand ich als zutreffend: dass ich mir nicht gern etwas sagen lasse, dass ich sowohl introvertiert als auch extrovertiert bin und dass es mir nicht ganz leicht fällt, meine Energie in Schach zu halten.

Dann sagte Arlene etwas, das überhaupt keinen Sinn machte: »Deine Sonne steht im Halbsextil zu Saturn. Menschen vertrauen dir und sprechen auf dich an. Hast du schon mal daran gedacht, Lehrerin zu werden?«

Lehrerin? Nein, ich wollte keine Lehrerin werden. Ich hatte größere Pläne. Ich wollte Rechtsanwältin werden. Meine ältere Schwester, Christine, war eine brillante Studentin an der Universität Princeton gewesen und machte dann ihren Juraabschluss in Harvard. Sie setzte die Maßstäbe in unserer Familie. Ich wollte entweder Rechtsanwältin oder Ärztin werden, und weil ich Mathe nicht ausstehen konnte, glaubte ich, bessere Chancen zu haben, wenn ich versuchte, Rechtsanwältin zu werden.

Ich erzählte Arlene von meinen Plänen, und sie wandte sich wieder meinem Horoskop zu. Wenige Minuten später schaute sie auf und sagte: »Ich sehe definitiv einen Schwerpunkt in der Wissensvermittlung. Sie ist ein Teil deines Weges. Erziehung und Wissensvermittlung werden ein wichtiger Teil deiner Tätigkeit sein.«

Mit dem Horoskop stimmt etwas nicht, dachte ich, *denn das wird nicht passieren.* Arlene gegenüber bekräftigte ich meinen Entschluss, Jura zu studieren.

»Nun«, sagte sie schließlich nach einer kurzen Pause, »wenn das geschieht, wirst du dein juristisches Wissen weitergeben, denn Wissensvermittlung spielt auf deinem Weg eine große Rolle.«

Der Haupttenor Ihrer Interpretation meines Horoskops war jedoch, es sei meine Bestimmung, eine Rolle in einer Welt zu spielen, die ich bislang weder sehen noch verstehen konnte.

»Du wirst der Menschheit dienen«, sagte Arlene. »Es wird etwas Neues sein, etwas, das Menschen suchen und das ihnen hilft. Es gibt ein Geschenk, das du mit der Welt teilen musst. Es wird allerdings einige Zeit dauern, bis dies geschieht. Es passiert nicht sofort.«

Arlene wusste sogar, wie lange es dauern würde: sechzehn Jahre, um »alles in dich aufzunehmen, was du vom Universum brauchst«. Und dann noch einmal acht Jahre, um »dich auf den Weg zu machen«.

Ich hörte gern, dass ich in der Welt einen höheren Zweck zu erfüllen hatte. Aber vierundzwanzig Jahre – das war einfach zu weit in der Zukunft, um Begeisterungsstürme bei mir auszulösen.

Gegen Ende unseres Treffens machte Arlene mir einen Vorschlag: »Lass deinen Geist schweifen«, sagte sie. »Nimm alles auf, was du lernen musst. Rechne mit dem Unerwarteten. Damit legst du deine Grundlagen.«

Ich spürte einen regelrechten Begeisterungsschub. Was Arlene sagte, klang ganz ähnlich wie das, was Litany mir geraten hatte: »Nutze deine Talente. Lies in den Menschen wie in einem Buch. Dein Bauchgefühl wird dir dabei helfen.« Jetzt war es Arlene, die mich ermutigte, meine besonderen Fähigkeiten zu erforschen. Sie bestätigte, dass meine Suche nach Antworten nicht unsinnig war und dass ich meinen wahren Weg entdecken musste.

Ich umarmte Arlene. An der Haustür lächelte sie und sagte: »Fröhliches Abenteuer!«

* * *

Als ich wieder in Binghamton war, fand ich eine neue Möglichkeit, mit meinen Fähigkeiten umzugehen. Ich hatte zwar nicht mehr das Gefühl, sie verstecken zu müssen, wollte aber auch nicht damit hausieren gehen. Ich wollte auf keinen Fall das »hellsichtige Mädchen« sein. Ich beschloss, nicht zuzulassen, dass mich meine außersinnlichen Fähigkeiten definierten; sie sollten lediglich ein Teil von mir sein. Es war einfach etwas, das ich beherrschte wie Französischsprechen oder Fußballspielen.

Ich liebte das Gefühl, das ich hatte, wenn ich in Bezug auf meine Fähigkeiten ehrlich war. Es war unglaublich befreiend. Ich lernte, meine Gabe in mein ansonsten ganz normales Leben zu integrieren.

Dieser lässige Umgang mit meinen Fähigkeiten hatte jedoch eine unbeabsichtigte Auswirkung. Letztlich ging ich respektlos mit ihnen um, setzte sie in verantwortungsloser Weise ein und merkte es noch nicht einmal.

Eines Abends nahm ich ein paar Drinks mit Freunden in einer Campus-Bar namens *The Rat* zu mir. Ich hatte herausgefunden, dass meine Fähigkeiten zutage traten, wenn ich zwei Gläser Alkohol getrunken hatte. Alkohol war so etwas wie ein Zauberspruch. Das machte sogar Sinn, weil Alkohol den analytischen Geist abschaltet, was mich für außersinnliche Informationen sehr viel zugänglicher machte. Nach zwei Drinks flossen mir die Informationen über Menschen einfach zu.

Nach meinem zweiten Drink im *The Rat* schaute ich ans andere Ende der Bar und bemerkte einen schnuckeligen Typen. Er lehnte an der Wand, und seine braun gelockten Haare schauten unter seiner roten Baseball-Mütze heraus. Er hatte eine angenehme, maskuline Energie – selbstbewusst, aber nicht arrogant. Er war etwa 1,80 groß, athletisch gebaut, hatte grüne Augen und lächelte entspannt. »Ich gehe mal rüber und spreche mit ihm«, sagte ich zu meiner Freundin.

»Viel Glück mit dem männlichen Rotkäppchen«, wünschte sie mir.

Ich schlängelte mich zu ihm durch und spürte, dass mich seine Aura noch näher zu ihm hinzog. »Hi«, sagte ich. »Fängt dein Vorname mit J an?«

»Äh, ja«, sagte er. »Jeremy.«

Mehr Informationen kamen durch. »Du hast einen älteren Bruder, oder?«, sagte ich. »Zwei Jahre älter? Und du hast noch einen Bruder, der – warte mal – sieben Jahre älter ist?«

Jeremys Lächeln erstarb.

»Oh, und du bist evangelisch, oder? Deine ganze Familie ist evangelisch. Dein Vater ist in deinem Leben nicht physisch präsent, aber deine Mutter spielt eine wichtige Rolle für dich. Du stehst deiner Mutter sehr nahe. Das war schon immer so, und jetzt seid ihr euch sogar noch näher.« Ich plapperte immer weiter und erzählte Jeremy alle möglichen Details über ihn selbst und seine Familie. Seine Kinnlade fiel etwa fünf Zentimeter nach unten.

»Wie?«, fragte er. »Bist du eine Stalkerin?«

»Nein«, antwortete ich. »Ich bin nur hellsichtig.«

Ich erklärte ihm, wie ich Informationen über Menschen bekam, und statt völlig baff zu sein, war er offen dafür. Ich setzte meine Fähigkeiten ein, um einen Typen abzuschleppen. Ich versuchte, eine Möglichkeit zu finden, wie meine Fähigkeiten Spaß machen, nützlich und produktiv sein konnten und nicht etwas, das dunkel und schwierig war. Ich erkannte, dass meine Gabe auch ganz praktisch sein konnte und sogar ein bisschen so etwas wie ein Partytrick.

Manchmal setzte ich sie in nicht besonders ehrenhafter Weise ein. Ein paar Mal – nicht oft, aber doch einige Male – beschwor ich nach einem Streit mit jemandem Informationen über die betreffende Person herauf, und wenn etwas Negatives dabei war, fühlte ich mich besser mit diesem Wissen. *Sie merkt es noch nicht, aber ihr Freund macht in drei Monaten mit ihr Schluss,* dachte ich schadenfroh. Und wenn einer meiner guten Freunde Streit mit jemandem hatte, »schaute« ich mir diese Person genauer an und verriet: »Ach, weißt du, ihre Eltern sind kurz davor, sich scheiden zu lassen.«

In der Rückschau finde ich es höchst peinlich, wie unangemessen ich meine Fähigkeiten manchmal eingesetzt habe. Ich wollte nicht grausam sein. Ich war ja erst neunzehn und versuchte, irgendwie aus meinem Leben schlau zu werden, wie jedes andere Mädchen in meinem Alter auch. Wenn ich so leichtsinnig mit meiner Gabe umging, dann deshalb, weil ich nicht zu schätzen wusste, wie besonders sie war.

* * *

Ich lernte und entwickelte mich weiter. In der Highschool hatte ich nicht wirklich eifrig gelernt oder viel Wert auf Theoretisches gelegt. Meine Noten waren zwar ganz gut gewesen, aber nicht, weil ich viel dafür getan hätte. In Binghamton nahm ich mein Studium deutlich ernster.

David Bosnick, mein Professor für englische Literatur, wurde ein Mentor für mich. Seine Ausstrahlung war gewaltig. Wenn er das Klassenzimmer betrat, war ich sofort gefesselt. In seiner Gegenwart lebte ich regelrecht auf.

In meinem ersten Studienjahr fragte er mich, ob ich seine Assistentin werden wolle. Ich fühlte mich sehr geehrt und sagte sofort zu.

Einmal in der Woche half ich ihm, Übungsaufgaben und Klausuren auszuarbeiten, und entdeckte, dass ich ziemlich gute pädagogische Fähigkeiten hatte. Ich leitete ein Tutorium für etwa fünfundzwanzig Studenten und beurteilte Hausarbeiten von Studenten meines Jahrgangs – und sogar von älteren Studenten aus einem Semester über mir. Mehr oder weniger subtil förderte Professor Bosnick auf Schritt und Tritt mein akademisches Interesse.

»Die Welt hat genug Anwälte«, polterte er immer wieder. »Lehren Sie! Lehren Sie! *Lehren Sie!*«

Ich hatte immer noch vor, Jura zu studieren, beschloss aber, mich zunächst für ein Auslandssemester in Oxford zu bewerben. »Das ist dein Abschlussjahr. Geh woanders hin«, sagten meine Freunde. »Mach Party und hab Spaß!« Aber Professor Bosnick hatte meine Leidenschaft, mehr zu lernen, offen zu sein für neue Ideen und mich akademischen Herausforderungen zu stellen, entfacht. Ich hatte keine Lust, Party zu machen. Ich wollte in Oxford studieren.

*** 8 ***

Oxford

Mein Aufenthalt in Oxford war eine Zeitreise durch die Geschichte der menschlichen Energie und Gedankenwelt. Ich hatte das Gefühl, dass diese Energie überall um mich herum war. Hier hatten einige der kühnsten Geister nach Wahrheit und Weisheit gesucht. T. S. Eliot, der große Naturwissenschaftler Linus Pauling und Dutzende anderer Nobelpreisträger hatten hier studiert. Hier waren Tausende von magischen Artefakten zu Hause: antike Sonnenuhren und frühe Teleskope, ein gotisches Astrolabium aus dem 15. Jahrhundert, ein Himmelglobus von 1318, Mary Shelleys Manuskriptentwurf von *Frankenstein*, vier Originalkopien der Magna Carta von 1215.

Dann war da die altehrwürdige Bodleian Library in der Broad Street, eine der ältesten noch existierenden Bibliotheken der Welt. Die »Bod«, wie sie seit Jahrhunderten genannt wird, ist einfach umwerfend. Bei meinem ersten Besuch kam ich kaum weiter als bis zum Eingang, einem massigen steinernen Torbogen mit den eingemeißelten Wappen verschiedener in Oxford ansässiger Colleges. Als ich endlich hineinging, war ich verblüfft über den etwas modrigen Geruch, die hohen gewölbten Decken, die glänzenden Mahagonitische und die endlosen Holzregale, in denen dicht an dicht alte, in Leder gebundene Bücher standen. Und die Bücher erst! Elf Millionen insgesamt und jedes Einzelne durchdrungen von der Kraft und Energie seines Schöpfers. Der Schriftsteller Ezra Pound sagte einmal: »Ein Mensch, der liest, sollte ein hochgradig lebendiger Mensch sein. Das Buch sollte ein Lichtball in den Händen des Lesers sein.« Genau so fühlte ich mich, als ich zum ersten Mal in die Bod ging. Ich spürte den überwältigenden Strudel aus unzähligen Lichtkugeln, die um mich herumtanzten und meinen Geist erfüllten. Ich hatte nicht das Gefühl, die Bod zum ersten Mal zu sehen. Für mich fühlte es sich an, als sei ich dorthin zurückgekommen, wo ich hingehörte.

***

Ich hatte mich sehr schnell eingewöhnt. Ich lebte in einer kleinen hellen Wohnung in der Vicarage Road 66 mit Blick auf einen kleinen Garten, der etwas magisch Feenhaftes an sich hatte. Und jeden Morgen fuhr ich mit einem schon etwas rostigen blauen Fahrrad, das ich mir geliehen hatte, zur Bod. Stundenlang las, schrieb und recherchierte ich über Shakespeare und Jane Austen, meine beiden Fachgebiete. An den Abenden traf ich mich mit Freunden auf ein Glas Cider and Black im Pub um die Ecke.

Das akademische Programm war streng, und die Studenten mussten ihre Forschungen selbstständig betreiben. Einmal in der Woche traf ich mich mit meinen beiden Professoren. Bei diesen kurzen Treffen sprachen wir über den Verlauf meiner Studien und die Fortschritte, die ich dabei machte. Ansonsten war ich ganz auf mich allein gestellt. Am Ende jeder Woche musste ich ein Referat halten. Es gab kein

Verhätscheln, keine einfühlsame Ermutigung. Es war eine Art Hochseilstipendium, bei dem man einfach ins kalte Wasser geworfen wurde, ganz nach meinem Geschmack.

Meine Zeit in Oxford war auch ungeheuer legitimierend. Welche seltsamen Fähigkeiten ich auch hatte, in Oxford wurde mir bestätigt, dass ich durchaus in der Lage war, auf akademischem Gebiet Großes zu leisten. Ich strengte mich mehr an als je zuvor und wurde gefordert wie noch nie zuvor. Ich verbrachte fast die ganze Zeit lernend hinter irgendwelchen Büchern. Und ich stellte fest, dass ich nicht unterging, sondern schwamm. Genau genommen flog ich sogar. Am Ende bekam ich A+ (1+) für das Gebiet Shakespeare und A (1) für das Gebiet Jane Austen. Als ich wieder in Binghamton war, machte ich meinen Collegeabschluss mit »sehr gut«.

Meine Zeit in Oxford war eine der glücklichsten in meinem ganzen Leben. Sie war auf eine tief spirituelle Weise erfüllend. Ich spürte, wie sich mein geistiger Horizont erweiterte, und war begeistert. Diese Reise hat meinen Geist und mein Herz geöffnet und mich mit neuer Energie erfüllt. Mein Selbstverständnis hat sich dadurch von Grund auf verändert.

* * *

So wunderbar meine Zeit in Oxford auch war, sie hatte mich nicht von meinem Vorsatz abgebracht, Rechtsanwältin zu werden. Ich war an der juristischen Fakultät angenommen worden und auf einem seriösen Weg zum Erfolg. Und doch … Ich musste zugeben, dass sich ein Teil von mir nicht so sicher war. »Sie haben immer, schon als Sie ein kleines Kind waren, gewusst, dass Sie hier sind, um etwas Bestimmtes zu tun«, hatte Litany Burns gesagt. »Sie haben eine Aufgabe, eine Bestimmung … Sie sind hier, um Menschen zu helfen.« Passte diese Beschreibung auf eine Anwältin? Ich denke, in gewisser Weise schon. Aber war das meine wahre Bestimmung? War es der für mich beste Weg? Der Weg, auf dem ich meine einzigartigen Gaben mit der Welt würde teilen können?

Kurz bevor ich das College beendete, bat mich Ann, die wie ich der Studentinnenverbindung Phi Sigma Sigma angehörte, um eine Beratung. Ich war nicht besonders eng mit ihr befreundet, aber sie hatte von meinen Fähigkeiten gehört und bat nun höflich, aber dringend um eine Sitzung. Sie wollte keinen Partytrick, sondern echte Hilfe. Das war mir noch nie zuvor passiert. Ich hatte alles darangesetzt, meine außersinnlichen Begegnungen mit Menschen leicht und lässig wirken zu lassen. Aber Ann wollte echte Antworten.

Wir setzten uns in meiner Wohnung an den Küchentisch. Ann kam gleich zum Punkt.

»Ich muss etwas wissen«, sagte sie. »Ich muss wissen, ob ich eine gemeinsame Zukunft mit meinem derzeitigen Freund haben werde.«

Ann war seit ein paar Jahren enger mit einem netten Jungen befreundet. Und wie viele andere Mädchen am College fragte sie sich, ob sie ihren Lebenspartner gefunden hatte oder ob ihre Beziehung genauso vergänglich und endlich war wie die Zeit am College.

Ich spürte ihre Besorgnis und ihre Aufregung. Und als ich ihr gegenübersaß, war mir klar, was mir nie zuvor klar gewesen war, wenn ich meine Fähigkeiten eingesetzt hatte: dass ich Verantwortung trug.

»Weißt du, ich liebe ihn. Ich liebe ihn wirklich«, sagte Ann immer wieder. »Aber ich muss wissen, ob es mir bestimmt ist, für den Rest meines Lebens mit ihm zusammenzubleiben. Kannst du mir sagen, ob wir für immer zusammensein werden? Kannst du mir das sagen?«

Ich war mir nicht sicher, welche Information ich bekommen würde und ob überhaupt eine bis zu mir durchdringen würde, und atmete auf, als ich sofort ein Bild sah: Ann in einem weißen Kleid.

»Ja«, platzte es aus mir heraus. »Ja, ihr werdet zusammenbleiben. Ihr werdet heiraten. Und ihr werdet ein Haus kaufen, und dann werdet ihr Kinder haben. Mehr als ein Kind. Zwei oder drei. Das ist euer gemeinsamer Weg. Du wirst dein Leben mit ihm verbringen, und ihr werdet sehr glücklich sein.«

Ich sah, wie der sorgenvolle Ausdruck aus ihrem Gesicht verschwand. Sie wurde rot, und ein breites Lächeln ließ sie von innen heraus erstrahlen. Sie wurde vollständig ruhig, und diese Ruhe verwandelte sie von innen heraus. Es war die schönste und kraftvollste Transformation, die ich je gesehen hatte. Diese Sitzung hatte Ann auf einer sehr tiefen Ebene Frieden, Freude und Gewissheit geschenkt.

Doch ihre Transformation war nicht die Einzige, die an diesem Tag stattfand. Während ich in Anns Zukunft schaute, spürte ich, wie sich etwas in mir selbst veränderte. Wie gesagt, Ann und ich standen uns nicht besonders nahe. Aber während dieser Sitzung und unmittelbar danach fühlte ich mich ihr unglaublich nah.

Etwas an unserem Austausch, bei dem ich ihre Energie empfing, sie deutete und ihr in bestimmten, wichtigen Details widerspiegelte, stellte eine Verbindung zwischen uns her. Hier wurde nichts beurteilt, und kein ungutes Gefühl der Übergriffigkeit stellte sich ein und auch nicht der Gedanke, dass dies doch irgendwie albern sei. Es gab nur ein

Gefühl der Liebe, der Verbundenheit und der Zielgerichtetheit.

Zum ersten Mal hatte ich das Gefühl, Zugang zu etwas sehr Bedeutungsvollem zu haben, zu etwas, das größer war als Ann und ich. Ich spürte meine Macht und nahm mein Geschenk ganz bewusst in Besitz.

Ann heiratete ihren Freund, und die beiden bekamen Kinder. Kürzlich habe ich gehört, dass sie immer noch sehr glücklich auf ihrer gemeinsamen Reise durch dieses Leben sind.

*** 9 ***

Sedona

Eigentlich hätte ich mich über mein Examen freuen sollen, aber seltsamerweise fühlte es sich irgendwie enttäuschend an. Meine Familie kam zur Abschlussfeier, und das war wunderbar, aber ich fand die ganze Aktion eher unnötig. Der Studienabschluss fühlte sich nicht an, als ginge ein Kapitel meines Lebens zu Ende, sondern eher wie eine Entfaltung.

Bei der Abschlussfeier war ich nicht aufnahmefähig. Ich stand ein bisschen neben mir und fühlte mich verletzlich, weil ich die kollektive Euphorie aller ebenso in mich aufnahm wie die starke Strömung aus Besorgnis und Traurigkeit. Diese Flut von Emotionen, die von Tausenden von Menschen ausging, war einfach überwältigend. Ich war noch nie Teil einer so großen Menschenmenge gewesen, in der die Gefühle aller derart geballt und intensiv waren, und ich fühlte mich regelrecht umgeworfen von der gewaltigen energetischen Veränderung um mich herum. Es war kein gutes Gefühl.

Ich merkte, dass ich irgendetwas brauchte, um mich vor der Energie und den Emotionen anderer Menschen zu schützen. Darum hatte ich mich schon seit Jahren bemüht, aber nun, wo ich in die Welt hinausging, war dies eine Aufgabe, die immer dringlicher wurde.

Ich beschäftigte mich intensiv damit, wie ich die Energie anderer Menschen ausblenden und so das Gefühl der Überforderung vermeiden konnte. Ich brauchte einen Schutzschild und fing an, mir eine Art Kraftfeld um meinen ganzen Körper vorzustellen. Ich stellte mir ein weißes Licht vor, das über meinen Kopf nach unten floss und auf seinem Weg in die Erde meinen Körper einkapselte und meine Energie abdämmte. So fühlte ich mich beschützt.

* * *

Nach dem Examen machte ich mich mit meiner Freundin Gwen auf eine schon lange geplante Reise nach Arizona. Wir landeten in Phoenix, mieteten uns ein rotes Cabrio und fuhren mit offenem Verdeck nach Sedona. Die Farben der riesigen, außerirdisch wirkenden Sandsteinformationen – die berühmten roten Felsen – veränderten sich je nach Lichteinfall von einem tiefen Rot bis zu einer gelb glühenden Bernsteinfarbe. Der Anblick, die Gerüche und die ganze Energie des Ortes waren einfach berauschend. Sedona verlieh meiner Seele Flügel. An unserem ersten Tag dort fanden wir einen kleinen Laden, der Steine und Kristalle verkaufte. Ich fühlte mich auf der Stelle zu etwas hingezogen, das neben der Kasse auf der Theke lag. Es war kein Kristall und auch kein Amulett, sondern eine Visitenkarte. Ich nahm sie in die Hand und las: »Ron Elgas, Medium«.

Gwen und ich buchten je einen Termin. Meine Sitzung mit Litany Burns war für mich sehr bedeutsam gewesen, aber ich war neugierig, ob ihre Einsichten wirklich nur mir gegolten hatten, oder ob jeder, der zu einem Medium ging, Ähnliches zu hören bekam. Nach unseren Sitzungen wollten Gwen und ich unsere Notizen vergleichen.

Rons Frau öffnete uns die Tür. Sie trug ihre Haare zu Zöpfen geflochten, hatte einen Overall an und begrüßte uns mit einem breiten Lächeln. Das Haus war luftig und von einem schönen Licht erfüllt.

Als Ron den Raum betrat, nahm ich seine Energie sofort wahr. Sie war warm und beruhigend. Er trug seine hellblonden Haare zum Pferdeschwanz gebunden, und sein Gesicht war freundlich und entspannt. Ron setzte sich auf einen Stuhl, und ich nahm auf dem Sofa ihm gegenüber Platz.

Die Sitzung begann. Ron schaute mich an, und seine ersten Worte waren: »strahlende Energie.« Dann machte er eine lange Pause.

»Sie tragen Ihre Energie auf eine bestimmte Weise in sich«, sagte er schließlich. »Wie ein göttliches Feuer. Das hat etwas mit Ihrer Hingabe an Ihr höheres Selbst zu tun. Was Sie in Ihrem Leben auch machen, es hat immer etwas mit dem Geistigen zu tun. Welche Lektionen Sie auf dem Weg zu Ihrer eigentlichen Bestimmung auch lernen müssen, Sie werden sie lernen.«

Ron fuhr fort: »Dieses ganze Licht und die Energie um Sie herum sind, wenn ich es recht sehe, nicht normal. Sie zeigen mir Lichtstrahlen, die in alle Richtungen aus Ihrem Körper schießen. Es gibt eine Verbindung zum unendlichen Geist, und diese Verbindung ist in Ihnen angelegt. Es ist eine Wahl, die Sie bereits getroffen haben. Es ist Ihr Schicksal.«

Was ist mein Schicksal? dachte ich. *Was soll das alles heißen?*

»Ich sehe, dass Sie mit einer großen Gemeinschaft von Einzelwesen verbunden sind, einer Gemeinschaft von Lichtwesen«, erklärte Ron. »Sie wirken *durch* Sie. Ihre Kraft kann durch Sie hindurchströmen. Sie sind von einem gigantischen Kraftgitter umgeben, mit dem Sie verbunden sind. Ich weiß nicht, wie Sie es verwenden werden, aber es ist Ihr Schicksal. Sie werden viel Veränderung und viel Erwachen um sich herum bewirken.«

Ron erzählte mir mehr über mich. Er machte lange Pausen, in denen er intensiv zuzuhören schien, und sprach dann schnell und sicher. Er sah, dass ich mich immer noch nicht wohl damit fühlte, dass ich Zugang zu Informationen über andere Menschen hatte, und gab mir einen sehr hilfreichen Tipp: »Strengen Sie sich dabei nicht so an«, sagte er. »Es kommt ganz von selbst. Wenn Sie zunächst nichts sehen oder hören, gibt es keinen Grund, ängstlich oder unsicher zu werden. Tun Sie einfach, was gerade ansteht, und die Ergebnisse werden nicht auf sich warten lassen.« Ron sagte, dass ich, was immer meine wahre Bestimmung sei, sie nicht sofort finden würde. Ich würde mich dafür öffnen und dann wieder davor verschließen. Öffnen, verschließen. Es würde ein Kampf sein. Er sah auch, dass ich heiraten und Kinder bekommen würde: zwei Mädchen und einen Jungen. Dies alles sollte geschehen, bevor ich meine wahre Bestimmung ganz akzeptierte.

Und dann, eines Tages, »werden Sie vor vielen Menschen stehen«, sagte Ron. »Sie werden Unterricht und Vorträge über spirituelle Themen halten. Sie werden für andere energetische Türen öffnen. Sie werden so etwas Ähnliches machen wie ich. Sie werden die Energie von Menschen verändern, denn Sie sind hier, um Menschen beim Erreichen höherer Bewusstseinsebenen zu helfen. Sie werden Menschen unterrichten und ihnen helfen, diese Ebenen zu erkennen.

Zunächst werden Sie andere Dinge tun. Sie werden eine Familie gründen und sich mit anderen Dingen beschäftigen. Doch dann dehnen Sie sich innerlich aus. Sie stellen Verbindungen her, die Sie Ihrer Bestimmung immer näher bringen.

Und dann nehmen Sie Ihr Schicksal wirklich an. Sie werden dazu beitragen, die Menschheit etwas zu lehren.«

Schon wieder lehren. Ich kam einfach nicht davon los.

»Sie sind noch auf der Suche«, fuhr Ron fort. »Sie haben es noch nicht. Sie haben noch nicht herausgefunden, was Sie wollen. Aber es ist da. Es ist nicht außerhalb von Ihnen, sondern in Ihrem Inneren. Das ganze Universum ist in Ihrem Inneren. Seien Sie still, hören Sie auf sich selbst, und bewegen Sie sich sanft in dieser Energie umher. Ich weiß nicht, wann Sie es ausfindig machen, aber es ist bereits da. Laura, Sie haben eine Mission.«

Später im Auto fragte ich Gwen, was sie von Ron erfahren hatte. Ihre Sitzung war vollkommen anders verlaufen als meine. Sie hatten weder über Licht noch über Bestimmung oder eine Verbindung zu höheren geistigen Wesen gesprochen. Ihr Reading war sehr viel konkreter gewesen. Es war mehr um die Herausforderungen gegangen, denen sie sich zu stellen hatte, und um das, was unmittelbar vor ihr lag.

Gwen und ich saugten so viel von der Schönheit und Kraft von Sedona in uns auf, wie wir konnten. Wir meditierten mit einem Schamanen in den Canyons und schwammen in einem Fluss in der Nähe eines natürlichen Bergsturzes. Dann ging es weiter zum Grand Canyon. Als wir dort aus dem Auto stiegen, schauten wir uns um und sagten: »aha.« Die Pracht des Canyons konnte mit der unglaublichen Energie und Anziehungskraft von Sedona einfach nicht mithalten. Am nächsten Tag setzten wir uns wieder in unser Cabrio und fuhren auf direktem Weg zurück nach Sedona.

Als ich nach New York zurückkehrte, war es höchste Zeit, den Antrag für meine Immatrikulation an der juristischen Fakultät zum Wintersemester abzuschicken. Ich hielt den Brief lange in der Hand. Es fühlte sich einfach falsch an.

Etwas hatte sich verändert. Es hatte mit Litany Burns begonnen und war von Arlene und Ron fortgeführt worden. Es war von Professor Bosnick und dann in Oxford und Sedona angestachelt worden. Ich stand keineswegs ganz am Anfang, wie ich gedacht hatte. Ich befand mich am Scheideweg. Tief in meinem Inneren wusste ich bereits, welchen Weg ich nehmen musste.

Ich ging zu meiner Mutter in die Küche. »Mama, ich will nicht Jura studieren«, sagte ich. »Ich möchte unterrichten.«

Meine Mutter schaute auf und lächelte. Ihr Lächeln hatte etwas Wissendes. Dann umarmte sie mich. »Das ist wunderbar«, sagte sie.

* * *

Mit zweiundzwanzig machte ich meinen Master als Englischlehrerin für weiterführende Schulen. Während ich mich um eine Stelle als Lehrerin bewarb, arbeitete ich ehrenamtlich im Kultusministerium. Ich ging mit einem Mann namens Sean aus und war sehr verliebt. Er war Musiker und hatte eine schöne künstlerische, leidenschaftliche Energie. Ihm zuzuhören, wie er die Lieder sang und spielte, die er selbst geschrieben hatte, erfüllte mich mit Freude. Wir zogen in eine umgebaute Garage in Huntington Village auf Long Island. Sie bestand aus einem großen, zugigen Wohnbereich mit einem kleinen Badezimmer und einer Dusche in einem Anbau. Außerdem gab es eine Kochnische und ein winziges abgetrenntes Schlafzimmer. Für mich war es der Himmel auf Erden.

Ich hatte einen Freund, einen Master-Abschluss, meine eigene gemütliche Wohnung und sogar einen kleinen Terrier namens Quincy. Es war alles so, wie ich es mir gewünscht hatte. Endlich hatte mein Leben einen Sinn. Ich fühlte mich stärker mit meinen Fähigkeiten verbunden und machte mir weniger Gedanken darüber.

Ich gab eine Anzeige im lokalen *Pennysaver* auf:

Übersinnliche Readings?

Laura anrufen.

*** 10 ***

Unruhe

Die erste Person, die auf meine Anzeige reagierte, war eine ältere Frau, die in Lloyd Neck wohnte, nicht allzu weit von dem Ort entfernt, in dem ich aufgewachsen bin. Ihr Name war Delores. Wir machten einen Termin aus, und ich gab ihr meine Adresse. Am Tag der Sitzung war ich so nervös, dass ich kaum atmen konnte. Ich hatte noch nie eine offizielle Sitzung mit jemandem gemacht, der kein Freund oder Bekannter war, und ich hatte keinen Plan dafür. Ich wusste nicht einmal, was genau ein Reading war. Was, wenn mich meine Gabe im Stich ließ?

Es klingelte. Jetzt gab es kein Zurück mehr. Ich öffnete die Tür und sah Delores dort stehen. Sie war genauso nervös wie ich. Sie stand gebeugt und verschlossen da und wirkte sehr klein. Ich bat sie herein, und wir setzen uns an den Küchentisch. Es war schon dämmrig, und ich zündete eine Kerze an. Sie schaute mich mit traurigen, flehenden Augen an. Ich wusste nicht genau, wie ich anfangen sollte. Glücklicherweise fing Delores an und sagte mir, warum sie da war.

»Ich bin sechzig Jahre alt und möchte ein Kind adoptieren«, sagte sie. «Ich glaube, dass es das Richtige für mich ist, aber ich möchte es sicher wissen.«

Jeder, der dieser Frau gegenübersaß, hätte sagen können, dass sie einsam und irgendwie gebrochen war. Aber ich wusste noch etwas anderes über sie. Mir war klar, dass ihr Mann vor Kurzem gestorben war. Ich wusste das, weil ich ihn oder vielmehr einen hellen Lichtpunkt, von dem ich wusste, dass er es war, im Gesichtsfeld knapp über meinen Augen sah. Ich konnte auch sagen, dass er an einem anderen Ort war. Ich wusste, dass er nicht bei ihr war.

Sobald ich das verstanden hatte, kamen noch mehr Informationen über Delores durch. Ich konnte sehen, dass sie ohne ihren Mann vollkommen verloren war und sich verzweifelt an jede Art von Unterstützung, Orientierung und Trost klammerte. Sie war aus dem Gleichgewicht, verwirrt und ziellos und wusste nicht, wohin sie gehen oder was sie tun sollte.

Was jedoch am deutlichsten durchkam, war ihr Schmerz, eine glühende Seelenqual. Die Art von Schmerz, die uns lähmt und verwirrt. Schmerz, der nach einer Antwort verlangt. Ich spürte den Schmerz, wie ich die meiste Zeit meines Lebens den Schmerz und die Traurigkeit anderer Menschen gespürt hatte. Nur, dass er jetzt sehr viel intensiver war, fokussierter. Jetzt lud ich ihn geradezu ein.

Und während ich ihn spürte, verstand ich auch, was Delores hier versuchte. Ihre Reaktion auf ihren Schmerz bestand in dem Wunsch, etwas Neues in ihr Leben zu bringen. Sie wollte ein Kind adoptieren, um die schreckliche Leere zu füllen, die das Ableben ihres Mannes hinterlassen hatte, und nicht etwa, weil sie den Wunsch hatte, eine junge Seele zu nähren und zu fördern.

Noch klarer war mir, dass es ein Fehler wäre, wenn sie in ihrem Alter und in ihrer Situation ein Kind adoptierte. Diese Gewissheit kam nicht von mir. Sie wurde mir übermittelt. Die Adoption eines Kindes sollte nicht ihr Weg sein.

Bevor mir richtig klar war, was ich sagen wollte, stellte ich fest, dass ich bereits sprach. Die Worte kamen einfach aus mir heraus. Ich kann mich nicht erinnern, dass ich vorher irgendwelche Gedanken formuliert oder strukturiert hatte. Es war eher ein Strom der Einsicht. Es fühlte sich fast an, als übersetze ich jemanden.

»Sie sollten nicht den Fehler machen, Ihren Weg mit dem Weg eines anderen Menschen zu verstricken«, sagte ich. »Sie können den leeren Raum in sich selbst nicht mit einem anderen Menschen füllen. Sie müssen sich Ihrer Einsamkeit stellen. Und Sie müssen einen anderen Weg finden, sich wieder mit dem Universum verbunden zu fühlen. Es gibt andere Wege, die Sie gehen können. Sie können sich einer Lesegruppe anschließen, neue Leute kennenlernen oder sich ein Haustier anschaffen, das Ihre Liebe, Ihren Schutz und ihren Trost braucht. Ein Tier, das seinen Weg mit Ihnen geht.«

Delores hörte aufmerksam zu. Erst viel später dämmerte mir, dass mein Debüt als professionelles Medium darin bestanden hatte, einer einsamen älteren Frau zu sagen, sie solle sich doch ein Haustier anschaffen.

Die Sitzung dauerte etwa eine Stunde. Nachdem sie gegangen war, versuchte ich einzuschätzen, welchen Einfluss ich, wenn überhaupt, auf sie gehabt hatte. Soweit ich das beurteilen konnte, wirkte sie erleichtert – nicht mehr so angespannt, weniger schwer, als sei eine innere Last von ihr genommen worden. Vielleicht hatte sie schon selbst gewusst, dass das Adoptieren eines Kindes keine so gute Idee war, wenn nicht sogar unmöglich, und hatte das nur noch einmal von jemand anderem hören wollen.

Ich konnte schwer einschätzen, ob ich Delores wirklich geholfen hatte. Aber ich war überzeugt davon, dass das, was ich ihr gesagt hatte, wahrhaftig und sinnvoll war. Ich habe sie nie wieder gesprochen, kann also nicht sagen, ob meine erste professionelle Beratung ein Erfolg oder ein Misserfolg war. Aber ich fühlte mich gut genug, um damit weiterzumachen.

* * *

Immer mehr Menschen reagierten auf meine Anzeige. Viel mehr, als ich erwartet hatte – Dutzende. Ich bekam sogar einen Anruf von einer Frau aus Virginia, die fragte, ob ich auch Beratungen am Telefon machte.

»Ich weiß nicht«, sagte ich. »Ich habe es noch nie versucht.«

»Nun, Sie können es ja versuchen und wir schauen mal, was passiert.«

So machte ich mein erstes Reading am Telefon. Wieder hatte ich keinen Ablaufplan, kein System, keine Struktur. Ich improvisierte. Doch zu meiner großen Überraschung und Erleichterung funktionierte es auch am Telefon. Es kamen genauso viele Informationen durch, als wenn wir einander direkt gegenüber gesessen hätten.

Ein paar Wochen später bekam ich einen Anruf von einem Mann namens Paul. Paul wollte unbedingt ein Reading, und wir vereinbarten einen Termin. Er kam in meine Wohnung und setzte sich an den Küchentisch. Er war Ende zwanzig und macht insgesamt einen fröhlichen und selbstbewussten Eindruck, auch wenn er an diesem Tag ein wenig nervös wirkte. Ich bekam sofort verschiedene Informationsfetzen, und in vielen davon ging es um seine Freundin Amy, die er eindeutig sehr liebte. Fast augenblicklich drehten sich die Informationen, die ich bekam, ausschließlich um sie und Pauls Beziehung zu ihr.

Doch dann geschah etwas. Zum ersten Mal seit Beginn dieser Sitzung spürte ich eine Präsenz irgendwo hinter mir und zu meiner Rechten. Bis dahin hatte sich alles scheinbar genau vor mir abgespielt. Ich hatte zwar nicht genau sagen können, wo ich die Informationen sah, aber es hatte sich nie so angefühlt, als seien sie hinter mir. Es war eher so, wie wenn einem plötzlich ein Gedanke in den Kopf kommt. Er taucht nicht von rechts oder links auf, er ist einfach da.

Aber jetzt erkannte ich, dass mein Gesichtsfeld größer und weiter war, als ich gedacht hatte. Die Informationen kamen aus mehr als einer Richtung zu mir. Ein neues, vollkommen anderes Tor stand plötzlich offen. Und was da von rechts und ein wenig hinter mir durchkam und nach vorn drängte, war eine klare und lebendige, eine starke, kraftvolle Präsenz. Ich hörte einen Namen. Wer war das? Was war hier los? Ich hatte keine Ahnung. Ich ließ einfach alles heraus, was ich sah und hörte.

»Ich habe hier jemanden namens Chris, der irgendwie mit Amy in Verbindung steht«, sagte ich zu Paul. »Ich bekomme Details über Amy.«

Ich war erstaunt, wie genau diese Details waren: Amys Schuhgröße, die Handtasche, die sie gern trug, ihr liebster Hut und andere intime Dinge. Paul hörte schweigend zu, während all diese Details zum Vorschein kamen. Aber je mehr ich sagte, desto irritierter wurde ich. Warum ging es in Pauls Reading ständig um Amy und nicht um ihn? Ich hatte ein ungutes Gefühl ihm gegenüber, und nach einer Weile zwang ich mich aufzuhören.

»Paul, es tut mir wirklich leid. Ich weiß, das ist nicht das, weswegen Sie hergekommen sind«, sagte ich. »Ich weiß auch nicht, warum es in Ihrem Reading nur um Amy und Chris geht.«

»Schon okay«, sagte Paul ruhig. Er wirkte nicht aufgeregt oder beleidigt. »Alles, was Sie gesagt haben, ist hundertprozentig korrekt. Alles, was Sie gesagt haben, ist wahr.«

Das beruhigte mich, erklärte aber nicht, was hier los war. Paul atmete tief durch und erklärte es mir.

»Chris ist tot«, sagte er leise. »Er starb bei einem Autounfall, als er mit Amy ausging. Sie war auch in dem Auto, als sich der Unfall ereignete.«

Mir lief ein Schauer über den Rücken. Was sagte Paul da? Dieser Chris war aus dem Jenseits zu mir gekommen? Ich hatte Informationen von einem Toten erhalten, und zwar so klar und deutlich, als habe er hier in meiner Wohnung gestanden?

In diesem Moment empfand ich so etwas wie Ehrfurcht. Ich kam inzwischen einigermaßen mit meinen übersinnlichen Fähigkeiten klar, mit meiner Fähigkeit, die Seelenenergie und die Bestimmung einer Person wahrzunehmen. Allerdings war mir nie in den Sinn gekommen, dass ich auch ein Medium sein könnte, jemand, der mit der anderen Seite kommunizieren konnte. Und doch empfing ich in dieser Sitzung detaillierte Informationen von einem Verstorbenen. Ich musste sie nicht ausgraben oder mühsam zutage fördern. Sie kamen einfach durch wie Wasser aus einem offenen Wasserhahn.

Ich bekam Angst. *Hier ist Schluss,* dachte ich. *Das ist zu schräg. Das ist zu viel Verantwortung. Dazu bin ich nicht bereit.*

Ich war erst dreiundzwanzig und überhaupt nicht darauf vorbereitet, mit dieser Verantwortung umzugehen. Ich hatte keine Ahnung, was es bedeutete, mit einem Verstorbenen zu kommunizieren. Es machte mir Angst. Ich konnte nichts Schönes daran finden und keine Gnade darin sehen. Es fühlte sich vielmehr seltsam und falsch an. Sämtliche alten, negativen Gefühle meiner Gabe gegenüber waren plötzlich wieder da.

Mit Pauls Erlaubnis setzte ich die Sitzung fort. Chris war da und bestand darauf, dass ich mich auf Amy konzentrierte. Die Information, die durchkam, war, dass sie und Paul füreinander bestimmt waren. Es war ihnen bestimmt, in Liebe gemeinsam zu wachsen. Sie würden irgendwann heiraten und zwei Kinder haben.

Als die Sitzung zu Ende war, verabschiedete ich mich von Paul und wünschte ihm alles Gute. Er schien glücklich und zufrieden mit den Informationen zu sein, die ich ihm gegeben hatte, und ihm gruselte überhaupt nicht bei dem Gedanken, dass der tote Freund seiner Freundin über sie beide wachte.

Aber mir war ein bisschen schwindelig. Ich fragte mich, wie diese Sitzung meinen weiteren Weg beeinflussen würde, nachdem ich nun eine Verbindung zu Verstorbenen herstellen konnte. Noch nicht ganz klar war mir der Umstand, dass ich nicht nur für die Informationen verantwortlich war, die ich aus dem Jenseits übermittelte, sondern auch dafür, wie ich sie *interpretierte.*

Wenn ich heute zurückblicke, begreife ich, was Chris versucht hatte. Er hatte Paul seinen Segen geben wollen. Er hatte seine eigene Verbindung zu Pauls Freundin überprüft, und dabei war ihm klar geworden, dass er ihr die große Liebe und das große Glück mit Paul wünschte. Chris hatte sich nicht durch das Portal gedrängt, um Pauls Sitzung zu entern und ihn eifersüchtig zu machen oder seine Beziehung zu verkomplizieren. Im Jenseits spielt Negativität keine Rolle. Wie ich noch erfahren sollte, basiert alles, was von der anderen Seite durchkommt, auf Liebe.

Doch damals wusste ich noch nichts darüber. Ich wusste nur, dass mir die Sitzung mit Paul Angst gemacht hatte. Ich erzählte Sean am Abend davon.

»Ich verstehe nicht, was da passiert ist«, sagte ich. »Ich glaube nicht, dass es mir damit wirklich gut geht. Ich bin mir nicht sicher, ob ich das noch einmal erleben möchte.«

Aber die Leute riefen weiter an. Meine Anzeige stand gar nicht mehr in der Zeitung, aber die Leute hatten über Freunde und Bekannte von mir gehört, und alle wollten eine Sitzung.

Eines Abends klopfte es an meiner Haustür, aber als ich öffnete, war niemand da. Nur ein Zettel klebte an der Tür. »Ich muss mit Ihnen sprechen«, stand darauf. »Ich brauche eine Sitzung. Bitte rufen Sie mich an.«

Ich schloss die Tür, zerknüllte den Zettel und warf ihn weg. Ich hatte das Gefühl, dass meine Privatsphäre verletzt worden war, und war nicht bereit, auf so etwas positiv zu reagieren.

Am Abend des 17. Juli 1996 war ich allein zu Hause. Sean war noch bei der Arbeit, würde aber bald nach Hause kommen. Ich entspannte mich auf dem Sofa und las ein Buch. Es war ein unspektakulärer Abend. Doch dann, irgendwann nach 20.00 Uhr, zuckte mein Körper plötzlich unwillkürlich und war bis zum Äußersten angespannt.

Ich setzte mich kerzengerade hin und wappnete mich gegen die plötzliche Welle der Angst, die mich zu überrollen drohte. Dies hatte nichts mit den Wellen der Traurigkeit zu tun, die mich manchmal in der Nähe trauriger Menschen überrollten. Dies war ein tiefes, existenziell bedrohliches Grauen. Es fühlte sich an, als stehe das Ende der Welt kurz bevor. Ich hatte keine Ahnung, was es war und wodurch es verursacht wurde, aber ich wusste, dass etwas Schreckliches geschehen war. Ich wusste, dass irgendwo eine Katastrophe stattgefunden hatte. Und es war grauenhaft und lähmend, darüber informiert zu sein. Ich spürte plötzlich, wie mir die Luft wegblieb. Panisch rief ich Sean an.

»Ist bei dir alles in Ordnung?« fragte ich, nach Luft ringend.

»Ja, alles bestens«, sagte er.

Aber für mich war nichts bestens. Meine Stimme kippte in eine piepsige Tonlage, und ich kämpfte mit den Tränen, die sie ganz zu ersticken drohten. »Komm *bitte* nach Hause«, flehte ich, »und fahr vorsichtig. Ich brauche dich hier. Irgendetwas stimmt nicht.«

Ich schaltete den Fernseher ein, während ich auf ihn wartete. Eine Sondersendung flackerte über den Bildschirm. Etwas über ein Flugzeug und einen Absturz. Ein Video, auf dem feurige Streifen in einem schwarzen Himmel zu sehen waren. Ich setzte mich und versuchte einen klaren Kopf zu bekommen, um zu verstehen, was hier vor sich ging. Aber ich wusste schon alles, was ich wissen musste. Eine Tragödie hatte sich ereignet, und ich hatte über außersinnliche Kanäle davon erfahren.

Als Sean in die Einfahrt fuhr, war ich nur noch ein schluchzendes Häufchen Elend. »Was stimmt nicht mit mir?«, fragte ich ihn. »Warum muss ich immer solche Dinge spüren? Warum muss ich all das mitbekommen und kann nichts tun, um es zu verhindern? Warum habe ich diese Fähigkeiten?«

Ein wohlbekanntes Gefühl beschlich mich – das Gefühl, verflucht zu sein. Die schrecklichen Einzelheiten des Absturzes wurden im Laufe der folgenden Tage bekannt gegeben. TWA-Flug 800, eine Boeing 747-100 auf dem Weg vom JFK-Flughafen New York nach Rom, war am Nachthimmel explodiert und in der Nähe von East Moriches auf Long

Island in den Atlantik gestürzt. Die Explosion und der Absturz ereigneten sich etwa sechzig Kilometer von meinem Wohnort entfernt. Keiner der 230 Menschen an Bord überlebte das Unglück.

Der Horror des Absturzes und die Tatsache, dass ich die Katastrophe wahrgenommen hatte, bevor ich davon hörte, waren verheerend. Dieses Ereignis machte sämtliche Fortschritte, die ich im Umgang mit meiner Gabe gemacht hatte, mit einem Schlag zunichte. Wieder war ich an dem Punkt, dass ich dieses Wissen einfach nicht haben wollte. Ich hatte Angst, möglicherweise die Leute zu hören, die gestorben waren, und mich nun baten, ihre Botschaften zu übermitteln. Das schien mir eine zu große Verantwortung. Also hörte ich auf. Ich nahm keine Anrufe mehr entgegen. Ich ging nicht mehr an die Tür, wenn es klingelte. Ich hörte auf, mich als hellsichtig oder als Medium zu betrachten. Ich schwor mir, nie wieder eine übersinnliche Sitzung zu machen.

Alles hörte auf – die Anrufe, das Klingeln an der Tür und die Sitzungen. Ich versuchte, ein ganz normales Leben zu führen. Das Universum ließ mich eine Zeit lang in Ruhe. Die andere Seite kam nicht mehr zu mir durch, und mein geheimnisvoller Bildschirm blieb schwarz, als hätten die Kräfte, die mich führten, beschlossen, sich von mir zurückzuziehen. Ich war einfach nicht bereit dafür.

* * * * * * * * * *

Teil Zwei

* * * * * * * * * *

*** 11 ***

Offen bleiben

Ein paar Monate, nachdem ich mit den Readings aufgehört hatte, bekam ich meine erste Stelle als Lehrerin. Die Highschool war nur eine halbe Stunde von meinem Elternhaus entfernt, aber die Wohngegend unterschied sich grundlegend von dem Ort meiner Kindheit. Sie war von Drogen und Kriminalität beherrscht, und in der Schule patrouillierte ein Sicherheitsdienst durch die Gänge. Die meisten Schüler kamen aus zerrütteten Familien. Viele hatten nur einen Elternteil. Einige hatten sogar nur einen Onkel oder eine Tante. Manche hatten noch nicht einmal das.

An meinem ersten Tag im Klassenzimmer merkte ich schnell, dass diese Arbeit ganz schön hart werden würde. Die Schüler waren aufsässig und unkonzentriert. In einer höheren Klasse stand ein Mädchen namens Yvette mitten in meinem Englischunterricht auf, ging zum Fenster, machte es auf und spuckte hinaus. Dann schlenderte sie zu ihrem Stuhl zurück. Die ganze Klasse drehte sich um, schaute mich an und war gespannt auf meine Reaktion.

Ich ließ es ihr durchgehen, weil ich wusste, warum Yvette das getan hatte. Sie hatte es nicht getan, um mich herauszufordern, sondern, um meine Aufmerksamkeit zu bekommen.

Meine Fähigkeit, die Energie anderer Menschen zu lesen, erlaubte mir zu verstehen, was wirklich in den Schülern vor sich ging. Sie waren keine schlechten Kinder – sie waren bedürftige Kinder. Sie flehten um Aufmerksamkeit und Fürsorge und Liebe. Sie waren verloren und verwirrt und suchten verzweifelt nach Führung, aber um sich selbst zu schützen, verhielten sie sich gemein und knallhart. Sie waren es gewöhnt, nicht als die gesehen zu werden, die sie wirklich waren.

Ich spürte ihre Wut und ihre Frustration. Ich sah, wie blockiert ihre Energien waren. Und vor allem konnte ich ihren Schmerz lesen – er hing über ihnen wie ein dunkle Wolke. Sie hatten nicht, was sie brauchten, um gute Schüler zu sein. Sie brauchten Liebe.

Der Moment, in dem ich nicht reagierte, als Yvette aus dem Fenster spuckte, war für mich als Lehrerin entscheidend. Ich wusste, dass dies nach hinten losgehen konnte. Die Schüler konnten mich als jemanden sehen, dem man auf der Nase herumtanzen kann. Aber ich musste meinem Instinkt folgen, und der riet mir, nicht wütend zu werden, sondern in ihren Schmerz einzutauchen.

Nach dem Unterricht ging ich zu Yvette.

»Schatz, bist du okay?«, fragte ich. »Geht es dir nicht gut?« Yvette schien fassungslos. »Mir geht's gut«, sagte sie leise und schlich davon.

Danach öffnete sich Yvette mir gegenüber jeden Tag ein wenig mehr. Wir sprachen über ihr Leben, und ich half ihr beim Lernen. Unsere Verbindung wurde immer enger. Sie musste in meiner Gegenwart nicht so tun als ob, und sie musste sich nicht anstrengen, meine Aufmerksamkeit zu bekommen, weil sie die ohnehin schon hatte.

Aus diesem ersten Austausch mit Yvette wurde meine Unterrichtsphilosophie geboren. Ich liebte Bücher, und ich liebte das Lernen, aber ich liebte auch die Kinder. Beim Unterrichten ging es mir weniger darum, die Schüler auf irgendwelche Tests vorzubereiten, sondern mehr darum, eine Beziehung zu ihnen aufzubauen und ihnen zu helfen, ihr eigenes Licht zu sehen und ihr volles Potenzial auszuschöpfen. Es ging mir darum, sie wissen zu lassen, wie wichtig sie für diese Welt sind.

Ich wollte sie wissen lassen, dass ihre Erkenntnisse und ihre Energie auch im Unterricht von Bedeutung waren. Wenn ein Schüler eine Schulstunde schwänzte, beauftragte ich jemanden damit, auf die Klasse aufzupassen, und marschierte in die Cafeteria, um den Schwänzer aufzuspüren. »Hey!«, sagte ich. »Los, du musst unbedingt in die Klasse kommen. Es wird spannend!« Zunächst schauten sie mich an, als sei bei mir eine Schraube locker, aber dann folgten sie mir in die Klasse. Sie waren nicht wütend oder verärgert – sie waren glücklich! Sie waren glücklich, weil sie jemanden hatten, der sich um sie kümmerte.

Am Ende des Semesters kam Yvette zu mir und schenkte mir eine Karte, die sie selbst gemacht und mit Herz-Stickern dekoriert hatte. Sie hatte geschrieben: »Vielen, vielen Dank. Ich werde Sie vermissen und nie vergessen.«

Yvettes Mitteilung wischte jede noch verbliebene Unsicherheit bezüglich meiner Entscheidung, keine juristische Karriere zu verfolgen, vom Tisch. Ich war eine Lehrerin. Unterrichten war mein Weg.

* * *

Mittlerweile waren Sean und ich schon etwa ein Jahr zusammen. Wir waren verliebt. Er machte mir einen Antrag, und ich sagte Ja. Aber dennoch fühlte ich mich mit unserer Beziehung irgendwie unwohl. In der Nacht, nachdem Sean und ich uns verlobt hatten, hatte ich einen sehr lebendigen 3-D-Traum, in dem der Diamant an meinem Finger aus Zucker war, und als ich mir die Hände wusch, sah ich, wie er sich im Wasserstrahl auflöste. Ich wachte auf und wusste sofort, was das zu bedeuten hatte, war aber nicht bereit, es mir einzugestehen.

Wir hatten unter anderem völlig verschiedene Tagesabläufe. Ich stand in der Regel um 5.00 Uhr morgens auf, um mich auf die Schule vorzubereiten, während Sean in vielen Nächten bis 4.00 Uhr morgens weg war und mit seiner Band auftrat. Wir sahen einander immer weniger und stritten immer häufiger. Nach einer Weile entstand ein Bild in meinem Kopf. Ich sah mich in einem Ruderboot, das von der Küste wegtrieb – weg von Sean. Ich stand vor der Wahl, zu ihm zurückzurudern oder einfach wegzupaddeln. Ich entschied mich fürs Wegpaddeln.

Ich zog aus meiner Garagenwohnung aus und wieder zu meinen Eltern. Die Trennung war schmerzhaft. Ich war untröstlich und zog mich zurück. Wenn ich nicht unterrichtete, las ich, schrieb Gedichte und hing in der örtlichen Buchhandlung herum.

Eines Abends rief meine Freundin Jill an und sagte: »Laura, du musst mal wieder unter Leute gehen.« Sie machte mir den Vorschlag, mit ihr, ihrem Freund Chris und einem von Chris' Kumpels auszugehen.

»Kein Interesse«, sagte ich.

»Laura, du musst raus«, sagte sie. »Komm einfach mit, es wird sicher lustig.«

»Im Ernst, nein danke«, entgegnete ich. »Das Letzte, was ich jetzt brauche, ist, dass mich jemand verkuppeln will.«

Jill blieb hartnäckig. »Hier soll niemand verkuppelt werden. Wir sind nur Freunde, die ein bisschen Spaß haben wollen.«

»Für mich klingt das nach einem Blind Date.«

»Okay, wie wäre es damit«, sagte Jill. »Ich frage Chris, ob er zwei Freunde mitbringt. Dann seid ihr nicht nur zu zweit, du und der Kerl.«

Ich dachte darüber nach. Was schadete es, solange es kein Blind Date war? Das Schlimmste, was mir passieren konnte, war, dass ich mich schrecklich langweilte.

»Okay«, sagte ich. »Aber sorg dafür, dass er tatsächlich zwei Jungs mitbringt.«

Ein paar Tage später saß ich mit Jill und Chris im Zug nach Manhattan. Ich war schlecht gelaunt und bereute, dass ich zugestimmt hatte mitzukommen.

Wir trafen uns mit Chris' Freunden im Warteraum der Long Island Railroad. Einer von ihnen war ein kleiner, extrovertierter Bursche namens Rich, der sich gleich auf mich stürzte und mich den Rest des Abends nicht mehr in Ruhe ließ. Der andere war groß und eher reserviert. Chris stellte uns vor, und als wir uns die Hände gaben, veränderte sich etwas in mir.

Es war stechend und plötzlich, als hielte ich meine Finger unter einen Wasserhahn, der schnell von kalt auf heiß schaltete. Ich kann nicht sagen, dass es romantisch war. Es war nicht einmal wirklich ein Gefühl. Ich hörte eine innere Stimme, die durch den Lärm der Penn Station klang, und sie sagte: *Sei offen.*

Diese beiden Worte genügten, um meine negativen Gedanken zu neutralisieren. *Du musst überhaupt nichts tun,* dachte ich. *Nur offen sein.*

»Hallo«, sagte er. »Ich bin Garrett.«

* * *

Ich wusste nichts über ihn, außer dass er in Brooklyn Jura studierte. Die meiste Zeit des Abends hatten wir nicht viel Gelegenheit, miteinander zu sprechen, weil Rich mir nicht von der Seite wich. Etwa um Mitternacht beschlossen wir, eine letzte Bar zu besuchen. Es war ein winziger Raum, dunkel und verraucht mit wenigen Tischen im hinteren Teil. Als Rich sich entschuldigte, um auf die Toilette zu gehen, saß ich plötzlich neben Garrett.

»Nun«, sagte Garrett leichthin, »was ist deine Geschichte?«

Ich erzählte ihm meine Geschichte. Die ganze Geschichte. In dieser verrauchten kleinen Bar kehrte ich mein Inneres nach außen. Ich erzählte von meiner Kindheit, meinen Ängsten, meiner frischen Trennung. Keine Verdrehung der Tatsachen, kein Beschönigen, einfach alles.

Garrett war genauso ehrlich zu mir. Er erzählte mir, wie schmerzlich die Trennung seiner Eltern für ihn gewesen war und dass seine letzte Beziehung vor ein paar Monaten in die Brüche gegangen war. Wir erzählten einander Dinge, von denen niemand im Traum daran gedacht hätte, sie einem quasi Blind Date zu erzählen.

Als es Zeit war, nach Hause zu fahren, bat mich Garrett um meine Telefonnummer.

Bei unserem ersten offiziellen Date in einem feinen Fischrestaurant in Manhattan fiel ich sofort zurück in das Muster, ihm mein Herz auszuschütten. Es gab nichts Künstliches zwischen uns, nicht Vorgetäuschtes – nichts, was uns im Weg stand. Ich nahm sogar meinen ganzen Mut zusammen und erzählte Garrett von meinen Fähigkeiten. Er war neugierig, vielleicht sogar fasziniert, aber überhaupt nicht beunruhigt.

Wir mussten uns nicht wirklich umwerben. Schon vier Monate nach unserem ersten Treffen sprachen wir vom Heiraten.

*** 12 ***

Angekommen

Es passierte an einem Sommersonntag am Himmel über Jones Beach, New York.

Garrett arbeitete Vollzeit und verbrachte die Abende an der juristischen Fakultät und mit seinem Studium. Sein Tagespensum war verrückt. Neben Arbeit, Uni und Lernen für die Uni blieb ihm nicht viel Zeit mit mir. Nach etwa einem Jahr Beziehung war ich mit meiner Mutter in Jones Beach. Mein Bruder nahm am Jones Beach Triathlon teil, und wir waren dort, um ihn anzufeuern.

Jones Beach, auf einer der schmalen Düneninseln vor der Südküste Long Islands gelegen, ist ein wunderbarer, sehr spiritueller Ort. Wenn ich auf den endlosen Horizont schaue, fühle ich mich ganz mit dem Universum verbunden.

Aber an diesem Tag hatte ich das Gefühl, dass etwas die Sonne verdunkelte. Ich schaute nach oben und sah, wie sich ein dunkler, schimmernder Vorhang über den Himmel zog. Als sich meine Augen daran gewöhnt hatten, wurde mir klar, dass dieses Etwas gar nicht schwarz war, sondern eine tiefe, strahlende Bernsteinfarbe hatte. Und es bewegte sich, flatterte, war irgendwie lebendig, ließ kleine Sonnenstrahlen durch und fegte den ganzen Strand entlang.

Ich stand wie angewurzelt im Sand und starrte ehrfürchtig auf dieses außergewöhnliche und gewaltige Ding in der Luft. Und als ich genauer hinschaute, merkte ich, dass es nicht ein Ding war, sondern Tausende von Dingen: Zehntausende Monarchfalter.

Wir waren Zeugen einer Migration. Große Schwärme von Monarchfaltern mit leuchtend orangefarbenen, schwarz gezeichneten Flügeln waren auf der Reise von Kanada nach Mexiko, weg von der Winterkälte, die sie töten konnte. Sie schienen jeden Zentimeter des Himmels zu füllen. Einige von ihnen wagten es, nach unten zu flattern und auf einem Arm oder einer Schulter zu landen, bevor sie wieder abzogen und sich dem Schwarm anschlossen.

Es war magisch. Ich spürte eine überwältigende Liebe und Zuneigung zu diesen Schmetterlingen; nicht nur, weil dies ein derart unerwarteter Nervenkitzel war, sondern auch, weil ich darin ein Zeichen sah. Als ich klein war, hatte mein Großvater einen braun-weißen Schmetterling gehabt, der ihn immer »besuchte«, wenn er draußen auf der Veranda saß. Als er gestorben war, »besuchte« ein weißer Schmetterling von Zeit zu Zeit meine Familie. Wir nannten ihn Pop Pops Schmetterling. Als ich älter war, beschloss ich, meine geistigen Führer und Lieben auf der anderen Seite um ein eigenes Zeichen zu bitten, das mich wissen ließ, dass sie bei mir waren. Ich wählte einen Monarchfalter, weil Orange meine Lieblingsfarbe ist. Von da an tauchten vor jeder großen Prüfung oder wichtigen Entscheidung unweigerlich Monarchfalter auf, um mich wissen zu lassen, dass sie für mich da waren und ich nicht allein war.

Und nun waren sie hier, buchstäblich aus heiterem Himmel! Ich drehte mich zu meiner Mutter um und packte sie am Arm.

»Das ist es«, sagte ich. »Das Universum will mir etwas sagen. Die Monarchfalter feiern! Etwas Wunderbares wird geschehen!«

Ich beobachtete die Monarchfalter so lange, wie ich konnte, bis sie nur noch ein Schmutzfleck in der Ferne waren. Was wollten sie mir sagen?, fragte ich mich. Was wollte das Universum mir sagen?

An nächsten Tag erfuhr ich, dass ich schwanger war.

* * *

In dem Moment, in dem ich herausfand, dass ich schwanger war, ergab alles einen Sinn. Ich empfand eine überwältigende, übermächtige, bedingungslose Liebe für mein ungeborenes Kind.

Das Gefühl war tief und unerschütterlich. Ich fühlte mich mit etwas verbunden, das erheblich bedeutender war als mein kleines Leben. Ich war Teil von etwas Großem und Wunderbarem und Übernatürlichem. Ich war jetzt die Tür, durch die ein neues Leben diese Welt betreten würde! Ich fühlte mich geehrt und ganz mit mir im Reinen. Mein Kind würde mit Liebe erzogen werden, es würde zu einem mutigen und starken Menschen heranwachsen und die Welt verändern! Plötzlich spielte es keine Rolle mehr, dass Garrett und ich uns manchmal stritten. Wir stritten, weil wir immer noch wachsen und uns verändern und besser werden mussten.

Aber es war uns bestimmt, gemeinsam zu wachsen, uns zu verändern und besser zu werden. Es würde ein hartes Stück Arbeit werden, aber wir würden einander helfen, die Menschen – und Eltern – zu werden, die wir sein sollten. Dies war nicht nur mein Weg. Dies war unser Weg.

Wir heirateten in einer lutherischen Kirche auf Long Island und richteten uns in unserem Eheleben bequem ein. Drei Wochen vor dem errechneten Termin setzten bei mir die Wehen ein. In einem Kreißsaal im Krankenhaus von Huntington erblickte unsere wunderschöne Tochter das Licht der Welt. Wir gaben ihr den Namen Ashley.

Sie war unglaublich winzig und rosa und pummelig, und ihre kleinen Augen waren fest geschlossen. Als ich sie im Arm hielt, hatte ich nicht das Gefühl, ihr zum ersten Mal zu begegnen. Es fühlte sich an, als kenne ich sie schon lange, als sei sie schon immer ein Teil von mir gewesen. Und jetzt, wo sie hier war, spürte ich, wie sich meine Seelenenergie verdoppelte. Ich fühlte mich größer, als ich war. Meine bedingungslose Liebe zu Ashley veränderte mich bereits. Ich wuchs über mich hinaus und wurde auf eine andere Ebene gehoben. Wegen des Wunders, das Ashley hieß, würde mein Leben nie wieder so sein, wie es war.

Der Absturz des TWA-Fluges 800 hatte meinen medialen Readings ein Ende gesetzt, und ich hatte meine Gabe fast drei Jahre lang auf Eis gelegt. Ich las zwar immer noch die Energien von Menschen – ich konnte gar nicht anders –, aber das Tor zur anderen Seite war geschlossen.

Doch ein paar Tage, bevor ich erfuhr, dass ich schwanger war, spürte ich eine seltsame Energie. Manchmal fühlte ich mich so voller Energie, dass ich meine Turnschuhe anziehen und ein bisschen Joggen gehen musste. Ich fühlte mich wie in den Tagen, als ich noch Fußball spielte und das Einzige, was mich beruhigen konnte, stundenlanges, ununterbrochenes Laufen war. Ich wusste nicht, woher all diese Energie kam. Ich rannte einfach so lange, bis sie verbrannt war.

Doch nachdem ich entdeckt hatte, dass ich schwanger war, wurde meine Energie noch deutlich intensiver. Ich bekam ähnlich blitzartige Informationen – Worte, Bilder, Geräusche, Szenen –, wie ich sie während der Readings empfangen hatte. Das setzte sich während meiner gesamten Schwangerschaft fort. Aber nachdem Ashley geboren war, versuchte ich, nicht mehr daran zu denken, und führte mein ganz normales Leben weiter. Ich hatte keinerlei Interesse daran, die andere Seite wieder hereinzulassen.

Doch schon bald merkte ich, was geschehen war. Ashleys Geburt hatte ein Lichtportal zwischen der Welt, aus der sie kam, und dieser Welt geöffnet. Und nun, wo dieses Portal erst einmal offen war, gab es keine Möglichkeit, es wieder zu schließen. Die andere Seite drängte sich hindurch. Ashleys Ankunft erfüllte mich mit einer großen, kraftvollen Liebe und gab mir das Gefühl, auf schöne und umfassende Weise mit der Menschheit verbunden zu sein.

Eines Morgens vor der Arbeit sagte ich zu Garrett: »Ich glaube, ich muss wieder anfangen, Readings zu machen.«

Ich war frisch verheiratet und eine brandneue Mutter. Ich hatte auch gerade eine feste Stelle an einer neuen Highschool bekommen. Garrett arbeitete Vollzeit und studierte abends weiter an der juristischen Fakultät. Warum also sollte ich die Tür zur anderen Seite wieder öffnen und all das in unser geschäftiges Leben lassen wollen? Ich hatte keine Wahl.

»Du könntest deine Lehrertätigkeit dadurch gefährden«, sagte Garrett.

»Dann mache ich es anonym«, erwiderte ich. Ich konnte die Flut der Informationen, die ich bekam, einfach nicht mehr eindämmen. Ich konnte den Sog nicht ignorieren.

Dieses Mal stellte ich ein Angebot bei eBay ein. Ich verwendete nur meinen Mittelnamen Lynne und bezeichnete mich als Hellseherin. Ich legte fünf Dollar als Eröffnungsgebot für eine Sitzung fest und wusste nicht, ob überhaupt jemand bieten würde. Doch innerhalb eines einzigen Tages gaben mehrere Menschen ein Gebot ab. Letztlich waren wir bei fünfundsiebzig Dollar angekommen. Das letzte Gebot kam von einem Polizeibeamten mittleren Alters aus Arizona. Wir machten einen Termin für ein Gespräch aus.

An dem Tag, an dem die Sitzung stattfinden sollte, spürte ich die alte Angst wieder in ihrer ganzen Wucht. Ich war mir nicht sicher, ob jemand oder etwas durchkommen würde.

Zur vereinbarten Zeit rief ich den Polizeibeamten an. Sofort kamen zwei Personen durch, seine Mutter und sein Vater. Sie waren da, um ihren Sohn zu beruhigen und zu trösten. Sie ließen ihn wissen, dass es ihnen gut ging und sie stolz auf ihn waren. Seine Mutter sprach über alles, was er für sie getan hatte, bevor sie starb. Sein Vater deutete an, dass er an einem Herzinfarkt gestorben war und dass sie keine Zeit gehabt hatten, sich voneinander zu verabschieden. Sie sagten ihm, er solle seine Schuldgefühle bezüglich der Dinge, die ungesagt geblieben waren, einfach loslassen.

Am Ende der Sitzung hatte sich die Stimme des Polizisten vollkommen verändert. Er klang erleichtert, sogar glücklich. Mir wurde klar, dass diese Sitzung ein zutiefst heilsames Ereignis für ihn gewesen war. Als wir auflegten, war ich erschöpft, aber auch hocherfreut. Ashley hatte nicht nur eine Tür geöffnet, sie hatte sie weit aufgestoßen.

* * *

Ich wusste, dass Garrett überhaupt nicht glücklich war mit dem, was ich da machte. Er war immer offen gewesen für meine Gabe und hatte mich darin unterstützt, aber jetzt merkte er, dass diese Readings einen großen Teil meines Lebens ausmachen würden, und machte sich Sorgen.

»Woher willst du wissen, dass du nicht mit der dunklen Seite Verbindung aufnimmst?«, fragte er. »Woher weißt du, dass du nicht mit dem Teufel kommunizierst?«

Das waren berechtigte Fragen, und meine einzige Antwort darauf war, dass ich es einfach wusste. Ich wusste es, weil alles, was in meinen Readings durchkam, wunderschön war und auf Liebe basierte. Dennoch hatte ich bisher noch nicht sonderlich viele Readings gegeben. Sie fühlten sich gut und richtig an, doch was, wenn sie es gar nicht waren? Was genau war das, was ich da in mein Haus und meine Familie ließ? Darauf hatte ich nicht wirklich eine Antwort.

Dann machte ich eines Tages ein Reading für eine Frau etwa in meinem Alter, die wie ich eine Tochter hatte. Nur dass ihre Tochter, Hailey, mit drei Jahren gestorben war.

Während des Readings spürte ich eine niederschmetternde Traurigkeit und wusste, dass diese Mutter darin gefangen war. Da waren Schichten um Schichten von Schuld, denn sie hatte das Gefühl, Hailey im Stich gelassen zu haben, weil sie sie nicht gerettet hatte. Sie hatte sich selbst zur Gefangenen gemacht, ging nur noch selten aus dem Haus, machte keinen Urlaub mehr, traf sich nicht mehr mit Freunden und litt 24 Stunden am Tag. Ihr Leben, ihr Herz, ihre Seele – alles lag in Schutt und Asche. Sie war zu jemandem geworden, der nicht mehr wusste, wie man lebt.

Im Verlauf der Sitzung kam schon früh eine winzige Gestalt durch. Ich wusste, dass es ein Mädchen war. Das Kind erzählte mir alles über seine Mutter – dass sie sich die Schuld am Verlust ihrer Tochter gebe und regelrecht erstarrt sei vor Trauer. Dann legte es eine Hand auf seinen Bauch, und ich wusste, was es mir zu vermitteln versuchte.

»Sie kommt durch«, teilte ich der Mutter mit. »Sie sagt, sie sei an einer Lebererkrankung gestorben. Es gab nichts, was

Sie hätten tun können, um das zu ändern. Sie sagt, es sei ihr nicht bestimmt gewesen, lange hier bei uns zu leben. Sie sollte hierherkommen und bedingungslose Liebe erfahren, aber es war ihr nicht bestimmt zu bleiben. Sie sagt, dass Sie Traurigkeit nicht mit Schuld verwechseln dürfen. Sie müssen die Schuldgefühle loslassen. Sie haben das Gefühl, als Mutter versagt zu haben, weil Sie sie nicht retten konnten. Aber es war nicht Ihre Aufgabe, sie zu retten. Es war Ihre Aufgabe, sie zu lieben.«

Am anderen Ende der Leitung entstand ein langes Schweigen, unterbrochen von kleinen, schwachen Schluchzern. Dass die mutige, schöne Tochter dieser Frau durchkam und ihren Trost anbot, dass sie so entschlossen war, zur Heilung ihrer Mutter beizutragen, war unglaublich bewegend, nicht nur für ihre Mutter, sondern auch für mich.

Ein paar Tage später hatte ich ein Päckchen von der Mutter in der Post. Sie schrieb, unsere Sitzung habe die Wolke des Elends von ihr genommen und sie wieder aufatmen lassen. Zu erfahren, dass ihre Tochter immer noch bei ihr war, habe alles verändert. Zum ersten Mal seit sehr langer Zeit sei sie in der Lage gewesen, aus dem Haus zu gehen und sich mit Freunden zu treffen. Ihre Tochter habe ihr das Leben gerettet.

Außer diesem Brief war noch etwas in dem Päckchen, sorgfältig in Luftpolsterfolie verpackt. Es war eine kleine Keramikfigur, ein winziger Engel. Die Mutter erklärte, sie habe den Engel gekauft, bevor ihre Tochter krank geworden sei, weil er aussah wie ihr kleines Mädchen. Nach dem Tod ihrer Tochter war dieser Keramikengel der liebste Besitz dieser Frau gewesen – ihre, wie sie glaubte, einzige Verbindung zu der schönen Seele, die von ihr weggerissen worden war.

Doch nun, schrieb sie, wolle sie, dass ich diesen Engel habe. Sie hielt ihn zwar immer noch in Ehren, sagte aber, sie brauche ihn nicht mehr so sehr wie früher.

Ich zeigte Garrett den Brief und den Engel. Er las den Brief und beschäftigte sich dann mit seinen eigenen Dingen. Wenig später kam er zurück und setzte sich mit dem Engel in der Hand neben mich ins Wohnzimmer.

»Dein Reading hat ihr Leben verändert«, sagte Garrett. »Sie war wie gelähmt vor Trauer. Sie hat in ihrem Haus festgesteckt und wollte nicht mehr leben. Aber nachdem sie mit dir gesprochen hat, ist sie ins Leben zurückgekehrt. Alles, was in diesem Brief steht, ist rein und positiv und schön. Es hat alles mit Heilung zu tun. Bei dem, was du da tust, geht es um Heilung.«

Garretts Überzeugung stärkte meine eigene. Nachdem ich ein Leben lang gegen meine Gabe angekämpft hatte, wusste ich nun, dass ich sie annehmen musste. Ich weiß nicht, ob ich ohne Garrett an diesen Punkt gelangt wäre. Letztlich sind wir beide gemeinsam dorthin gelangt.

*** 13 ***

Der Bildschirm

Als ich ursprünglich mit den Sitzungen anfing und noch mit Sean zusammenlebte, war mir die Bedeutung eines Readings nicht wirklich klar. Ich wusste, dass ich Zugang zu der Energie einer Person hatte und sie lesen konnte. Und ich wusste auch, dass ich auf diese Weise Informationsfetzen über den Lebensweg dieser Person und den Sinn ihres Lebens bekam. Schließlich erkannte ich, dass ich auch Verbindung zu Menschen aufnehmen konnte, die auf die andere Seite hinübergewechselt waren. Ich konnte eine Vermittlerin sein zwischen den Menschen auf der Erde und den Verstorbenen im Jenseits.

Ich hatte gelernt, dass es meine Aufgabe war, alles zu interpretieren, was durchkam, also eine Art Übersetzerin zu sein. Am Anfang war das so schwierig wie das Erlernen einer Fremdsprache. Aber im Laufe der Zeit wurde ich immer besser darin. Ich begann zu verstehen, was bestimmte Symbole bedeuten. Es war wie eine übersinnliche Scharade zu spielen – und gut darin zu werden.

Dennoch habe ich nie einen bestimmten Plan für meine Readings entwickelt, der es mir erlaubt hätte, von einer Gabe zur einer anderen zu wechseln und wieder zurück und dabei nicht durcheinanderzukommen. Doch nachdem Ashley geboren war und die Informationen von der anderen Seite sehr viel klarer und mit mehr Nachdruck durchkamen, musste ich einen organisierteren Weg finden, um mit der anderen Seite zu kommunizieren. Schon bald entwickelte ich eine Reading-Methode. Genau wie ich eine Methode und eine Organisation für meinen Unterricht entwickelt hatte, ließ ich mir ein System einfallen, das eine sehr viel effizientere Verbindung mit den Verstorbenen möglich machte.

Zunächst einmal stellte ich fest, dass ich mich mit telefonischen Readings deutlich wohler fühle, weil ich mich dabei sehr viel besser konzentrieren kann. Das soll nicht heißen, dass ich von Angesicht zu Angesicht oder vor großen Gruppen keine effektiven Readings machen kann. Es ist einfach so, dass ich bei Fernreadings am Telefon als Person verschwinden und ganz zum Instrument werden kann.

Ich beginne damit, dass ich in mein Zimmer gehe, die Tür schließe und das Licht sehr stark dimme. Ich setze mich in eine Art Yogaposition und ziehe die Socken aus. Es klingt vielleicht albern, aber wenn sich die Sohlen meiner nackten Füße berühren, scheint sich eine Endlosschleife zu bilden, sodass die Energie kontinuierlich durch meinen Körper fließen kann.

Ich schließe die Augen und konzentriere mich auf meine Atmung. Sobald ich mich dazu bereit fühle, setze ich mein schnurloses Headset auf und kontaktiere die Person, für die ich das Reading machen werde. Dann schließe ich die Augen wieder. Meine Augen bleiben während des gesamten Readings geschlossen. Ich mache sie nur auf, wenn ich das Gefühl habe, dass sich die Energie der anderen Seite zurückzieht und sich meine eigene Energie verlagert.

Wenn ich die betreffende Person am Telefon habe, sage ich ein paar Worte darüber, was ich tun werde und welche Rolle der oder die Betreffende selbst bei dem Reading spielen wird. Ich erkläre, dass ich mir die Energie, wenn ich sie lese, als ein Dreieck aus Licht vorstelle, das auf der einen Seite von meiner Energie, auf der zweiten von der Energie des Klienten oder der Klientin und auf der dritten von der Energie seines oder ihres Liebsten gebildet wird. Außerdem bitte ich den Klienten, sich all seine Fragen bis zum Ende der Sitzung aufzuheben, denn ich habe die Hoffnung, dass die andere Seite im Verlauf der Sitzung alles ansprechen wird, was der Klient wissen möchte.

Ich erkläre auch, dass ein Reading einer überrsinnlichen Scharade gleicht, bei der alle möglichen Dinge wie Worte, Zahlen, Namen, Daten, Symbole oder Bilder durchkommen. Meine Aufgabe besteht dabei darin, diese Informationen zu interpretieren und weiterzugeben. Ich bitte den Klienten außerdem, dass er, wenn ich etwas sage, das für ihn keinen Sinn ergibt, nicht versucht, es passend zu machen, sondern mir mitteilt, dass es nichts in ihm anklingen lässt.

Beispielsweise zeigt mir die andere Seite einen riesigen Apfel, um anzudeuten, dass der Klient Lehrer ist, und ich interpretiere vielleicht falsch und frage: »Backen Sie gern Apfelkuchen?« Wenn der Klient mir sagt, dass dies für ihn keinen Sinn ergibt, gehe ich einen Schritt zurück und versuche, das Bild neu zu interpretieren. Aber wenn der Klient höflich sein will und das, was ich gesagt habe, passend zu machen versucht, kann es geschehen, dass mir die Botschaft entgeht.

Ich sage dem Klienten ferner, dass alles gut ist, solange er die Botschaft versteht, die ich übermittle. Ich selbst muss sie nicht verstehen. Das passiert recht oft. Der/die Liebste des Klienten gibt durch mich eine Botschaft weiter, und der Klient weiß ganz genau, was sie bedeutet, aber für mich macht sie überhaupt keinen Sinn. Später, am Ende der Sitzung oder in einer E-Mail teilt der Klient mir manchmal mit, was die Botschaft bedeutet. Es ist in der Regel etwas ganz Spezielles oder sogar ein Insiderwitz. Ich bin immer wieder erstaunt, wie die andere Seite es schafft, durch mich so intime Botschaften zu übermitteln, ohne dass ich mir ihrer Bedeutung bewusst bin.

Sobald ich ganz verbunden bin, taucht im Verlauf des Readings eine Art Blickfeld auf. Ein leeres rechteckiges Feld erscheint in meinem Kopf – ein Feld, das ich als meinen Bildschirm bezeichne. Nicht zufällig sieht mein Bildschirm aus wie die Tafel in der Schule. Ich habe ihn so gestaltet, um besser mit der anderen Seite kommunizieren zu können. Auf meinem Bildschirm erscheinen Bilder, Symbole und sogar kleine Filmsequenzen.

Mit etwas Übung war ich in der Lage, den Bildschirm in zwei Hälften zu teilen. Auf der linken Seite erscheinen die übersinnlichen Aktivitäten. Hier beginne ich jedes Reading, weil es mir hilft, meine Energie mit der des Klienten zu verbinden und mich an ihr auszurichten. Hier sehe ich die innere Aura des Klienten, die Farbe seines Seelenwegs. Wenn die Kernfarbe beispielsweise Orange ist, weiß ich, dass dieser Person ein künstlerischer Weg bestimmt ist. Blau verweist auf eine fortgeschrittene Seele, die sehr intuitiv ist und als Heiler und Lehrer hier sein soll.

Oft sehe ich mehr als eine Farbe in der inneren Aura eines Klienten. Es kann auch sein, dass ich noch eine zweite, eher unmittelbare Aura sehe, die sich auf den Weg bezieht, den der Klient aktuell geht. Diese zweite Aura erscheint als linearer Verlauf und gibt mir einen schnellen Überblick darüber, aus welcher Energie der Klient kommt und in welcher Energie er sich gerade befindet. Damit habe ich auch eine Art

Landkarte dessen, was noch vor ihm liegt. Wenn ich beispielsweise die Farbe Gelb links auf meinem Bildschirm sehe, gefolgt von Grün in der Mitte und Orange rechts davon, dann bedeutet dies, dass die betreffende Person aus einer Phase der Krankheit, Depression und schwachen Energie kommt, sich mitten in einer Phase der Veränderung und des Wachstums befindet und auf dem Weg zu einer sehr kreativen und fruchtbaren Phase ist.

Auf der linken Seite des Bildschirms erscheinen auch die Geistführer des Klienten als Lichtpunkte. Geistführer sind hoch entwickelte geistige Wesen, die als Mentoren fungieren und uns auf unserem Weg helfend zur Seite stehen. Wir alle haben sie, und sie treten in der Regel als Zweier- oder Dreiergruppen auf.

Auf der linken Seite sehe ich das Leben des Klienten außerdem als horizontale Zeitleiste. Diese Zeitleisten sehen aus, wie man sie aus Geschichtsbüchern kennt, mit vertikalen Linien, die bestimmte Zeitalter markieren. In diesem Fall sind es aber keine Zeitalter, sondern bestimmte signifikante Ereignisse auf dem Lebensweg des Klienten, die in der Vergangenheit stattgefunden haben und in der Zukunft noch stattfinden werden.

Ich bleibe auf der linken Seite des Bildschirms – lese die Aura, bewerte die Energie, prüfe die Zeitleisten –, bis ich sehe und fühle, dass sich etwas auf die rechte Seite meines Bildschirms »schiebt«. Die rechte Hälfte des Bildschirms ist noch weiter aufgeteilt, und zwar in eine obere, eine mittlere und eine untere Ebene, und dort sehe ich kleine, aber sehr lebendige Lichtpunkte. Dabei handelt es sich um die Energie unserer Besucher von der anderen Seite. Ich reserviere den oberen Abschnitt des rechten Bildschirmteils für die Lieben mütterlicherseits und den unteren rechten Abschnitt für die von der Seite des Vaters. Freunde, Cousins und Cousinen sowie Kameraden und Kollegen erscheinen in der Regel eher in der Mitte.

Sobald die Lichtpunkte auftauchen, zeigen sie mir oft Buchstaben, Worte, Namen und Bilder. Ich greife diese Hinweise auf, stelle fest, woher sie kommen, interpretiere sie, so gut ich kann, und gebe sie an den Klienten weiter. Ich kann die Besucher auch »hören«, was als Hellhörigkeit bezeichnet wird, aber dieses Hören betrifft nichts, was von außen kommt. Es findet im Inneren statt und ist vergleichbar mit dem »Hören« eines Gedankens.

Zusätzlich zu meinem Bildschirm bedient sich die andere Seite auch meines physischen Körpers, um Informationen zu vermitteln. Das wird Hellfühlen genannt. Während eines Readings habe ich tatsächlich Gefühlsempfindungen: Druck, Stauungen, Schmerzen. Ich spüre vielleicht eine Schwere auf der Brust, als ob jemand auf mir sitzt, oder mir bleibt kurz die Luft weg, oder ich spüre einen plötzlichen Ruck in der Brust oder ein Brennen. Es kann auch vorkommen, dass ich Rauch rieche, Wärme spüre oder Dutzende von anderen Empfindungen erlebe, die ich alle entschlüssele und ganz bestimmten Situationen zuordne. Ich kann sagen, welcher Empfindung sich die andere Seite bedient, um beispielsweise einen Herzinfarkt zu vermitteln (den plötzlichen Ruck), und welcher für ein längerfristiges Herzversagen (das Gefühl, dass sich meine Lunge mit Flüssigkeit füllt). Diese Gefühle gehören zum Vokabular eines Readings.

Vielleicht braucht die Lehrerin in mir so etwas, aber auf jeden Fall hilft mir dieses System der Kommunikation, meine Readings ordentlich und effizient durchzuführen. Ohne ein derartiges System wäre ich Seelen ausgeliefert, die so renitent sein können wie Schüler an einem Freitagnachmittag. Und obwohl ich mein gut organisiertes System habe, sind sie es manchmal trotzdem! Ich sage meinen Klienten, dass jede Lesung anders ist, weil auch die Freunde und Verwandten auf der anderen Seite immer andere sind. In manchen Readings tauchen die Lieben von der anderen Seite einzeln auf, teilen mit, was sie zu sagen haben, und lassen dann den Nächsten sprechen. Zu anderen Zeiten gleicht ihr Auftritt eher einem übersinnlichen Gerangel, bei dem jeder jeden unterbricht und man sich ständig ins Wort fällt. Wie auch immer sie durchkommen, sie scheinen stets froh, meine Aufmerksamkeit zu erhalten – und natürlich die Aufmerksamkeit des Klienten.

Sie fragen sich vielleicht, woher die Seelen auf der anderen Seite wissen, wie sie meinen Bildschirm oder meinen Körper nutzen können oder wie sie mich überhaupt finden. Meine Antwort lautet: Sie wissen es einfach. Wir sind alle durch Lichtschnüre mit allen verbunden, die wir je geliebt haben. Diese Schnüre reißen nie ab. Stellen Sie sie sich wie Angelleinen der Liebe vor. Wenn Sie an dem einen Ende ziehen, ist dieser Zug am anderen Ende spürbar. Und die auf der anderen Seite sind immer auf der Suche nach Öffnungen zwischen den Welten. Sie können das Portal, das sie brauchen, ausfindig machen.

Das Wichtigste, was ein Klient wissen muss, ist, dass er kein Medium braucht, um mit seinen verstorbenen Lieben zu kommunizieren. Wenn wir unseren Geist und unser Herz öffnen, werden wir die Zeichen und Botschaften mitbekommen, die sie uns senden, damit wir ihre Anwesenheit in unserem täglichen Leben spüren.

*** 14 ***

Lieben und Vergeben

Nachdem ich mein System der Kommunikation mit der anderen Seite eingeführt hatte, wurden meine Readings sehr viel klarer und kraftvoller. Eines dieser Readings machte ich für eine Frau mittleren Alters namens Joann. Sie hatte über einen Freund von mir gehört und kontaktierte mich wegen eines Readings. Es war das erste ihres Lebens.

Kaum hatte ich sie am Telefon, kam ihr Vater durch. Er sagte mir, er sei vor dreißig Jahren gestorben. Er hatte Selbstmord begangen. Er entschuldigte sich bei Joann und erklärte, er sei nicht bei klarem Verstand gewesen, als er das getan habe. Joann sagte, sie wisse, dass dies wahr sei. Sie habe es verstanden und ihrem Vater schon vor Jahren vergeben.

Dann zeigte mir ihr Vater ein kleines Tier, ein winziges Kätzchen. Das Kätzchen saß zu seinen Füßen. Joanns Vater sagte, es sei wichtig für seine Tochter, dies zu wissen.

»Joann, das klingt jetzt vielleicht seltsam, aber Ihr Vater zeigt mir ein kleines Kätzchen, das bei ihm ist, und sagt, es sei sehr wichtig, dass Sie wissen, dass es dem Kätzchen gut geht.«

Joann schwieg. Es dauerte eine ganze Weile, bis sie wieder sprach.

»Ich weiß genau, wovon er spricht«, sagte sie. »Ich habe noch nie mit jemandem darüber gesprochen, aber ich werde es Ihnen erzählen.«

Als Joann ein kleines Mädchen war, hatte sei von jemandem gehört, dass Katzen immer auf ihren Füßen landen. Sie wollte selbst sehen, ob das stimmt. Also nahm sie das Familienkätzchen, ein winziges Ding namens Bristle, trug es zu einem offenen Fenster der Wohnung im fünften Stock und ließ es hinausfallen. Das Kätzchen landete auf dem Bürgersteig und war sofort tot.

Weil sie das getan hatte, trug Joann ein tiefes, quälendes Schuldgefühl durch die nächsten fünfzig Jahre mit sich herum. Es war ihr in der ganzen Zeit nicht gelungen, ihre innerste Überzeugung abzuschütteln, dass sie ein furchtbarer Mensch war. Sie konnte sich nicht verzeihen, dass sie das Kätzchen getötet hatte, und deswegen war ihr Leben härter und dunkler, als es hätte sein müssen.

Jetzt, im Reading, kam ihr Vater durch und sagte ihr: *Lass es los. Leg es ab. Das Schuldgefühl, das du da mit dir herumträgst, gehört nicht zu dir. Vergib dir selbst und lass es los.*

Der Austausch zwischen Joann und ihrem Vater war sehr bewegend, sowohl für Joann als auch für mich. Nach dieser Sitzung begann Joann mit dem Prozess des Loslassens ihrer Schuldgefühle. Sie verbrachte immer weniger Zeit damit, über ihre Fehler nachzudenken. Im Laufe der Zeit änderte sich ihre grundlegende Ansicht über sich selbst. Während sie sich bisher für eine schreckliche, gefühllose Person gehalten hatte, sah sie sich immer mehr als jemand der freundlich, liebevoll und gut ist. Sie schlug den Weg des Lichts ein und verwandelte sich in eine klarere, bessere Version ihrer selbst.

Unsere Fähigkeit, zu lieben und zu vergeben – die Fehlbarkeiten anderer und unsere eigenen zu akzeptieren –, ist unsere größte Stärke. Die andere Seite hat mir das während Joanns Reading gezeigt. Dies ist eine wichtige Lektion für uns alle, weil Liebe und Vergebung Konstanten sind. Es wird immer jemanden in unserem Leben geben, der Vergebung braucht. Und manchmal sind Sie selbst diese Person.

Ja, wir können auch ohne Vergebung weiterleben, und oft tun wir auch genau das. Wir sagen »Ich werde ihm nie verzeihen, was er mir angetan hat« und pflegen über Jahre, vielleicht sogar über Jahrzehnte einen entsprechenden Groll, manchmal auch noch über den Tod der Person hinaus. Manchmal begleitet uns die Unfähigkeit zu vergeben bis ins Jenseits – bis wir erkennen, dass unsere Beziehungen über dieses Leben hinaus bestehen bleiben und das Bedürfnis nach Vergebung nie erlischt. Wenn wir diese Lektion nicht lernen, können wir den wahren Weg des Lichts nicht gehen und nicht zu unserem besten und wahrsten Selbst gelangen.

Doch hier kommt die schönste Nachricht: Es ist nie zu spät zu vergeben. Und es ist nie zu spät, um Vergebung zu bitten.

Joanns Reading hat mich gelehrt, dass alles, was die andere Seite tut, aus Liebe geschieht. Liebe ist die Währung des Jenseits. Und wenn wir nicht um Vergebung bitten, werden diejenigen, die auf der anderen Seite sind, eine Möglichkeit finden, uns dennoch zu vergeben – genau wie Joanns Vater es getan hat.

Wir brauchen kein Reading durch ein übersinnliches Medium, um Vergebung von der anderen Seite zu erlangen. Wir müssen lediglich darum bitten. Sie können Ihre Lieben auf der anderen Seite erreichen, indem Sie Ihre Gedanken auf sie projizieren. Wenn Sie Vergebung auf die andere Seite projizieren, wird diese Botschaft auf jeden Fall bei dem geliebten Menschen ankommen. Alles, was Sie tun müssen, um einem lieben Menschen, den Sie verloren haben, zu vergeben, ist, selbst zu vergeben. Und alles, was Sie tun müssen, um Vergebung zu erlangen, ist, darum zu bitten. Vergebung – ob wir sie brauchen oder geben – ist ein wunderbares Geschenk. Ich habe gesehen, wie die Vergebung Joanns Leben verändert hat. Die Vergebung hat sie geheilt.

* * *

Ein weiteres meiner frühen Readings hat mich ebenfalls viel über die Macht der Vergebung gelehrt. Barb, eine Frau um die fünfzig, hatte auch über eine Freundin von mir gehört. Barb rief mich von ihrer Küche in Pennsylvania aus an, und während des gesamten Readings konnte ich hören, wie sie etwas von dem, was ich sagte, an ihren Mann, Tony, weitergab, der offenbar in der Nähe war.

»Er glaubt das alles nicht«, teilte mir Barb mit. »Er denkt, wenn man stirbt, dann war's das. Man wird begraben und ist weg. Aber ich möchte trotzdem, dass Sie mit ihm sprechen.« Und bevor ich protestieren konnte, reichte sie das Telefon an Tony weiter.

Na toll, dachte ich. *Wie soll das funktionieren? Wird die andere Seite auch für einen Skeptiker durchkommen?*

Tony knurrte ein mürrisches Hallo und ließ mich damit wissen, dass er nicht vorhatte, mir irgendwas abzukaufen.

Ich atmete tief durch und wartete, dass jemand für ihn durchkam. Und dann kam auch jemand durch: sein Vater. Der sagte mir, sein Name sei Robert, und er habe eine wichtige Nachricht für seinen Sohn.

»Ihr Vater ist da und möchte Ihnen etwas sehr Wichtiges mitteilen«, sagte ich zu Tony. »Und es ist sehr wichtig, dass ich das richtig verstehe und richtig weitergebe. Ihr Vater möchte, dass ich Ihnen mitteile, dass ihm das mit dem Gürtel sehr leid tut.«

Am anderen Ende der Leitung sagte Tony – gar nichts. Ich machte weiter.

»Ihr Vater möchte Sie wissen lassen, dass er, als er auf dem Weg ins Jenseits auf sein Leben zurückblickte, verstanden hat, was Sie damals getan haben, und dass ihm sehr leid tut, wie er sich mit dem Gürtel verhalten hat«, sagte ich. »Er bittet Sie um Vergebung. Er möchte, dass Sie ihm vergeben.«

Ich hörte Tony leise weinen.

Sein Vater zeigte mir mehr. Er zeigte mir ein Ereignis mithilfe von etwas, was ich als »Filmausschnitt« in meinem Kopf bezeichnen würde. Ich sah den jungen Tony auf seinem Bett sitzen. Die Tür zu seinem Zimmer war geschlossen. Ich sah, dass er einen Gürtel in der Hand hatte, der ihm offenbar viel bedeutete. Diese Bilder gab ich an Tony weiter, der sich wieder gefangen hatte und mir jetzt die ganze Geschichte erzählte – eine Geschichte, die er noch nie jemandem erzählt hatte.

Als Tony sieben Jahre alt war, ging er in einer kalten Dezembernacht zu einem Pfadfindertreffen. Bei diesem Treffen hatte er ein Bastelpaket für einen Ledergürtel bekommen. Er war sehr aufgeregt, weil er die großartige Idee hatte, seinem Vater zu Weihnachten einen Ledergürtel zu basteln.

Bei dem Treffen hatte er schon angefangen, den Gürtel zu bearbeiten. Er hatte Ornamente eingraviert, Löcher eingestanzt, die Gürtelschnalle befestigt. Dann trug er den halbfertigen Gürtel in der Manteltasche nach Hause, um daran weiterzuarbeiten. Er ging direkt in sein Zimmer und machte sich an die Arbeit. In seiner Begeisterung vergaß Tony, den Müll rauszubringen, was seine allabendliche Aufgabe war.

Es war nicht das erste Mal, dass Tony vergessen hatte, den Müll rauszubringen. Sein Vater war dann immer ziemlich wütend, aber an diesem Abend stürmte Tonys Vater zu seinem Zimmer und riss wutentbrannt die Tür auf.

Er sah den Gürtel, schnappte ihn und schlug seinen Sohn damit. Es war nur ein kurzer Schlag. Er dauerte nur ein paar Sekunden, aber in diesen paar Sekunden wurde etwas sehr Heiliges zwischen Tony und seinem Vater zerstört.

»Ich habe ihm den Gürtel nie gegeben«, sagte Tony. »Ich habe ihm nicht einmal etwas davon erzählt. Ich habe nie jemandem etwas davon erzählt. Aber es hat mich all die Jahre sehr traurig gemacht. Ich hatte immer das Gefühl, ihn in irgendeiner Weise enttäuscht zu haben.«

Tonys Vater kam wieder durch.

»Nein!« sagte ich zu Tony. »Ihr Vater möchte Sie wissen lassen, dass er es war, der *Sie* enttäuscht und im Stich gelassen hat. Er sagt, dass er die Situation damals einfach nicht verstanden hat. Aber jetzt versteht er sie. Und es tut ihm sehr leid. Er bittet Sie um Vergebung. Er möchte Sie wissen lassen, wie sehr er Sie liebt und was für ein wunderbarer Sohn Sie immer waren.«

Ich konnte die Tränen kaum zurückhalten – aber nicht wegen dieser rührenden Geschichte. Ich hatte gerade ein wunderschönes Licht zwischen Tony und seinem Vater gesehen. Tony hatte diese Verletzung sein ganzes Leben mit sich herumgetragen, und jetzt spürte ich, wie er sie loslassen konnte. Ich wurde Zeugin einer großen Heilung zwischen einem Vater und seinem Sohn – nach dem Tod des Vaters.

»Es ist okay, Dad!«, sagte er, und seine Stimme brach vor Rührung. »Es ist okay! Bitte sagen Sie meinem Vater, dass alles in Ordnung ist.«

»Sie brauchen mich nicht, um ihm das zu sagen«, antwortete ich. »Sie können es ihm selbst sagen. Er ist die ganze Zeit bei Ihnen. Er ist immer ganz in Ihrer Nähe. Sagen Sie einfach, was Sie sagen müssen. Er kann Sie hören.«

Tony gab seiner Frau das Telefon zurück. Ich konnte ihn im Hintergrund hören.

»Es ist okay, Dad«, sagte Tony immer wieder. »Es ist okay, es ist okay, es ist okay.«

Aus diesem Reading habe ich mitgenommen, dass die Schnüre des Lichts, die uns mit denen verbinden, die wir lieben, nie abreißen, nicht einmal wenn wir sterben. Sie fransen noch nicht einmal aus, sondern können sogar noch verstärkt werden. Während meiner Readings für Tony und Joann habe ich gesehen, wie Beziehungen selbst nach dem Tod eines Beteiligten weiter wachsen können. Tonys Vater verstand die Dinge in einer Weise, wie er sie niemals hätte verstehen können, als er noch auf der Erde war. Ich erkannte, dass unsere Gedanken und Taten auf der anderen Seite eine große Rolle spielen – dass wir denen, die dort sind, mit unserer Liebe und unserem Verständnis helfen können, weiter zu wachsen.

*** 15 ***

Was zu einem gehört

Mit jedem Reading lernte ich mehr. Obwohl viele Menschen, die zu mir kamen, in ihrem Leben am Scheideweg standen und sich nicht sicher waren, welchen Weg sie einschlagen sollten, war mir klar, dass es nicht meine Aufgabe war, ihnen irgendwelche Ratschläge zu geben. Die andere Seite sendet uns Signale, die uns helfen können, selbst die richtige Entscheidung zu treffen.

Als ich Mary Steffey begegnete, wusste ich gleich, dass sie eine ganz besondere Seele war. Sie war Pflegemutter für benachteiligte Kinder. Ich hatte schon einmal ein Reading für sie gemacht, aber sie wollte noch ein zweites, weil sie vor einer sehr wichtigen Entscheidung stand: ob sie ein kleines Mädchen namens Aly, das sie betreut hatte, adoptieren solle. Sofort bei Beginn unseres Readings kam Mary auf den Punkt.

»Werde ich meiner Tochter Mariah schaden, wenn ich Aly adoptiere?«, fragte sie.

Ich bekam keine klare Antwort. Stattdessen sah ich Marys Aura. Sie war violett, was mir sagte, dass sie eine fortgeschrittene Seele war, die sich in diesem Leben aufhielt, um anderen Seelen zu helfen. Aber unmittelbar um Marys strahlend violette Aura schwebte eine schwarze Schicht.

»Diese Schwärze bedeutet, dass Sie sich gefangen fühlen«, sagte ich zu Mary. »Sie versiegelt Ihre Energie. Das bedeutet nicht, dass Sie ein schlechtes Leben haben werden. Es bedeutet nur, dass Sie ein Leben haben werden, das nicht einfach ist.«

Dann rückte die Angelegenheit mit Aly klarer ins Blickfeld.

»Die andere Seite drängt Aly von ihrer biologischen Familie weg«, sagte ich. »Aly ist dem Tod schon einmal von der Schippe gesprungen, weil sie vernachlässigt wurde. Wenn ich nun nach vorn schaue, sehe ich eine ganze Reihe von Möglichkeiten. Ich sehe verschiedene Türen, verschiedene Ergebnisse. Es gibt mehr als ein mögliches Ergebnis. Und es gibt noch eine andere Familie, die Aly nehmen könnte.«

Von einer früheren Sitzung kannte ich einige Details aus Marys Leben. Es war ihr Lebenstraum gewesen, Mutter zu sein. Sie wurde Sozialarbeiterin, damit sie Kinder um sich haben konnte – vor allem schwierige Kinder. Sie heiratete – ihr Mann, Tandy, ist Brunnenbauer und macht auch Umweltarbeit – und wurde schwanger. Aber im vierten Monat verlor sie ihr Baby. Sie versuchte es wieder und verlor auch dieses Baby. Während einer Schwangerschaft wachte sie nachts voller Qual auf und musste schnell ins Krankenhaus gebracht werden. »Sie hatten Glück«, sagte ein Arzt. »Ein paar Minuten später, und Sie hätten es nicht mehr geschafft.« Aber Mary war nicht glücklich. Insgesamt hatte sie sechs gescheiterte Schwangerschaften hinter sich.

Schweren Herzens verabschiedete sie sich von ihrem Wunsch, Mutter – ja, sogar Pflegemutter – zu werden. Sie glaubte nicht, dass sie ohne ein eigenes Baby emotional in der Lage wäre, ein Kind in Pflege zu nehmen, das wahrscheinlich irgendwann zu seiner biologischen Familie zurückgeschickt werden würde. Das wäre zu hart. Stattdessen eröffnete Mary eine kleine Hundepension und umgab sich mit Hunden. Sie änderte ihre Prioritäten und vergaß ihren Traum.

Dann, eines Morgens, wachte sie auf und fühlte sich nicht wohl. Sofort wusste sie, dass sie wieder schwanger war. Die Schwangerschaft war schwierig – alles ging schief. Sepsis, Bluthochdruck, zwei Krankenhauseinweisungen. Vier lange Monate musste Mary strenge Bettruhe einhalten. Aber sie verlor die Hoffnung nicht. Sie suchte sogar schon einen Namen für ihr Baby aus: Mariah. Der Name ging auf einen Ausspruch von Marys Tante Mimi zurück. »Immer, wenn es stürmte, pflegte Mimi zu sagen: ›Wenn der Wind so stark bläst, steht Mariah vor der Tür.‹ So wollte ich mein Kind nennen.«

Eine Woche nach ihrem neununddreißigsten Geburtstag setzten bei Mary frühzeitig die Wehen ein. Sobald das Baby geboren war, nahm eine Schwester es mit. Mary wartete auf Mitteilungen über den Zustand des Babys. War es stark und gesund? Wog es mindestens zweieinhalb oder drei Kilo? Es dauerte nicht lange, bis eine Schwester mit der ersehnten Nachricht zurückkam. Mariah wog nicht zweieinhalb oder drei Kilo oder gar dreieinhalb Kilo.

Mariah wog 4,8 Kilo. Und sie war stark.

Das Wunder von Mariahs Geburt gab Mary die Kraft, auch ihren anderen Traum wieder aufleben zu lassen – den Traum, Pflegemutter zu sein.

* * *

»Aber was ist mit Mariah?«, fragte Mary mich während unserer Sitzung. »Werde ich ihr schaden, indem ich Aly adoptiere?«

»Nichts geschieht ohne Grund«, sagte ich. »Aly wird Mariah auf vielfältige Weise verändern. Nicht unbedingt auf negative, sondern einfach nur auf schwierige Weise. Aber das heißt nicht, dass es eine schlechte Sache ist. Es wird nur nicht ganz leicht. Aly wird eine ständige Herausforderung für Mariah sein, aber ich sehe, dass Mariah eine bemerkenswerte Seele hat. Und was auch passiert, Mariahs Seele wird singen. Sie wird immer singen.«

Mary begann ihre Karriere als Pflegemutter, indem sie Entlastungspflege anbot. Das heißt, sie nahm kurzfristig Kinder in ihrem ländlichen Zuhause in Pennsylvania auf, um deren regulären Pflegeeltern eine Auszeit zu ermöglichen. Mary nahm nie Säuglinge oder Kleinkinder auf, denn die waren leicht unterzubringen. Mary nahm Teenager. Die Teenager waren in der Regel wütend und in sich gekehrt oder missmutig und unmöglich im Umgang. Doch wie wütend ein Kind auch war, Mary war in der Lage, seine wütende Fassade zu durchschauen und die Wunde dahinter zu erkennen. Sie sah das Gute und Verletzliche in jedem Kind.

»Teenager wissen noch nicht, wo sie hingehören und wo sie hinpassen«, sagte sie. »Gerade diese Kinder, die keine eigene Familie haben, die abgelehnt oder verlassen oder weggegeben wurden. Manchmal verhalten sie sich, als seien sie schlecht, aber sie sind nicht wirklich schlecht. Sie testen einfach ihre Grenzen aus.«

Eines Tages bekam Mary einen Anruf von einer Sozialarbeiterin beim Jugendamt.

»Wir haben ein Kind und hoffen, dass Sie es nehmen können«, sagte die Sozialarbeiterin. »Wir brauchen nur eine Betreuung für zwei Wochen, bis wir eine dauerhafte Lösung gefunden haben.«

»Wo ist das Kind jetzt?«, fragte Mary.

»Hier in einem Büro. Wir haben es eingesperrt.«

»Eingesperrt? Warum?«

»Weil es alle gebissen hat.«

Das Kind, ein Mädchen, war drei Jahre alt. Ihr Name war Aly. Sie war Opfer schlimmster Misshandlungen geworden. Als ihre Familie aufgrund von häuslicher Gewalt zerbrach, hatten Aly und ihre Mutter mehrere Monate auf der Straße gelebt. Sie hatten in Notunterkünften Schutz gefunden, aber nie lange, weil sie aufgrund von Alys aggressivem Verhalten immer wieder rausgeflogen waren. Sie biss, kratzte und schlug um sich. Einmal hatte sie eine Betreuerin durchs ganze Zimmer gescheucht und dabei geknurrt wie ein wildes Tier.

Sie hatte außerdem eine Störung, die sie zwang, auf allem herumzukauen, was sie in die Finger bekam: Nägel, Bleistifte, Kugelschreiber, ja, sogar Müll. Sie war auch dafür bekannt, dass sie Erwachsene ständig unsittlich berührte. Obwohl sie schon fast vier war, sprach sie nicht – kein einziges Wort. Die Sozialarbeiter, die mit ihrem Fall vertraut waren, verglichen sie mit einem Kind, das in der Wildnis aufgewachsen war. In ihrer Akte wurde sie fast auf jeder Seite als »animalisch« bezeichnet.

»Mary, ich muss Ihnen leider sagen«, warnte die Sozialarbeiterin, »dass Aly einer der schlimmsten Fälle ist, die ich je gehabt habe.«

Für Mary war dies keineswegs der ideale Zeitpunkt, ein weiteres Kind in ihr Haus aufzunehmen. Sie war erst kürzlich gestürzt und hatte sich einen Knöchel gebrochen. Sie hatte außerdem alle Hände voll mit Mariah zu tun, die mittlerweile sieben war und bei der kürzlich ein Aufmerksamkeitsdefizitsyndrom (ADS) und eine sensorische Verarbeitungsstörung diagnostiziert worden waren. Alle möglichen Sinnesreize – helles Licht, laute Geräusche, eine ungewohnte Naht in der Socke – konnten Mariah völlig aus der Fassung bringen und bewirken, dass sie durchs ganze Haus sprang oder zwanghaft wurde. Diesem Mix ein schwieriges Kind hinzuzufügen, schien Mariah, Marys Mann und sogar Mary selbst gegenüber nicht fair. Sie hatte jeden Grund der Welt, Nein zu sagen.

Stattdessen sagte sie Ja.

Mary erzählte mir von ihrer ersten Begegnung mit Aly. Sie stand mit Mariah auf ihrer Veranda und beobachtete, wie ein blauer Jeep Cherokee vorfuhr. Eine der hinteren Türen ging auf, und eine Sozialarbeiterin stieg aus. Sie hatte ein Kind mit wilden blonden Locken auf dem Arm. Das kleine Mädchen trug abgewetzte Turnschuhe, die ihr viel zu klein waren, ein übergroßes, schmutzig weißes T-Shirt und schäbige Shorts. Das Kind sah aus, als schlafe es, aber wahrscheinlicher war, dass man ihm ein Beruhigungsmittel gegeben hatte.

Die Sozialarbeiterin trug Aly auf die Veranda und legte sie in einen Korbsessel. Mary fragte, ob sie noch andere Sachen zum Anziehen habe.

»Nein, das ist alles«, sagte die Sozialarbeiterin.

Langsam öffnete Aly die Augen. Ihr Blick war leer.

»Sie sieht aus wie ein Kriegsopfer«, flüsterte Mariah.

Mary schaute zu, wie die Sozialarbeiterin wieder wegfuhr. Aly war jetzt ihr Problem. Sie nahm ihren ganzen Mut zusammen und machte einen Schritt auf das Kind zu. Aly schaute mit stumpfem, leerem Blick zu ihr auf.

»Hallo, Aly«, sagte Mary. »Das ist meine Tochter, Mariah.«

Mariah winkte ihr ein wenig zu. Aly zeigte keine Reaktion. Dann sagte Mary: »Und ich bin…«

Doch bevor sie ihren Satz zu Ende sprechen konnte, bevor sie auch nur ihren Namen sagen konnte, machte Aly etwas sehr Seltsames. Sie hob die rechte Hand, streckte den Zeigefinger aus, legte den Finger an ihre Schläfe und richtete ihn dann direkt auf Mary.

Dann sagte Aly: »Mama.«

Nichts in Marys Leben hatte sie auf Aly vorbereitet; darauf, wie wild und wütend und zerstörerisch und unberechenbar und still – immer unheimlich still – sie sein konnte.

Als Mary zum ersten Mal beide Kinder im Auto mitnahm, schnappte sich Aly das Metallschloss eines nicht automatischen Sicherheitsgurts und warf es Mariah ins Gesicht. Ein paar Tage später warf Aly ein schnurloses Telefon nach Mariah und traf sie wieder ins Gesicht. Beim Anblick von Mariahs blauem Auge und ihrer geschwollenen Nase kamen Mary die Tränen. An einem anderen Tag erwischte Mary Aly dabei, wie sie den Dreck aus dem Profil ihrer Turnschuhe kratzte und aufaß. Am Esstisch packte Aly das Essen mit beiden Händen und schob es sich in den Mund. Wenn Mary Aly in den Kindergarten brachte, hörte sie, wie die anderen Kinder sagten: »O nein, da kommt Aly.« Das brach ihr jedes Mal das Herz.

»Wann holt ihre Mutter sie wieder ab?«, fragte Mariah. »Bitte, Mama, schick sie nach Hause. Sie ist so gemein.«

Aly an die Kinder- und Jugendhilfe zurückzugeben, wäre die einfachste, vielleicht sogar die klügste Lösung gewesen. Dennoch beschloss Mary, Aly über die ursprünglich vereinbarten zwei Wochen hinaus zu behalten. Schon bald wurde Mary von den mit dem Fall befassten Sozialarbeitern gebeten, Aly zu adoptieren. Sie konnten keine Familie finden, die bereit gewesen wäre, sie zu nehmen. Doch was war mit Mariah? Konnte Mary Aly helfen, ohne ihre eigene Tochter zuschädigen? Das schien unmöglich. Wochenlang quälte sich Mary mit ihrer Entscheidung.

Schließlich sagte eine Sozialarbeiterin zu Mary, sie müsse sich entscheiden. »Wir müssen eine Zuhause für Aly finden, und zwar sofort«, sagte sie.

»Ich brauche mehr Zeit«, sagte Mary.

»Wir haben keine Zeit mehr. Wir müssen sie jetzt unterbringen.«

»Gut, dann tun Sie, was Sie tun müssen«, sagte Mary mit tränenerstickter Stimme. »Geben Sie sie in eine andere Familie.«

An nächsten Tag kam ein Paar um die vierzig in Marys Haus und verbrachte den Tag mit Aly. Mary wusste, was es bedeutete, dieser Familie die Chance zu geben, Aly zu adoptieren. Dadurch verlor sie vielleicht selbst diese Möglichkeit. Seit Aly sie Mama genannt hatte, fühlte sich Mary zu dem Kind hingezogen. Und mehr noch, sie fühlte sich für das Wohl des Mädchens verantwortlich. Aber sie musste an Mariah denken.

Mary beobachtete, wie die beiden Aly in ihr Auto setzten und mit ihr wegfuhren. Dann ging sie in ihr Schlafzimmer, zog die Vorhänge zu, legte sich aufs Bette und weinte.

Ein paar Stunden später hörte Mary, wie das Auto wieder in ihre Einfahrt fuhr. Sie beobachtete von ihrer Veranda aus, wie die Frau mit Aly auf dem Arm aus dem Auto stieg. Aly schlug um sich, strampelte und versuchte, sich aus den Armen der Frau zu winden. Mary war klar, was hier los war: Aly kämpfte, weil sie zu ihr zurückwollte. Mary ging die Verandatreppe hinunter, und Aly warf sich ihr in die Arme. In diesem Moment tauchte ein klarer und mächtiger Gedanke in Marys Geist auf: *Dieses Kind gehört zu mir.*

»Wir hatten eine sehr nette Zeit miteinander«, berichtete die Frau. »Wir waren im Schwimmbad und sind alle schwimmen gegangen. Aly hat es Spaß gemacht.«

Aber Mary hörte kaum zu. Sie wusste, was sie tun musste. Aly umklammerte ihre Beine. Aber die Gewissheit machte ihr die Entscheidung nicht einfacher.

»Mama, warum wollen wir Aly behalten?« fragte Mariah. »Du, ich und Papa sind doch ein tolles Dreieck.«

»Ja«, antwortete Mary, »aber wir könnten ein wirklich toller Diamant sein.«

Mary hatte sich angesichts einer wichtigen Entscheidung in ihrem Leben noch nie so sicher und gleichzeitig so unsicher gefühlt. Deswegen rief sie mich an.

* * *

»Die andere Seite kann Ihnen keinen Rat zu Aly geben«, sagte ich Mary im Rahmen unseres Readings. »Diese Entscheidung ist Teil Ihrer Seelenprüfung. Es ist an Ihnen, sie zu treffen. Es geht darum, dass Sie Ihren wahren Weg und Ihre Bestimmung im Leben selbst entdecken. Sie entscheiden, was als Nächstes passiert.«

Ich wusste, dass Mary das nicht hatte hören wollen. Ich wusste, dass sie auf eine klare Anweisung gehofft hatte.

Während des Readings und bevor Mary es mir gesagt hatte, hatte die andere Seite mir bereits gezeigt, dass ein anderes Paar bereit war, Aly aufzunehmen. »Sie haben keine eigenen Kinder, und sie sind bereit, sie zu adoptieren«, sagte ich zu Mary. »Es besteht bereits eine Verbindung. Ich sehe, dass Sie dieser anderen Familie eine Chance gegeben haben. Sie haben die Entscheidung getroffen, Aly gehen zu lassen, und es war eine schmerzliche Entscheidung, weil es eine Möglichkeit in einer Reihe von vielen Möglichkeiten ist. Aly könnte auch woanders landen. Ihr stehen viele Türen offen, aber hinter manchen davon liegt kein guter Weg.«

Es gab keine Antworten für Mary, aber die andere Seite versuchte sie in ihrem Kummer zu trösten.

»Es sollte Ihnen klar sein«, sagte ich, »dass, was immer auch geschieht, Sie Aly schon sehr viel gegeben haben. Sie hatten bereits einen großen Einfluss auf ihr Leben.«

»Aber was ist mit Mariah?«, fragte Mary.

Ich lauschte angestrengt, und dann sprudelten die Worte nur so aus mir hervor. »Auf Ihrem weiteren Weg sollte Sie sich von der Liebe leiten lassen. Es wird nur einen einzigen Wegweiser geben, der Sie weiterbringt: die Liebe. Lassen Sie sich bei Ihrer Entscheidung von der Liebe leiten, nicht von der Angst. Lassen Sie sich immer nur von der Liebe leiten.«

* * *

Heute, fast zehn Jahre nach diesem Reading, ist das Leben in Marys Haus in Pennsylvania chaotischer als je zuvor.

Seit 2005 hat sie fünf Kinder mit besonderen Bedürfnissen adoptiert. Eines davon ist bereits drogensüchtig auf die Welt gekommen. Ein anderes wurde zunächst von Pflegeeltern aufgenommen, dann aber wieder ans Jugendamt zurückgeschickt. Noch ein anderes wurde schwer missbraucht. Alle waren jahrelang von einer Pflegefamilie zur nächsten geschubst worden und schließlich bei Mary gelandet.

Wenn Mary über sie spricht, dann geschieht das immer mit viel Liebe und Hochachtung für die Fortschritte, die sie gemacht haben. Als sie diese Kinder kennengelernt habe, seien sie »die Schlimmsten der Schlimmen« gewesen, sagt sie. »Wenn sie nicht hier wären, wären sie vermutlich in irgendwelchen Krankenhäusern, Gefängnissen, Psychiatrien oder tot. Neben ihnen wirkt Aly wie jemand, der nie ein Problem hatte. Aber ich liebe sie alle sehr und unterrichte sie zu Hause. Wir haben unser eigenes, ganz besonderes kleines Klassenzimmer. Unser kleines Utopia. Einmal war die Jüngste sehr wütend über irgendetwas und schrie: ›Ich will hier weg.‹ Und ich sagte: ›Du kannst hier nicht weg, du bist ein Teil dieser Familie. Wir gehören für immer zusammen.‹«

Mary erzieht die Kinder nicht allein. Sie hat natürlich ihren wunderbaren Ehemann, und sie hat Mariah, die zu einer schönen, sensiblen, hilfsbereiten jungen Frau herangewachsen ist, die ihre adoptierten Schwestern liebt und zu ihrer Erziehung beiträgt.

Und Mary hat noch eine ganz besondere Helferin für alle in Haus und Garten anfallenden Arbeiten: Aly, ihre andere Tochter.

* * *

Damals, 2005 nach unserer Sitzung, beschloss Mary, Aly zu adoptieren.

»Es war eine der schwersten Entscheidungen meines Lebens, aber auch eine der besten«, berichtete sie. »Aly hat sich zu einer sehr liebevollen Person entwickelt. Sie hat zwar noch Schwierigkeiten mit der Artikulation und anderen Dingen, aber sie ist durchaus in der Lage, das aufzunehmen, was sie aufnehmen muss, um sich in ihrem Leben sicher zu fühlen. Als ich sie bekommen habe, konnte sie noch nicht einmal sprechen, geschweige denn lesen. Jetzt liest sie 130 Wörter in der Minute und kann ihre Gefühle zum Ausdruck bringen. Sie macht mit ihren Händen ein Herz und sagt: ›Ich liebe dich, Mama.‹ Sie kuschelt und umarmt sehr gern. Sie ist einer der liebevollsten Menschen, die ich je kennengelernt habe.«

In einem der Gutachten, das über Aly angefertigt worden war, hatte die Sozialarbeiterin geschrieben: »Ich bezweifle, dass ihr noch geholfen werden kann. Sie ist zu stark geschädigt.« Aber Mary sah etwas, was sonst niemand sah. »Ich habe das Licht in Alys Seele gesehen«, sagte sie. »Sie brauchte einfach jemanden, der ihr beibringt, wie man liebt.« Mary und Aly machten eine Bindungstherapie, um alle wichtigen Bindungsmomente, die in Alys Leben gefehlt hatten, neu zu erschaffen.

»Eines Tages kam Aly zu mir und sagte: ›Mammi, ich bin aus deinem Bauch gekommen, oder?‹«, erinnert sich Mary. »Ich sagte: ›Was glaubst du?‹ Aly sagte: ›Ich glaube, dass ich aus deinem Bauch gekommen bin.‹ Und ich sagte: okay.‹«

Gemeinsam erschufen Mary und Aly ihre eigene Geschichte als Mutter und Tochter. Sie begann mit Marys Einsicht, dass ihr Weg durchs Leben nicht gerade der einfache Weg war. »Ich wusste, dass ich Aly behalten wollte und dass ich sie auch behalten sollte, aber ich wollte sie nicht behalten, wenn das bedeutete, dass ich Mariah verletzen würde«, sagte Mary. Aber ihr Entschluss, Aly zu behalten, erwies sich letztendlich auch als Segen für Mariah.

»Durch Aly und meine anderen Schwestern hat sich mein ganzes Leben verändert«, sagt Mariah heute. »Ich habe so viel von ihnen gelernt. Ich sehe jetzt, wie sehr sie mich lieben und wie rein, bedingungslos und umfassend ihre Liebe ist. Und das führt dazu, dass ich die Person sein möchte, die meine Schwestern in mir sehen. Es führt dazu, dass ich mich ihrer Liebe als würdig erweisen möchte.«

Mariah möchte eine Ausbildung zur Ergotherapeutin machen, damit sie Kindern wie Aly helfen kann.

Im Nachhinein ist Mary Steffey klar, dass starke Kräfte am Werk waren, als sie damals die Entscheidung traf, Alys Mutter zu werden. Liebe war der Schlüssel für ihre Entscheidung. »Die Liebe hat mir geholfen, dies alles zu verstehen«, sagte sie. »Nicht nur meine Liebe zu Aly, sondern auch Alys Liebe zu mir. Und Alys Liebe zu Mariah. Seit ich diese Entscheidung getroffen habe, liegt so viel mehr Segen auf meinem Leben.«

*** 16 ***

Forever Family Foundation

In meinem zweiten Berufsjahr als Lehrerin nahm ich eine Stelle an einer Highschool auf Long Island an. Diese Schule hatte etwa 1400 Schüler und rangierte ständig unter den besten privaten Highschools im Bundesstaat New York. An dieser Schule gab es sechzehn Sportmannschaften, zwei Dutzend Kurse auf höchstem akademischem Niveau (Advanced Placement Courses) und sehr erfolgreiche Musik- und Theaterclubs. Ich war sehr gern dort und fühlte mich sofort wie zu Hause.

Als Ergebnis davon wuchs plötzlich mein Selbstvertrauen. Das Gleiche geschah mit meinen Fähigkeiten. Je mehr ich daran arbeitete, desto besser wurde ich. Es war spannend zu sehen, welche Fortschritte ich an beiden Fronten machte. Ich erkannte, dass die beiden Wege, die ich parallel ging, gar nicht so stark voneinander getrennt waren, wie ich gedacht hatte.

Ein übersinnliches Medium zu sein, hat mir geholfen, als Lehrerin zu wachsen. Meine Gabe hat mir geholfen zu verstehen, wie wichtig es ist, die Verbindungen wertzuschätzen, die zwischen mir und meinen Schülern bestehen. Sie ließ mich erkennen, wer sie waren und was sie brauchten.

In der gleichen Weise haben mir meine Erfahrungen als Lehrerin geholfen, meine Gaben zu klären und zu verfeinern. Sie haben mir geholfen zu erkennen, dass es in meinen Readings eher darum geht, Dinge zu lernen, zu hinterfragen und zu erforschen, als darum, Antworten zu geben oder Lösungen anzubieten.

In beiden Leistungsbereichen hatte ich das gleiche Ziel: Menschen zu helfen, ihr wahres Potenzial zu leben. Dennoch achtete ich sehr darauf, diese beiden Aspekte meines Lebens getrennt zu halten. Es ist nicht so, dass ich mich meiner Arbeit als Medium schämte. Ich wollte einfach nicht das Risiko eingehen, meine Stelle als Lehrerin zu verlieren. Ich konnte nicht sicher sein, wie die Leute reagieren würden, und ich befürchtete, dass es meine Schüler möglicherweise irritieren konnte, wenn sie es wussten. Also achtete ich darauf, dass niemand in der Schule meine andere Identität kannte – weder die Schüler noch die anderen Lehrer und schon gar nicht der Direktor.

Zuweilen kamen im Laufe einer Unterhaltung mit einem Kollegen Informationen für diese Person durch. Wenn ich das Gefühl hatte, dass sie mitgeteilt werden mussten, sagte ich sehr vorsichtig so etwas wie: »Ich denke …« oder »Ich habe das Gefühl …« Aber einmal, während ich mich mit Jon unterhielt, einem befreundeten Lehrer, dessen Energie ich sehr mochte, kam eine ganze Flut von Informationen durch. Bevor ich mich's versah, teilte ich sie ihm mit.

»Weißt du, Jon, dein Auto wird bald den Geist aufgeben«, erzählte ich ihm. »Und du wirst dich von deiner Freundin trennen. Aber mach dir keine Sorgen, beides wird zu etwas Besserem führen. Du wirst ein besseres Auto bekommen, und bald wirst du auch ein neues Mädchen kennenlernen. Und dieses neue Mädchen wirst du heiraten.«

Jon bedachte mich mit einem eigenartigen Blick.

»Bist du …?«, fragte er, nachdem er leicht verwirrt innegehalten hatte.

»Ja«, sagte ich, »aber sag es nicht weiter.«

Glücklicherweise war mein Geheimnis bei Jon sicher. Außerdem erwiesen sich die Informationen, die ich ihm gegeben hatte, als richtig. Er und seine damalige Freundin trennten sich, aber kurz danach lernte er ein anderes Mädchen kennen und heiratete sie schließlich. Und sein Auto gab den Geist auf, aber bald fuhr er ein sehr viel besseres. Ich glaube, die andere Seite wollte ihm eine Vorwarnung geben, damit er nicht enttäuscht war, wenn diese scheinbar schlimmen Dinge passierten, sondern verstand, dass dies alles Teil eines größeren Plans war.

* * *

Meine privaten Readings liefen gut, aber ich verspürte den Drang, sie noch zu erweitern. Ich fühlte mich getrieben, so vielen Menschen, wie ich nur konnte, dabei zu helfen, den für sie richtigen Weg durchs Leben klarer zu sehen. Ich wollte sie wissen lassen, dass sie nicht allein sind. Außerdem hatte ich das Bedürfnis, trauernden Menschen zu helfen. Ich wollte ihnen helfen, ihre Trauer zu bewältigen und die Anwesenheit ihrer verstorbenen Lieben in ihrem Leben zu spüren.

Ich hatte von einer Organisation namens Forever Family Foundation (FFF) gehört, die es als ihre Aufgabe betrachtet, »die Kontinuität der Familie zu wahren, auch nachdem eines ihrer Mitglieder die physische Welt verlassen hat«. Sie ist sehr wissenschaftlich orientiert, und ihren Mitgliedern liegt daran, die Erforschung des Jenseits zu fördern. Die Arbeit der FFF ist gemeinnützig, und die von ihr akkreditierten Medien arbeiten alle ehrenamtlich.

Die Organisation wurde von Bob und Phran Ginsberg gegründet. Bob ist ein warmherziger Mann der leisen Töne. Er hat sanfte Augen und ein verschmitztes Lächeln. Phran ist eine hübsche Brünette, die über eine bemerkenswerte innere Kraft verfügt. Sie ist sehr intuitiv und hat gelegentlich selbst ungewöhnliche Erfahrungen gemacht. Beispielsweise sah sie einen Mann, der an seinem Auto herumschraubte, und wusste sofort, was er reparieren musste. Und einmal erzählte sie Bob, sie würde bald ein neues Auto gewinnen, und zwei Tage später gewann sie bei einer Tupperware Rally einen grünen Ford Pinto. Dennoch glaubte sie nie allzu sehr an diese Fähigkeiten.

In einer Nacht im September 2002 erwachte Phran zutiefst erschrocken aus einem intensiven Traum. Später erzählte sie Bob, sie fürchte, an diesem Tag werde noch etwas Schreckliches passieren. »Lass uns mal lieber ein bisschen vorsichtig sein«, sagte sie.

An jenem Abend gingen die Ginsbergs mit ihrem ältesten Sohn Jon und ihrer hübschen fünfzehnjährigen Tochter Bailey zum Abendessen in ein chinesisches Restaurant auf Long Island. Nach dem Essen fuhren Phran und Bob in ihrem Auto nach Hause, während Jon und Bailey in Jons Mazda Miata stiegen. Phran und Bob fuhren einen kleinen Umweg, weil sie noch Milch kaufen wollten. Auf dem Weg nach Hause kamen sie an einem Unfall vorbei.

Auf einer engen, kurvenreichen Straße, die auf der einen Seite von Wasser und auf der anderen von einem mit Gras bewachsenen Hügel flankiert war, war ihren Kindern ein SUV entgegengekommen und hatte deren Miata gerammt. Der einzige Schaden, den der SUV davongetragen hatte, war ein kaputter Scheinwerfer, aber der Miata war auf der Beifahrerseite, wo Bailey gesessen hatte, völlig demoliert worden.

Jon wurde mit dem Hubschrauber in ein Krankenhaus ein paar Kilometer weiter östlich geflogen. Bob begleitete ihn. Bailey wurde mit dem Krankenwagen ins Krankenhaus von Huntington transportiert. Phran fuhr in einem Polizeiauto mit, das dem Krankenwagen folgte. Unterwegs mussten die Sanitäter Bailey mehrmals wiederbeleben.

Später saß Phran entsetzt und völlig unter Schock in einem Wartezimmer des Krankenhaus, während sich die Ärzte um Bailey kümmerten. Immer wieder nickte sie ein, und in diesen Momenten hatte sie einen sehr lebendigen Traum. In diesem Traum saß sie selbst auf dem Beifahrersitz des Miata. Sie sah den SUV, der ihnen auf der falschen Spur direkt entgegenkam. Sie sah Jon, der das Lenkrad nach links riss, um eine Kollision zu vermeiden, und damit die Beifahrerseite exponierte. Und sie sah, wie der SUV den Miata rammte und umkippte.

Der Crash in diesem Traum ließ Phran aufschrecken. Sie rief ihren Mann an und sagte: »Ich weiß, wie es passiert ist.«

Kurz darauf kam ein Arzt zu Phran. Bailey war so schwer verletzt worden, dass sie nichts mehr für sie tun konnten. »Bailey starb nur wenige Stunden nach dem Crash im Krankenhaus«, sagte Phran. »Es war der schlimmste Tag meines Lebens.«

Baileys Bruder überlebte den Unfall, konnte sich aber überhaupt nicht mehr daran erinnern. Unerklärlicherweise hatte die Polizei die Fahrerin des SUV gehen lassen, ohne sie zu befragen, und anschließend war sie spurlos verschwunden. Außer Phrans Traum gab es für Bob und Phran keine Möglichkeit zu erfahren, was passiert war.

Ein paar Wochen später fragte Bob seine Frau: »Woher wusstest du, wie der Unfall passiert ist?«

»Weiß ich auch nicht«, sagte Phran. »Ich wusste es einfach.«

Diese Antwort machte Bob wütend.

»Er dachte, warum ich, wenn mir irgendeine unsichtbare Kraft gesagt hatte, was passiert war, nicht in der Lage gewesen war, es zu verhindern, *bevor* es passierte?« sagte Phran. »Er war wütend auf mich. Er verstand es nicht. Es war seine Art, die Trauer zu bewältigen.«

Ein paar Monate später beauftragte eine Versicherungsgesellschaft einen Sachverständigen mit der Rekonstruktion des Unfalls. Der Bericht dieses Sachverständigten bestätigte Phrans Wiedergabe des Unfallhergangs. Aber das warf nur noch mehr Fragen auf. Wie hatte Phran das wissen können? Warum hatte sie davon geträumt? Wer hatte ihr diese Informationen gegeben?

»Wir brauchten Antworten«, sagte Bob. »Wir hatten das Gefühl, das hier etwas passiert war, worüber wir mehr wissen sollten.«

Bob und Phran hatten die Idee, dass in diesem geheimnisvollen Raum, in dem sich das reale Leben und unsere Träume überschneiden, vielleicht ein gewisses Maß an Trost für trauernde Eltern wie sie zu finden war. Vielleicht musste die ganze Geschichte vom Leben und Tod ihrer Tochter – bislang eine unannehmbar einfache Geschichte, in der die schöne Bailey an dem einen Tag noch hier war und am nächsten nicht mehr – erst noch erzählt werden.

Also lasen sie Bücher über übersinnliche Phänomene. Sie gingen zu Medien und öffneten ihren Geist für eine neue Art und Weise, die Dinge zu betrachten. Ihre intensive Suche führte sie zu einer unvermeidlichen Schlussfolgerung. »Es gibt eine unsichtbare Welt«, sagte Bob, »und wir sollen mit ihr arbeiten.«

Bob und Phran taten sich mit Dr. Gary E. Schwartz zusammen, Professor für Psychologie, Medizin, Neurologie, Psychiatrie und Chirurgie und Leiter des Laboratory for Advances in Consciousness and Health an der University of Arizona, und gründeten mit ihm zusammen die Forever Family Foundation (FFF). Sie wollten trauernden Menschen helfen, eine Verbindung zu den Lieben, die sie verloren hatten, herzustellen, indem sie eine Brücke zwischen dieser und der anderen Welt bauten. Es sollte auch Baileys Brücke sein.

* * *

Im Jahr 2005 kontaktierte ich die FFF. Ich sagte, ich sei ein übersinnliches Medium und daran interessiert, meine Dienste auf ehrenamtlicher Basis zur Verfügung zu stellen. Man sagte mir, die erste Voraussetzung dafür sei, dass ich einen strengen Zulassungstest bestehe. Es sollten mehrere Readings in schneller Folge durchgeführt werden, deren Genauigkeit anschließend mit Punkten bewertet wurde.

An einem heißen Tag im August fand ich mich zusammen mit vier anderen Medien in einem Konferenzraum eines Hotels auf Long Island ein. Einige der anderen Medien schienen einander bereits zu kennen, was mir das Gefühl gab, so etwas wie ein neues Kind am ersten Schultag zu sein. Ich war mit keinem anderen Medium befreundet und auch nicht Teil einer Gemeinschaft von Medien. Es gab nur sehr wenige Menschen, mit denen ich über meine Gabe sprechen konnte.

Man führte uns in einen großen Ballsaal, wo die Tests durchgeführt werden sollten. Ein Mann mittleren Alters wurde hereingebracht und vor uns Medien gesetzt. Wir wurden gebeten, ihn fünfzehn Minuten lang still zu lesen und alles, was durchkam, auf einen Notizblock zu schreiben.

Ich war nervös. Ich war noch nie gebeten worden, in der Öffentlichkeit zu lesen, und erst recht nicht waren meine Readings mit Punkten bewertet worden. Ich konzentrierte mich ganz auf den Mann und schrieb alles, was durchkam, auf meinen Block.

Als die fünfzehn Minuten um waren, sagte uns ein Mitarbeiter der FFF, der Name des Mannes sei Tom. Die Frau, die neben mir saß, stieß mich aufgeregt mit dem Ellbogen an.

»Schauen Sie mal!« sagte sie und deutete auf ihren Notizblock. Darauf hatte sie *Tom* geschrieben.

Ich lächelte höflich. Alles, was ich mitbekommen hatte, war, dass sein Name mit »T« beginnt. Dennoch, irgendetwas an diesem kurzen Austausch mit der Frau – sie hieß Kim Russo – beruhigte mich. Es fühlte sich an, als lägen wir dort gemeinsam im Schützengraben und seien vielleicht sogar Kollegen. Dieses merkwürdige Gefühl der Kameradschaft war auf eigenartige Weise tröstlich.

Als Nächstes wurde jeder von uns in eine von fünf separaten Kabinen gesetzt, die jeweils mit einer Videokamera ausgerüstet waren, mit der die Ergebnisse aufgezeichnet wurden. In jeder Kabine saß eine Person mit einem Klemmbrett. Diese Person durfte nicht mit uns sprechen, sondern nur mit ja oder nein auf unsere Fragen antworten. Für das Reading blieben jedem Medium fünfzehn Minuten, bevor es für das nächste fünfzehnminütige Reading in eine andere Kabine ging. Die Personen bewerteten die Genauigkeit unserer Readings. Dieser Teil des Tests dauerte insgesamt 75 Minuten.

Nervös setzte ich mich in meine erste Kabine und atmete tief durch. Dann schaute ich die Frau an, die mir gegenübersaß. Ich glitt in den Raum zwischen uns und verband meine

Energie mit ihrer und mit der anderen Seite. Meine Nervosität verschwand. Ich dachte nicht mehr darüber nach, wer ich war oder was ich hier machte. Ich hörte einfach auf die andere Seite und gab wieder, was dort gesagt wurde.

Der Vater der Frau kam durch, und dann kamen noch ihre Tante und ihre Großmutter mütterlicherseits. Sie gaben mir Daten, die ihrer Familie sehr wichtig waren. Sie zeigten mir, wie einzelne Familienmitglieder gestorben waren. Sie sprachen über die Arbeiten, die gerade an ihrem Haus angefallen waren. Auf der anderen Seite sprudelten die Informationen nur so, und bevor ich mich's versah, war es Zeit, zum nächsten Klienten überzugehen.

Spätestens bei der dritten Klientin fühlte ich mich vollkommen offen für die andere Seite. Ich las für eine Frau, die um die vierzig zu sein schien. Sofort kam ihr Sohn durch. Er nannte mir seinen Namen und erzählte mir, er sei bei einem Autounfall ums Leben gekommen. Dann machte er etwas Seltsames. Er zeigte mir den Geburtstag meiner Tochter Ashley, den 16. Mai.

»Ist Ihr Sohn am 16. Mai gestorben?«, fragte ich die Klientin.

Sie wurde blass, ihre Lippen begannen zu zittern, und ihre Augen füllten sich mit Tränen.

»Ja«, sagte sie.

Ihr Sohn machte derweil Witze auf der anderen Seite. Er gab ein paar lustige Familiengeschichten zum Besten. Durch ihre Tränen hindurch lachte die Frau, und ich lachte mit. Ich wollte sie gar nicht mehr verlassen, als unsere Zeit abgelaufen war.

Die nächste Person – eine Frau um die dreißig – hatte ebenfalls einen Sohn verloren. Er erzählte mir, sein Name sei Michael und er sei an Krebs gestorben. Er zeigte mir drei

Jahre auf einer Zeitlinie, was bedeutete, dass er vor drei Jahren gestorben war. Auch er brachte seine Mutter zum Lachen, als er erzählte, wie heikel er immer mit dem Essen gewesen war. Dann dankte er ihr für die Liebe, die sie ihm geschenkt hatte, als er noch hier war.

»Das war seine Lektion«, erklärte ich. »Ihre bedingungslose Liebe zu spüren. Deswegen war er hier. Und er hat seine Lektion gelernt. Er bittet mich, Ihnen zu sagen, dass er sich immer sicher gefühlt hat, selbst als er starb. Er ist in Ihre Liebe eingehüllt gestorben.«

Ich las noch für eine weitere Person. Dann war der Test beendet. Die Videokameras wurden ausgeschaltet, die Klemmbretter eingesammelt. Ich war erschöpft. Ich hatte das Gefühl, mich bei diesen Readings gut geschlagen zu haben, und ich erkannte, dass ich etwas Neues gelernt hatte. Ich war erstaunt über den Sohn, der mich über sein Sterbedatum informiert hatte, indem er mir Ashleys Geburtstag gezeigt hatte. Irgendwie war es ihm gelungen, sich meines eigenen Referenzrahmens zu bedienen, um seine Botschaft zu übermitteln. Ich erkannte, dass die andere Seite Zugang zu jedem Gedanken, jedem Moment, jedem intimen Detail meines Lebens hat – und dass diejenigen, die dort sind, diesen Zugang nutzen, um ihren Lieben Botschaften und Bestätigungen zu übermitteln.

Phran teilte uns mit, die FFF würde sich in ein paar Wochen bei uns melden und uns die Ergebnisse mitteilen. Wir erfuhren, dass die Personen, die uns gegenübergesessen hatten, darauf trainiert worden waren, während der Readings nichts von sich preiszugeben, um Tricks und Betrügereien auszuschließen.

Im Konferenzraum traf ich Kim Russo und ein anderes Medium namens Bobbi Allison. Kim und Bobbi waren bereits miteinander befreundet. Sie waren beide etwa in meinem Alter, hübsch, klug und absolut bodenständig. Ich liebte ihre Energie. Wir plauderten über den Test, verglichen unsere Notizen, ließen unsere Nervosität von uns abfallen. Unser Gespräch war zwanglos. Es fühlte sich an wie eine Unterhaltung zwischen drei Freundinnen.

»Wer ist dein Lehrer?«, fragte Bobbi.

»Mein Lehrer?«, fragte ich. »Ich habe keinen Lehrer.«

Kim und Bobbi wirkten geschockt. Mir war bis zu diesem Moment nicht klar gewesen, dass es ungewöhnlich sein könnte, keinen Lehrer oder Mentor zu haben. Sie erzählten mir von ihren Mentoren und davon, wie diese ihnen geholfen hatten, ihre Gabe noch weiter zu erforschen. Sie sprachen mit großer Liebe und Bewunderung von ihren Lehrern, als hätten sie ohne sie nicht die werden können, die sie waren.

Wir planten ein gemeinsames Treffen, und ein paar Wochen später kamen wir zum Abendessen in einem Restaurant in der Nähe unserer Wohnorte zusammen. Wir fingen gleich wieder dort an, wo wir aufgehört hatten. Wir erzählten uns Geschichten aus der Zeit, in der wir zum ersten Mal gemerkt hatten, dass wir anders waren. Kim schilderte, wie sie, wenn sie vor dem Einschlafen die Augen schloss, Visionen von Menschen hatte, die sie nicht kannte. »Ich habe Verstorbene in meinem Zimmer gesehen, als ich neun Jahre alt war«, sagte sie.

Bobbi erzählte, ihre Großmutter, ihre Mutter und ihre drei Schwestern seinen alle hellsichtig. »Ich habe schon immer in Menschen gelesen wie in einem offenen Buch«, sagte sie. »Die Leute haben angefangen, mich Fräulein Allwissend zu nennen. Selbst meiner Familie wurde es irgendwann zu viel. Sie haben mir gedroht, mich zu Hause zu lassen, wenn ich nicht aufhören würde, ihnen mit meinem ›Wissen‹ ständig alles zu verderben.«

Mein Abendessen mit Kim und Bobbi beschwingte mich. Ich spürte eine geistige Leichtigkeit, wie ich sie schon lange nicht mehr empfunden hatte, wenn überhaupt je. Wir probierten unsere Ideen aneinander aus, verglichen unsere Techniken und machten sogar Readings füreinander. Es war, als würden drei Freundinnen einander gute Ratschläge geben, nur dass die Ratschläge von der anderen Seite kamen.

Dieser Aufbau einer Bindung war sehr sinnvoll für uns alle. »Es ist schwer, bei all diesen Readings innerlich im Gleichgewicht zu bleiben«, sagte Bobbi irgendwann. »Man muss sein Gleichgewicht finden. Und ich bleibe ausgeglichen, wenn ich mit Freunden zusammen sein kann, die eine ähnliche Energie haben wie ich.«

Ich wusste, wovon sie sprach. Wir hatten alle die gleichen Ängste und Probleme. Wir brauchten alle einen sicheren Ort, an dem wir nur wir selbst sein konnten. Vor diesem Abend hatte ich mich oft gefühlt, als sei ich da draußen ganz auf mich allein gestellt. Doch jetzt hatte ich so eine Art Hellseherfamilie.

Wir trafen uns von da an einmal im Monat zum Abendessen, um zu reden, zu lachen, miteinander mitzufühlen und uns gegenseitig zu unterstützen. Jetzt hatte ich Schwestern. Und einen sicheren Ort.

* * *

Ein paar Wochen nach dem Zulassungstest bekam ich einen Anruf von Phran Ginsberg. Sie erklärte, wie mein Test bewertet worden war. Die Testpersonen hatten eine Reihe von Zahlen geliefert, auf deren Basis die Genauigkeit meiner Readings berechnet worden war. Phran sagte, meine Werte seien hoch gewesen, was bedeute, dass meine Readings außergewöhnlich präzise gewesen waren.

»Herzlichen Glückwunsch«, sagte sie. »Sie sind jetzt ein von uns anerkanntes Medium.«

Ich spürte, wie mein Herz schneller schlug und mir die Tränen kamen. Ich hatte die offizielle Genehmigung, an Veranstaltungen teilzunehmen, die von der FFF gefördert wurden. Damit hatte ich die Möglichkeit gefunden, die ich brauchte, um mit meinen Fähigkeiten einen Schritt weiterzukommen. Es war mir immer ein Anliegen gewesen, trauernden Menschen zu helfen, und jetzt hatte ich die Gelegenheit, genau das zu tun.

Von der FFF als Medium anerkannt zu sein, war eine großartige Bestätigung für mich, aber es war noch mehr als das. Es war auch so etwas wie eine Feuertaufe. Ein Aufruf, tätig zu werden. Ich war jetzt ein Teil von etwas, das viel größer war als ich selbst. Ich war Teil eines Lichtteams.

Ich hatte das Gefühl, dass dies mein Leben als Medium entscheidend verändern würde.

*** 17 ***

Es gibt mehr Ding' im Himmel und auf Erden …

Ashley war gerade fünf geworden, als Garrett und ich fanden, es sei an der Zeit, noch ein Baby zu bekommen. Wir hatten uns immer ein zweites Kind gewünscht, aber das Gefühl gehabt, damit noch ein wenig warten zu müssen. Unser Leben war hektisch und oft chaotisch. Nach dem Abschluss seines Jura-Studiums bereitete sich Garrett auf seine Zulassungsprüfung zum Anwalt vor, und ich war junge Mutter, frischgebackene Lehrerin und nebenbei noch Medium.

Doch mit der Zeit pendelte sich alles ein. Garrett bekam seine Anwaltszulassung, und ich bekam eine Festanstellung als Lehrerin. Wir konnten etwas sparen und ein einstöckiges Haus mit drei Schlafzimmern in einer ruhigen, baumbestandenen Straße auf Long Island kaufen. Ich sagte dem Universum, ich sei bereit. Es war Zeit für ein zweites Baby.

Doch als ich nicht gleich schwanger wurde, begann ich, das Universum zu befragen. Sollte das jetzt passieren oder nicht? Um die Dinge voranzutreiben, ging ich in die örtliche Apotheke, um einen frei verkäuflichen Ovulationstest zu kaufen. Ashley nahm ich mit.

Doch als ich zwischen Regalen voller Schwangerschaftstests, Ovulationstests und allen möglichen Babymachprodukten stand, fühlte ich mich schlicht überwältigt. Mir kam der Gedanke, dass ich vielleicht gar nicht schwanger werden würde, und fühlte mich leer. Ich gab mich meinen Ängsten hin. Ich tat mein Bestes, meine Gefühle vor Ashley zu verbergen, aber innerlich war ich am Boden zerstört.

Genau in dem Moment zupfte Ashley an meinem T-Shirt.

»Mammi«, sagte sie, »weißt du, dass Fuzzle gerade direkt neben deinen Füßen liegt und dir Liebe gibt?«

Fuzzle?

Fuzzle war unser Familienhund gewesen, als ich ein kleines Mädchen war. Ich hatte diese schöne, anhängliche West-Highland-White-Terrier-Hündin unbändig geliebt. Fuzzle hatte mich immer getröstet und mir all ihre Liebe gegeben, wenn ich sie brauchte. Sie war unglaublich loyal. Wenn wir mit der ganzen Familie in Urlaub fuhren, rollte sich Fuzzle in der Nacht davor auf unseren Koffern zusammen, damit wir nur ja nicht vergaßen, sie mitzunehmen.

Ich liebte Fuzzle, wie jedes Mädchen ihr erstes Haustier liebt, und schwor, sie für immer in meinem Herzen zu behalten. Aber dennoch dachte ich nicht die ganze Zeit an sie. Schließlich war sie schon vor fast zwei Jahrzehnten gestorben. Ich war mir nicht sicher, ob ich sie Ashley gegenüber schon einmal erwähnt hatte. Sie könnte ein Foto von ihr gesehen haben, aber ehrlich gesagt kam Fuzzle in unserem täglichen Leben nicht allzu oft vor.

Und nun erzählte mir meine fünfjährige Tochter, Fuzzle liege zusammengerollt zu meinen Füßen zwischen den Schwangerschaftsregalen in der Apotheke?

Ich wusste sofort, dass es so war. Ich hatte bereits den Verdacht gehabt, dass Ashley einige der gleichen Gaben besaß wie ich. Daher überraschte es mich überhaupt nicht, dass sie Fuzzle sehen konnte. Aber ich war sehr gerührt, dass Fuzzle mit einer Botschaft der Liebe auftauchte, als ich es brauchte. Meine Zweifel und Ängste, ich könne vielleicht nicht mehr schwanger werden, lösten sich in diesem Moment auf. Ich hatte das starke Gefühl, dass alles gut werden würde.

Einen Monat später war ich schwanger.

* * *

Schwanger zu sein, erfüllte mich wieder mit Freude und Energie. Neun Monate später kam ein hübscher kleiner Junge mit einer Krone aus strahlend platinblonden Haaren auf die Welt. Er schien regelrecht zu leuchten. Wir nannten ihn Hayden.

Ich war darauf vorbereitet, dass die Monate nach seiner Geburt arbeitsreich, kräftezehrend und schwierig werden würden, aber auch glücklich und wunderbar, wie es die Monate nach Ashleys Geburt gewesen waren. Aber dieses Mal war alles anders. Statt beschwingt fühlte ich mich niedergeschlagen, beklommen und durch eine negative Energie hinuntergezogen.

Es war nicht Haydens Schuld. Er war ein süßes, heiteres Baby. Es war einfach etwas, was die Schwangerschaft mit meiner inneren Verkabelung gemacht hatte. Ich erlebte energetische und emotionale Schwankungen – als lebte ich in einem Haus, in dem der Thermostat ständig von zu heiß auf zu kalt umschaltet. Manchmal hatte ich das Gefühl, als schwebe eine tiefdunkle Wolke über mir.

War das eine postnatale Depression? Meine Symptome passten auf jeden Fall zu dieser Diagnose: Traurigkeit, Angstzustände, Reizbarkeit, Weinkrämpfe, Schlafstörungen. Aber ich hatte noch ein anderes erschreckendes Symptom: Ich begann, sehr dunkle Gedanken zu haben.

Natürlich hätte ich niemals jemandem Schaden zugefügt – das würde ich weiß Gott niemals tun. Aber ich merkte, dass ich dazu in der Lage wäre. Und wie sehr ich auch versuchte, die negativen Gedanken durch positive auszumerzen, ich konnte sie nicht überwinden. Die dunklen Gedanken wollten einfach nicht weichen. Es war erschreckend. *Das bin nicht ich,* sagte ich mir immer und immer wieder. *Ich arbeite für das Licht, nicht für die Dunkelheit. Ich schaue mir noch nicht mal Horrorfilme an!* Ein bekanntes Gefühl kam mit aller Macht zurück: *Was, wenn ich verrückt bin?*

Ich musste mich der Realität stellen, dass mit mir vielleicht ernsthaft etwas nicht in Ordnung war, wie ich es die meiste Zeit meines Lebens vermutet hatte. Sämtliche Fortschritte, die ich gemacht hatte, als es darum ging, meine Fähigkeiten zu akzeptieren und meinen Platz in der Welt zu finden, waren plötzlich wieder in Gefahr. Es war eine schmerzhafte, quälende Zeit.

Ich beschloss, mir Hilfe zu suchen, und machte einen Termin bei einem Psychiater.

* * *

Als ich in die Praxis von Dr. Marc Reitman kam, lagen meine Nerven blank. Würde er mich für psychotisch halten, wenn ich ihm von der anderen Seite erzählte? Würde Dr. Reitman vielleicht der Ansicht sein, ich sei nicht in der Lage, mich um meine Kinder zu kümmern?

Sein Auftreten beruhigte mich schnell. Seine Energie war weich, sanft und liebevoll. Dennoch befürchtete ich das Schlimmste.

Ich erzählte ihm von meinen schrecklichen Gedanken. Ich hielt nichts zurück. Dr. Reitman hörte ruhig zu. Ihm war nicht anzumerken, ob er Gefühle dazu hatte oder sich ein Urteil bildete. Als ich fertig war, stellte er mir nur eine einfache Frage: »Ich weiß jetzt, dass Sie diese dunklen Gedanken haben. Aber glauben Sie, dass Sie jemals entsprechend handeln würden?«

Ich zögerte keinen Moment. »Absolut nicht«, sagte ich. »Nicht in einer Million Jahren. Ich würde nie und nimmer so etwas tun.«

»Dann ist es in Ordnung«, sagte Dr. Reitman.

Ich war erleichtert, wusste aber, dass ich ihm noch den Rest erzählen musste.

»Das ist aber noch nicht alles«, sagte ich. Ich erzählte ihm, dass ich mit elf Jahren gewusst hatte, dass mein Großvater sterben würde. Ich erzählte ihm von dem Traum, den ich von John gehabt hatte. Ich erzählte ihm, dass ich die Energie von Menschen spüre und sie in Farben sehe. Ich erzählte ihm, dass ich mit Toten spreche und wie sie antworten, wie sie mir Botschaften zur Weitergabe an ihre Lieben geben.

Dr. Reitman hörte stoisch zu. Ich fürchtete mich vor seiner Antwort.

»Darf ich Sie etwas fragen, Laura?«, sagte er ruhig. »Wenn Sie diese Lesungen machen, bekommen Sie dann korrekte Informationen? Und helfen diese den Menschen?«

»O ja«, sagte ich. »Ich bekomme Namen und Daten und alle möglichen bestätigenden Details. Und in den Botschaften geht es immer um Heilung und Liebe. Die Sitzungen sind schön. Ich lerne auch selbst immer etwas daraus. Ich bin gern ein Teil davon.«

Dr. Reitman lächelte und schaute mir in die Augen.

»Ich glaube nicht, dass Sie verrückt sind«, sagte er. »Sie sollten diese Dinge nicht als Symptome von irgendetwas sehen. Betrachten Sie sie lieber als Fähigkeiten, die Sie noch genauer erforschen müssen. Das Universum ist größer, als wir wissen.«

In diesen wenigen magischen und heilenden Worten hörte ich den Widerhall meines geliebten William Shakespeare, der seinen Hamlet sagen ließ: »Es gibt mehr Ding' im Himmel und auf Erden, als Eure Schulweisheit sich träumt, Horatio.« Ich fühlte mich frei. Meine größte Angst, ich könne verrückt oder wahnhaft sein, war verschwunden. Mir war, als hätte ich gerade eine Art psychologischen Test bestanden.

Dr. Reitman behandelte die Symptome meiner postnatalen Depression. Er entwickelte einen Behandlungsplan, der damit begann, dass er mir ein Medikament verordnete, das mir helfen sollte, mit meinen Stimmungsschwankungen und dunklen Gedanken umzugehen. Das Problem war, dass ich Medikamente nicht so verarbeite wie die meisten Menschen und nur sehr wenig von jeder Art von Medikament vertrage. Schon eine einzige Ibuprofen-Tablette kann mich schwächen und völlig aus dem Gleichgewicht bringen. Aber wir wollten es trotzdem versuchen.

Innerhalb weniger Wochen stellte ich fest, dass das Medikament nichts gegen meine Stimmungsschwankungen ausrichten konnte. Es wirkte sich außerdem störend auf meine Fähigkeiten aus. Statt der schnell fließenden Informationen, die ich normalerweise während eines Readings bekomme, empfing ich jetzt nur noch so etwas wie ein schmales Rinnsal an Informationen. Dr. Reitman beschloss, es mit einem natürlichen Stimmungsaufheller namens SAM-e zu versuchen.

Damit hatten wir Erfolg. Die dunklen Gedanken verdampften wie dichter Nebel in der Sonne. Der natürliche Informationsfluss von der anderen Seite war wiederhergestellt.

Er verstärkte sich sogar, wie es nach Ashleys Geburt gewesen war.

Ich nahm mehrere Monate lang SAM-e, bis ich mich wieder vollkommen ausgeglichen fühlte. Doch genauso wichtig wie Dr. Reitmans Behandlung meiner postnatalen Symptome war die Tatsache, dass er meine Gabe akzeptierte. Im Rahmen seiner Ausbildung zum Psychiater hatte er sicher nichts über übernatürliche Phänomene gelernt, aber zu meinem Glück war er offen für Dinge, die nicht in seinen Fachbüchern standen.

In den folgenden Monaten konsultierte ich Dr. Reitman mehrmals. Ich fühlte mich sicher und frei, mit ihm über meine Fähigkeiten zu sprechen, und je ausführlicher wir uns unterhielten, desto weniger unsicher und isoliert fühlte ich mich.

Hatte ich einfach Glück gehabt, einen so neugierigen Psychiater mit einer derart vorurteilsfreien Einstellung zu finden? Ich glaube nicht, dass es Glück war. Es hatte eher den Anschein, als sorge die andere Seite stets dafür, dass mir ganz besondere Menschen über den Weg liefen – Menschen, denen es gegeben war, mir zu helfen, meine ganz besonderen Fähigkeiten zu verstehen und wertzuschätzen. Dr. Reitman war einer dieser Menschen.

*** 18 ***

Die Polizeimütze

Als sich meine Energie und meine Fähigkeiten wieder im Gleichgewicht befanden, war ich bereit, wieder Readings durchzuführen. Etwa zu der Zeit bekam ich einen Anruf von Phran Ginsberg von der Forever Family Foundation. Sie lud mich ein, an einer besonderen Veranstaltung namens »So hören Sie richtig zu, wenn Ihre Kinder sprechen« teilzunehmen. Zehn Elternpaare, die ein Kind verloren hatten, würden dort zusammen mit einem außersinnlichen Medium sein, nämlich mit mir.

Ich schluckte und sagte dann zu Phran, ich würde es machen.

Die Veranstaltung war für die letzte Augustwoche geplant. In den Wochen davor spürte ich, wie meine Angst eskalierte. Es war wie ein inneres Summen, das lauter und immer lauter wurde, bis es fast unerträglich war. Ich verbrachte viel Zeit im Gespräch mit der anderen Seite und bat sie, für mich da zu sein, wenn es darauf ankam, Botschaften für die trauernden Familien zu übermitteln.

Diese Veranstaltung unterschied sich von allen anderen, die ich durchgeführt hatte. Ich würde mit nichts als meinem inneren Bildschirm in einen Raum gehen müssen. Kein Plan

B, kein anderes Medium, das für mich einspringen konnte, wenn die andere Seite nicht zu mir durchkam. Ich würde der anderen Seite absolut vertrauen müssen.

Ich verbrachte die Woche vor der Veranstaltung mit meinen Kindern und genoss die letzten Sommertage. Hayden, der mittlerweile 16 Monate alt war, und Ashley, sieben Jahre, nahmen mich ganz in Anspruch, sodass ich nicht viel Zeit hatte, über die Veranstaltung nachzudenken. Doch am Tag der Veranstaltung selbst war ich nervöser als je zuvor. Das Summen erreichte jetzt seinen Höhepunkt. Ich versuchte, etwas zu essen, konnte das Essen aber kaum bei mir behalten. Also ließ ich das Abendessen ausfallen.

Garrett arbeitete als angestellter Anwalt für eine große Einzelhandelskette und war nicht vor 18.30 Uhr zu Hause, also passte meine Mutter auf die Kinder auf, bis er nach Hause kam. Ich gab den Kindern ein Küsschen, dankte meiner Mutter und setzte mich in meinen Honda Pilot. Vom Auto aus rief ich Garrett an. Er beruhigte mich noch einmal, dass alles gut gehen werde. Nach unserem Telefonat konzentrierte ich mich ganz auf meinen Atem. *Einatmen, ausatmen. Finde deine Mitte. Verbinde dich mit deinem spirituellen Selbst.*

Und dann, als ich auf der Jericho Turnpike war, kamen die Kinder.

Ich bog von der Straße ab und fuhr auf einen Staples-Parkplatz. Dann nahm ich ein kleines Notizbuch heraus, das ich immer in meiner Handtasche habe, und schrieb so viel ich konnte von dem auf, was die Kinder mir sagten. Noch während es passierte, konnte ich es kaum glauben. Ich war noch nie zuvor derart mit Botschaften von der anderen Seite bestürmt worden.

Ein paar Minuten später fuhr ich zurück auf die Jericho Turnpike und raste zum Huntington Hilton. Ich kam gerade noch rechtzeitig zur Veranstaltung. Die Eltern saßen bereits in dem Konferenzraum, doch es war gespenstisch still. Ich spürte die ganze Schwere um mich herum.

»Das ist Laura Lynne Jackson«, sagte Bob Ginsberg zu den Eltern. »Sie ist ein von der Forever Family Foundation beglaubigtes Medium. Heute Abend ist sie hier, um uns beizubringen, wie wir mit unseren Kindern sprechen können.«

Bob und Phran verließen den Raum, um den Eltern so viel Privatsphäre zu geben wie nur möglich. Als sie gegangen waren, hatte ich wieder die ungeteilte Aufmerksamkeit aller. Als Lehrerin bin ich daran gewöhnt, dass mich Leute anstarren und darauf warten, dass ich etwas sage, aber dies war anders. Die Stille war unerträglich. Ich musste etwas tun – ich musste anfangen zu sprechen. Aber ich wusste nicht, was ich sagen sollte.

Dann erkannte ich, dass ich nur eines tun musste. Ich musste die Kinder sprechen lassen. Und ich spürte, wie sie alle auf einmal auf mich einstürmten.

»Ihre Kinder sind hier«, platzte es aus mir heraus. »Und sie möchten Sie etwas wissen lassen.«

Ohne es auch nur zu merken, war ich an den Ort geglitten, der nur knapp über meinem Kopf liegt – an den Ort, an dem ich aufhöre, meinen physischen Körper zu bewohnen und zu meinem spirituellen Selbst werde. Dort bin ich nicht mehr das »Ich«, das ich kenne, und kann meine irdischen Sorgen loslassen. Ich spürte ein Klicken und dass sich eine Tür öffnete.

Die Kinder tauchten als Lichtpunkte auf meinem inneren Bildschirm auf. Sie kamen klar und deutlich durch, und es war beglückend. Ich war von diesen schönen Kindern mit ihrer ganzen wunderbaren Energien umgeben.

»Ihre Kinder sind jetzt alle hier um Sie versammelt«, teilte ich den Eltern mit. »Und sie haben eine kollektive Botschaft für Sie. Sie sagen: ›Bitte macht euch keine Sorgen um uns. Uns geht es gut. Mit uns ist alles in Ordnung. Lasst eure Ängste und Sorgen beiseite, damit wir diese gemeinsame Zeit genießen können. Es gibt so viel, was wir euch wissen lassen möchten.‹«

Ich spürte, wie diese Worte die Spannung im Raum regelrecht zerschnitten. Die Schwere lichtete sich ein wenig. Ich verstand jetzt, warum die Kinder vor der Veranstaltung zu mir gekommen waren, als ich noch im Auto gesessen hatte. Sie wussten, dass ihre Eltern wachsam waren. Sie wussten, dass ihre Eltern Mauern um sich herum aufgebaut hatten, um ihren Schmerz, ihre Trauer und ihre Wut nicht spüren zu müssen. Die Kinder wussten, dass diese Mauern verhindern konnten, dass sie gehört wurden. Also kamen sie mit einer gemeinsamen Botschaft für all ihre Eltern zu mir: *Reißt die Mauern ein und lasst eure Vorsicht fahren, damit wir zu euch durchdringen können. Fürchtet euch nicht vor uns und gebt euren Widerstand auf. Wisst, dass wir genau hier und jetzt bei euch sind.*

Diese Kinder, die so lebendig und voller Licht waren, luden uns ein, in ihre fröhliche Energie einzutauchen. Ich spürte nichts als reine Liebe. Keine Angst, keinen Schmerz, kein Schuldgefühl – nur Liebe. Es war, als würden Sie auf dem Flughafen auf jemanden warten, den Sie sehr gern haben. Plötzlich biegt diese Person um die Ecke, und Sie sehen sie auf sich zukommen, und das ist einfach das beste Gefühl der Welt. So fühlte ich mich in diesem Konferenzraum. Ich fühlte mich von Liebe umgeben.

Dieses Mal stellten sich die Kinder zu meiner Überraschung geduldig eines nach dem anderen in einer Reihe auf, statt als Kollektiv auf mich einzustürmen, wie sie es im Auto getan hatten. Allerdings bestimmte nicht ich die Reihenfolge, in der sie sich zu Wort meldeten, das machten sie selbst. Ich merkte, dass ein Kind durchkam und spürte einen starken Sog, ein Hingezogensein – ich nenne das Gefühl, dass die andere Seite meinen Körper lenkt, Energielasso – zu einem Paar am anderen Ende des Konferenztisches. Der Mann wirkte stoisch und weigerte sich offenbar, irgendeine Emotion zu zeigen. Seine Frau saß neben ihm, berührte ihn aber nicht. Sie weinte.

Das Kind, das durchkam, war ein weiblicher Teenager. Sie zeigte mir, dass sie ein Einzelkind war, um die besondere Trauer zu verdeutlichen, die ihre Eltern bei ihrem Tod empfunden hatten. Sie zeigte mir den Buchstaben »J«, aber auch ein kurzes Wort, als wollte sie sagen, dass sie einen Spitznamen gehabt hatte.

»Ihr Kind kommt durch«, sagte ich zu ihren Eltern. »Ihre Tochter. Sie zeigt mir einen Namen, der mit J anfängt, aber sie wurde anders genannt. Jessica oder Jennifer, aber Sie haben sie anders gerufen.«

Ihre Eltern nickten zögerlich. Ihr Name war Jessica, aber sie wurde Jessie gerufen.

Dann zeigte mir Jessie, was mir ihr passiert war.

»Es hat in der Brust angefangen«, sagte ich.

* * *

Später erfuhr ich von ihren Eltern die ganze Geschichte. Am Karfreitagmorgen 2007 kam die Zehntklässlerin Jessie die Treppe im Haus ihrer Familie in Falls River, Connecticut, herunter. Sie sagte zu ihren Eltern: »Mir ist schlecht.«

»Jessie, heute ist keine Schule«, sagte ihr Vater Joe. »Du musst nicht so tun, als wärst du krank.«

»Nein, ich bin wirklich krank«, sagte sie. »Ich fühle mich wirklich nicht gut.«

Am Tag davor hatte Jessie an einem Lacrosse-Spiel teilgenommen und am Teenager-Training im Polizeisportverein. Beides gehörte zu ihren vielen Lieblingsbeschäftigungen. Die kluge und hübsche Jessie mit ihren roten Haaren, den Sommersprossen und dem freundlich-verschmitzten Lächeln drosselte nie ihr Tempo. Schon mit fünfzehn war sie Klassenbeste und besaß einen schwarzen Gürtel zweiten Grades sowie einen Tauchschein. Sie liebte ihre Freunde, ihre Familie und ihren Golden Retriever Paladin (Pal) und war sehr neugierig auf das Leben. In zwei Wochen würde sie sechzehn werden und hatte seit Kurzem ihren ersten Freund.

»Nichts Ernstes«, sagte ihre Mutter, Maryann. »Sie hat mir nur gesagt: ›Mama, ich liebe jemanden‹, wie Teenager das eben so tun.«

Joe und Maryann fuhren Jessie zu ihrem Kinderarzt, der sagte, sie habe die Grippe. In der Nacht hustete Jessie Blut, und ihre Eltern fuhren sie ins Krankenhaus. Am nächsten Tag wurde sie mit dem Krankenwagen in ein Klinikum gefahren und von dort schließlich mit dem Hubschrauber ins Kinderkrankenhaus Boston geflogen. Sie hatte in der Tat eine Grippe, die aber durch einen sehr seltenen und virulenten Virus verursacht wurde.

Schnell kamen zu der Grippe noch eine Lungenentzündung und eine Sepsis hinzu. Jessies Vitalfunktionen wurden immer schwächer, und sie wurde an ein Beatmungsgerät angeschlossen, weil ihre Lungen stark geschädigt waren. Einige Freunde und Verwandte fuhren nach Boston, um Joe und Maryann beizustehen, während andere im Garten von Jessies Elternhaus eine Nachtwache bei Kerzenlicht für sie abhielten.

Dann, nur fünf Tage, nachdem sie am Karfreitag die Treppe heruntergekommen war, zeigte eine CT-Aufnahme eine

Blutung in Jessies Gehirn. Die Ärzte sagten, sie könnten nichts mehr für sie tun.

Joe, ein stattlicher Mann, der in einer Autolackiererei arbeitet, und Maryann, eine gefestigte Katholikin, waren wie betäubt. Etwas, das sie sich nie auch nur hätten vorstellen können, war plötzlich passiert. Sie verloren ihr wunderschönes Mädchen.

Joe und Maryann gingen zusammen in Jessies Zimmer, um sich zu verabschieden.

»Ich liebe dich«, sagte Maryann und strich über die langen roten Haare ihrer Tochter. »Du bist unsere beste Freundin in dieser Welt.«

Joe hielt Jessies Hand und wischte sich die Tränen aus den Augenwinkeln, damit sie nicht auf sie fielen. »Ich liebe dich, Jessie«, sagte er. »Ich liebe dich so sehr.«

Jessie starb ein paar Tage nach Ostern.

Joe und Maryann ließen in Jessies Zimmer alles, wie es war, als erwarteten sie ihre Tochter jeden Moment zu Hause zurück. Um beschäftigt zu bleiben, konzentrierten sie sich ganz auf die Aussegnungsfeier und das Begräbnis. Statt einem Geburtstagsgeschenk suchten sie nun einen Grabstein für Jessie aus.

»Das alles hat keinen Sinn ergeben«, sagte Joe. »Überhaupt keinen Sinn. Jessie war da, und dann war sie plötzlich nicht mehr da. Warum ist das passiert? Warum Jessie? Warum sind wir überhaupt hier, jeder von uns, wenn so etwas einfach passieren kann?«

»Wir haben unseren Glauben an das Leben infrage gestellt«, sagte Maryann. »Wir suchten verzweifelt nach Antworten, aber es gab keine. Das Leben hatte keinen Sinn mehr, nicht jetzt, wo Jessie gegangen war. Warum waren wir hier geblieben und sie nicht?«

Ich wusste nichts über das Ausmaß ihrer Verzweiflung, als ich in diesem Konferenzraum vor ihnen stand. Aber ich wusste, dass Jessie nicht einfach verschwunden war. Sie war hier bei uns, voller Liebe und Leben. Und sie hatte sehr viel zu sagen.

»Sie möchte Ihnen für die Schmetterlinge danken«, sagte ich zu Joe und Maryann.

Sie schauten sich an, und Maryann holte ein Taschentuch hervor. Ich wusste nicht, welche Bedeutung die Aussage mit den Schmetterlingen hatte, und das musste ich auch nicht. Ihre Eltern wussten es ganz offensichtlich. Später erfuhr ich, dass Joe und Maryann einen Grabstein für ihre Tochter ausgesucht hatten, auf dem eingravierte Schmetterlinge über Jessies Namen schwebten. Jessie hatte Schmetterlinge geliebt.

Doch das war erst der Anfang.

»Sie zeigt mir ein Tier«, sagte ich dann. »Eine Katze. Eine Katze in einem Baum. Eine Katze, die auf dem Ast eines Baumes festsitzt.« Ich schaute Joe und Maryann an, weil ich nach einer Bestätigung suchte, aber es kam keine. Das war in Ordnung. Ich wusste, dass Botschaften von der anderen Seite manchmal zunächst keinen Sinn machen, aber vielleicht später. Ich bat sie, sich die Botschaft zu merken, weil sie möglicherweise später bestätigt werden würde. (Ein paar Wochen nach dem Reading harkte Joe in seinem Hintergarten Blätter zusammen, als er Jessies Lieblingsplüschkatze in einer Astgabel eingeklemmt sah. Sofort wusste er, warum sie da war. Jessie hatte das Plüschtier eines Tages im Garten vergessen. Er hatte es aufgehoben und geistesabwesend in den Baum geklemmt, weil er verhindern wollte, dass der Golden Retriever es zwischen die Zähne bekam. An dieses Detail hatte er sich im Konferenzraum nicht mehr erinnern können. Aber Jessie hatte es ihm mitgeteilt, damit Joe seine Bedeutung in dem Moment erkennen konnte, als er das Gefühl der Anwesenheit seiner Tochter am meisten brauchte.)

Jessie machte weiter.

»Ich sehe einen Hut, so eine Art Polizeimütze«, sagte ich. »Jessie zeigt mir eine Polizeimütze. Ich soll mit Ihnen über diese Mütze sprechen. Sind Sie Polizist?«

Joe wirkte verwundert. Mehr noch: fassungslos. Später erklärte er, was es mit dieser Polizeimütze auf sich hatte.

Bevor sie starb, hatte Jessie an einem Jugendcamp teilgenommen, das von einer Abteilung der Landespolizei organisiert worden war. Das war genau das, was der abenteuerlustigen Jessie gefiel. Joe gab ihr fünfzig Dollar und bat sie, ihm eine Polizeimütze zu kaufen. Aber Jessie gab das Geld für etwas anderes aus und vergaß, die Mütze zu kaufen. Niemand dachte mehr daran.

Dann, bei Jessies Beerdigung, geschah etwas Unerklärliches. Ein Polizeibeamter kam auf Joe zu. Die beiden Männer hatten sich nie kennengelernt. Der Beamte hatte eine blaue Polizeimütze in der Hand und versuchte, die richtigen Worte zu finden.

»Ich habe diese Mütze für Sie«, sagte er zu Joe, und seine Augen füllten sich mit Tränen. »Ich weiß nicht warum, ich weiß es wirklich nicht. Ich weiß nur, dass ich sie Ihnen geben soll.«

Joe nahm die Mütze, drehte sie hin und her und starrte sie an. Dann umarmte er den Polizisten.

Die andere Seite kann anscheinend jeden zu ihrem Boten machen, solange diese Person willens ist, ihr Herz und ihren Geist für die andere Seite offenzuhalten. Der Polizist hätte den seltsamen Impuls, Joe diese Mütze zu schenken, einfach ignorieren können. Zum Glück hat er das nicht getan.

Jessie zeigte mir das, weil es etwas war, das nur Joe und Maryann wissen konnten. Nicht einmal der Polizeibeamte selbst wusste, warum die Mütze eine derartige Bedeutung hatte. Aber Jessie wollte es durch mich mitteilen, damit ihre Eltern wussten, dass sie tatsächlich bei ihnen in diesem Konferenzraum war.

Als Nächstes zeigte sie mir ihre Krankheit. Sie zeigte mir ihren ganzen Körper, was ich so verstand, dass sie eine Krankheit gehabt hatte, die sie überall angegriffen hatte. Dann brachte sie mich nach oben zu ihrem Kopf. Sie zeigte mir, dass sich ihre Krankheit ausgebreitet und auch ihr Gehirn angegriffen hatte. Sie zeigte mir auch eine Zeitlinie von drei Tagen. Es war eine Krankheit, die sich sehr schnell ausgebreitet hatte.

»Sie hat ihr ganzes System vergiftet«, sagte ich zu ihren Eltern. »Sie ist über ihr Blut bis hinauf in ihr Gehirn gelangt. Und als die Krankheit ihr Gehirn angegriffen hat, mussten Sie Ihre Tochter loslassen.«

Joe und Maryann hatten niemandem – absolut niemandem – von der Blutung in Jessies Gehirn erzählt. Sie hatten niemandem erzählt, dass dies der Grund gewesen war, warum die lebenserhaltenden Maßnahmen bei ihrer Tochter nicht fortgeführt worden waren. Aber Jessie zeigte es mir als weiteren Beweis dafür, dass sie da war. Vielleicht wusste sie, dass bei ihren Eltern sehr viel Überzeugungsarbeit nötig und von allen Details dies dasjenige war, das ihre Eltern wirklich von ihrer Anwesenheit überzeugen konnte. Und so war es.

»Jessie will Ihnen sagen«, erklärte ich, »dass sie Sie nie verlassen wird. Sie wird immer ihre Tochter sein und Sie immer lieben. Sie haben sie nicht verloren, und Sie werden sie auch nie verlieren. Bitte verstehen Sie, dass Sie sie gar nicht verlieren können.«

An dem Tag, an dem Jessie im Krankenhaus gestorben war, hatte Maryann ihre Hand gehalten, ihr über die Haare gestrichen und gesagt: »Du bist unsere beste Freundin in dieser Welt.« Und jetzt, drei Monate später in einem Konferenzraum auf Long Island wählte Jessie diese wunderbaren Worte und gab sie an ihre Eltern zurück.

»Jessie ist nicht weg«, sagte ich. »Jessie wird nie weg sein. Sie ist immer bei Ihnen. Und sie wird immer Ihre beste Freundin sein.«

* * * 19 * * *

Das letzte Kind

An diesem Abend im Konferenzraum kamen all die Kinder zu mir, Jungen und Mädchen. Manche waren erst fünf, manche Teenager und manche sogar noch älter. Sie lieferten mir klare Details, um ihren Eltern zu beweisen, dass sie anwesend waren, bevor sie durch mich immer und immer wieder betonten, wie wichtig es ihnen war, ihre Eltern wissen zu lassen, dass sie nicht wirklich weg waren.

Ich wurde von einem Mann und einer Frau angezogen, deren Tochter bei einem Fahrradunfall ums Leben gekommen war. Die Tochter wollte ihren Eltern sagen, dass sie ihre Schuldgefühle loslassen sollten und dass es nichts gab, was sie hätten tun können, um zu verhindern, was passiert war.

»Und sie möchte Ihnen danken, dass Sie ihr Kunstwerk im Wohnzimmer aufgestellt haben«, sagte ich. »So kann sie auch weiterhin in Ihrem Leben anwesend sein.«

Ein junger Mann kam durch und zeigte mir, dass er zusammen mit zwei Freunden ertrunken war. »Er möchte Sie wissen lassen, dass er mit seinen Freunden ins Jenseits gegangen ist. Er war nie allein«, teilte ich seinen Eltern mit. »Und als er auf der anderen Seite ankam, waren sein Großvater und der Familienhund schon da und begrüßten ihn.«

Alle Kinder, die durchkamen, wollten das Gleiche: den Schmerz und die Qual ihrer Lieben irgendwie lindern. Sie machten das so, dass ihre Eltern einen Schimmer des Lichts von der anderen Seite wahrnehmen konnten, und allein dieser winzige Schimmer ermöglichte es ihnen, einen Ausweg aus ihrer Dunkelheit zu sehen.

Die Readings gingen weiter. Ich merkte es gar nicht, aber seit ich angefangen hatte, waren mehr als drei Stunden vergangen. In diesen drei Stunden war unendlich viel passiert, und ein starkes Gefühl der Erleichterung und der Hoffnung erfüllte den zuvor von Düsternis erfüllten Raum. Die Menschen, die in dieser Nacht nach Hause gingen, waren nicht mehr die gleichen, die gekommen waren. Ihre Qual war verringert worden – nicht beendet, aber verringert. Ihre Kinder hatten ihnen das denkbar schönste, zauberhafteste und kraftvollste Geschenk gegeben: die Einsicht, dass sie nicht weg waren.

Ich war erschöpft und erfreut und überwältigt von all der Liebe, die an diesem Abend gegeben und zurückgegeben wurde. Aber dennoch war etwas nicht in Ordnung. Etwas fühlte sich falsch an.

Ich ließ meinen Blick durch den Raum schweifen und entdeckte eine Person, mit der ich noch nicht gesprochen hatte – eine Frau Anfang vierzig mit schwarzen Haaren. Sie war, wie ich später erfuhr, eine alleinerziehende Mutter und der einzige Elternteil ohne Partner. Sie hatte geduldig am äußersten Ende des Konferenztisches gesessen, aber niemand war für sie durchgekommen. Was war hier los? Die meisten Eltern hatten den Raum bereits verlassen, als die schwarzhaarige Frau langsam aufstand, sich umdrehte und mit schweren Schritten in Richtung Ausgang ging. Ich spürte ihre überwältigende Enttäuschung. Aber was sollte ich tun?

Und dann traf es mich wie ein Blitz: Ihr Kind wollte zuletzt kommen.

Ich eilte zu der Frau und legte meine Hand auf ihre Schulter. »Warten Sie«, sagte ich, »bitte bleiben Sie. Für Sie bleibe ich noch länger.«

Wir gingen wieder zum Konferenztisch – nur wir beide. Und als wir uns gerade hingesetzt hatten, kam jemand für sie durch.

Dieser Lichtpunkt erschien nicht oben rechts auf meinem Bildschirm, also nicht in dem starken, klaren Teil. Er saß irgendwo tiefer. Es fühlte sich an, als hörte ich eine niedrige, tiefe Schwingung – etwas, worauf ich mich konzentrieren musste, damit es einen Sinn für mich ergab. Hinzu kam, dass das Licht dieser Person sehr viel weniger intensiv war als das der anderen, die zuvor durchgekommen waren. Ich musste meine eigene Energie tiefer nach unten ziehen – viel tiefer, als wo sie den ganzen Abend gewesen war –, um die Energie dieser Person zum Vorschein zu bringen. Mir wurde klar, dass wir deswegen hatten warten müssen, bis sich der Raum ganz geleert hatte. Dieses Reading war anders.

Endlich konnte ich sehen, dass es ein Mädchen war – eine junge Frau, zwanzig Jahre alt. Die Information war vage, aber ich konnte sie ausmachen.

»Sie sind Psychiaterin«, sagte ich zu ihrer Mutter. Das Gesicht der Frau erstarrte. Dann sah ich ein College-Gebäude und Buchstaben – drei Buchstaben. »Ihre Tochter sagt mir, dass sie an der NYU (New York University) war«, sagte ich. Die Tochter zeigte mir, wo ihre Mutter gelebt hatte und ein paar andere Details. Und sie zeigte mir Tiere, kleine Tiere – Katzen. »Ihre Tochter möchte Ihnen danken, dass Sie sich um ihre Katzen kümmern«, sagte ich. »Sie ist wirklich dankbar, dass Sie so liebevoll mit ihnen umgehen.«

Die Katzen waren das entscheidende Detail. Ich konnte spüren, wie sich die Energie ihrer Mutter stärker für das Reading und die Botschaften ihrer Tochter öffnete.

Dann zeigte mir die junge Frau, wie sie gestorben war, obwohl ich das bereits wusste. Sie hatte sich umgebracht.

Selbstmordopfer kommen oft als schwache Lichter durch. Die Tochter dieser Frau hatte so lange gewartet, bis sie durchkam, weil sie die Tatsache, dass sie Selbstmord begangen hatte, nicht vor den anderen Eltern bekanntgeben wollte. Sie hatte gewartet, bis ihre Mutter mehr Privatsphäre hatte.

Sie zeigte mir, dass sie schon früher, als sie sechzehn war, versucht hatte, sich umzubringen, und wie sehr ihre Mutter damals versucht hatte, ihr zu helfen. Dann zeigte sie mir, wie sie es letztendlich gemacht hatte – sie hatte eine Überdosis Tabletten genommen. Und sie zeigte mir auch, dass sie es auf jeden Fall getan hätte, unabhängig davon, was ihre Mutter oder irgendjemand sonst dagegen unternommen hätte. Es war ihre Entscheidung. Es war ihre Tür. Sie hatte die Reise ihrer Seele auf der Erde abrupt beendet, und erst nachdem sie auf die andere Seite übergewechselt war, hatte sie erkannt, was für ein Geschenk das Leben ist.

All das erzählte ich der Mutter, die mittlerweile in Tränen ausgebrochen war. Während die Verbindung anfangs sehr schwach gewesen war, war sie nun stark und tiefgründig geworden. Ich spürte die unglaubliche Liebe, die zwischen dieser Mutter und ihrer Tochter ausgetauscht wurde. Und zum ersten Mal an diesem Abend liefen auch mir die Tränen übers Gesicht. Es war einer der kraftvollsten Momente, die ich je erlebt habe.

»Ihre Tochter möchte Sie wissen lassen, dass sie, wenn sie erkannt hätte, wie schlimm es für Sie sein und welche

Schmerzen es Ihnen bereiten würde, es nie getan hätte«, fuhr ich fort. »Es tut ihr sehr leid, dass sie es getan hat.«

Wir waren jetzt beim Kern der Sache. Das war es, was die Mutter am meisten gebraucht hatte.

»Ihre Tochter möchte Ihnen danken«, sagte ich. »Sie dankt Ihnen dafür, dass Sie alles versucht haben und so verständnisvoll waren. Aber am meisten dankt sie Ihnen für alles, was Sie nach ihrem Tod für sie getan haben.«

In dem fast leeren Raum übermittelte ich die Botschaft: »Ihre Tochter möchte Ihnen dafür danken, dass Sie ihr vergeben haben.«

Ich blieb etwa vierzig Minuten mit der Mutter des Mädchens zusammen. Als wir fertig waren, umarmten mich Bob und Phran und bedankten sich bei mir. Sie waren sehr glücklich mit dem Ausgang des Abends. Und wie erschöpft ich auch gewesen sein mag, nach dieser letzten Lesung war alles wie weggeblasen. Stattdessen fühlte ich mich vollkommen energetisiert. Ich würde diesen Eltern helfen können, sich mit ihren Kindern zu verbinden, und wunderbare Botschaften der Liebe übermitteln. Die Erkenntnis, dass ich dazu in der Lage war – dass ich eine Rolle in diesem wunderbaren Heilungsprozess spielen konnte –, war sehr bedeutsam für mich. In diesem Moment wusste ich ein für allemal, dass die Fähigkeiten, vor denen ich mich einst gefürchtet hatte, tatsächlich ein Segen waren.

Ich ging zu meinem Auto zurück und fuhr nach Hause. Ich war in einer derartigen Hochstimmung, dass ich immer noch voller Energie war. Ich weiß, das mag seltsam klingen, wenn man bedenkt, dass ich gerade vier Stunden lang mit diesen trauernden Eltern über unglaublich traurige Ereignisse gesprochen hatte. Aber in Wahrheit teilten wir alle diesen einen zauberhaften Moment. Die Kinder waren da, zusammen mit ihren Eltern in diesem Raum! Die Liebe ging weiter und immer weiter!

An diesem Abend war es überhaupt nicht um Tod und Dunkelheit gegangen, sondern um das Licht, das Leben und die Liebe.

Es war schon 23.00 Uhr, als ich Garrett anrief und ihm sagte, dass der Abend großartig gelaufen war.

»Hab ich dir doch gesagt«, erwiderte er.

»Ich bin bald zu Hause«, sagte ich.

Und in dem Moment, in dem ich das sagte, merkte ich, dass ich nicht allein im Auto saß. Die Kinder waren immer noch bei mir.

Es war nicht etwa so, dass sie noch mehr Botschaften zu übermitteln hatten. Eher so, dass auch sie immer noch voller Energie schwangen.

All meine Readings haben einen Dreieckseffekt; das heißt, dass drei Energien beteiligt sind, nämlich meine, die des Klienten und die Energie derer auf der anderen Seite. In dieser Nacht spürten wir alle das Gleiche. Genau wie ich waren auch die Kinder aufgekratzt.

Irgendwann waren sie weg, aber ich spürte noch immer eine Präsenz in meinem Auto. Es war ein Kind, aber nicht eines der Kinder, die im Konferenzraum durchgekommen waren. Auch dieses Kind hatte eine Botschaft zu übermitteln.

Ich fuhr in die Einfahrt und ging leise ins Haus. Ich umarmte Garrett, gab ihm einen Kuss und schlich mich dann auf Zehenspitzen zu meinen schlafenden Kindern. Ich machte die Tür zu Ashleys Zimmer auf und beugte mich über sie. Sie war mein Engel, mein kostbarer Engel. Ich gab ihr einen Kuss auf die Wange und zog ihr die Decke über die Schultern. Dann schlich ich in Haydens Zimmer, küsste ihn und deckte auch ihn gut zu. Ich fuhr mit den Fingern sanft durch seine weichen Haare. Ich versuchte, keinen einzigen Moment mit meinen Kindern für selbstverständlich zu halten. Ich wusste es besser. Ich wusste, wie viel Glück ich hatte.

Ich holte mir ein paar Chips und einen Dip aus der Küche und langte zu, als hätte ich eine Woche lang nichts zu essen bekommen. Dann sagte ich Garrett, ich hätte noch eine Kleinigkeit zu erledigen. Ich ging in unser Schlafzimmer und schloss die Tür.

* * *

Am Abend des FFF-Gruppenreadings war mir sehr wohl bewusst gewesen, dass auch Phran und Bob eine Tochter im Jenseits hatten, aber ich hatte nichts über sie und darüber gewusst, wie sie gestorben war. Aber als ich vom Huntington Hilton nach Hause fuhr, wusste ich, dass das Kind, das bei mir im Auto saß, ihre Tochter Bailey war.

Ich hätte normalerweise Bob und Phran angerufen, aber ich fürchtete, dass es schon zu spät war. Also schrieb ich ihnen eine E-Mail.

Bob und Phran waren den ganzen Abend im Hintergrund geblieben. Sie hatten abseits gesessen und still mit den trauernden Eltern mitgefiebert, die so sehr hofften, dass ihre Kinder durchkamen. Sie hatten ihren eigenen Schmerz, ihren eigenen Verlust beiseitegeschoben und sich darauf konzentriert, anderen Eltern zu helfen.

Aber jetzt kam eine Botschaft für sie.

»Alle Kinder, die durchgekommen sind, möchten Ihnen dafür danken, dass Sie diese Veranstaltung möglich gemacht haben. Die andere Seite sagt mir, dass Sie mehr Menschen heilen, als Ihnen bewusst ist«, schrieb ich, und fuhr fort:

»Bailey ist sehr stolz auf Sie. Ich habe sie hinter den anderen Kindern auf meinem Bildschirm stehen sehen, strahlend vor Stolz und Freude. Sie ist wunderschön.«

Bailey wollte auch auf ein wichtiges Datum aufmerksam machen, das kurz bevorstand. »Hat jemand in Ihrer Familie bald Geburtstag oder einen Jahrestag?«, fragte ich. »Bailey denkt an dieses wichtige Datum und lässt Sie wissen, dass sie immer ein Teil Ihres Leben sein wird.«

Am nächsten Tag schrieb Phran zurück. Sie bedankte sich herzlich für das Reading und teilte mir mit, dass es sich bei dem Jahrestag um Baileys Todestag handle, der in drei Tagen war. »Das war sicher Bailey, die in dieser Nacht bei Ihnen war«, schrieb Phran.

Manchen Kindern ist es nicht bestimmt, lange hier auf der Erde zu bleiben. Einige sind nur kurze Zeit hier, aber in dieser Zeit lernen und lehren sie wichtige Lektionen über die Liebe. Und der Einfluss, den sie auf die Welt haben, endet nicht mit ihrem Tod. Sie sind immer um uns und lehren uns etwas über die Liebe. Bailey war nur fünfzehn Jahre hier auf dieser Welt, aber sie verändert sie auch weiterhin zum Besseren. Weil Bob und Phran Bailey auch über ihren Tod hinaus lieben, haben sie die Forever Family Foundation gegründet. Und jetzt arbeiten sie alle drei – Bob, Phran und Bailey – als gemeinsames Team des Lichts und der Heilung.

*** 20 ***

Die gefangene Biene

Etwa ein Jahr nach der FFF-Veranstaltung führte ich ein Reading für Charlie und RoseAnn, ein Ehepaar aus New York City, durch. Ich sah, dass die beiden schon lange verheiratet waren und dass sie keine Kinder hatten. Doch als ich die Tür zur anderen Seite weiter öffnete, tauchte ein Lichtpunkt auf meinem Bildschirm auf. Ich spürte, dass dieser Lichtpunkt keine Person war. Es war ein Hund.

»Ich sehe einen großen schwarzen Hund, dessen Name mit einem S beginnt«, berichtete ich ihnen. Charlie und RoseAnn erzählten mir, dass ihr erster gemeinsamer Hund ein entzückender Dobermann/Labrador-Mischling namens Shadow gewesen war.

Mehr Lichtpunkte kamen durch. Ich war wie geblendet; dies war eine vollkommen neue Erfahrung für mich. Nicht nur Shadow, der Hund, kam durch. Da waren alle möglichen verschiedenen Tiere; Lichtpunkte, einer nach dem anderen aufgereiht. Die Lichter kamen und kamen, eine ganze Menagerie von Tieren, und alle mit der gleichen Botschaft. Es war eine Botschaft der Dankbarkeit, Anerkennung und Liebe.

Ich spürte eine Welle aus reiner Liebe, die zwischen den Klienten und der anderen Seite hin und her wogte. Das war so intensiv, dass ich nicht alle Tiere ausmachen konnte, die dort waren. Ich wusste nur, dass es sehr viele Tiere waren. Ich fragte mich, was Charlie und RoseAnn getan hatten, um einen so kraftvollen Austausch von Liebe und Dankbarkeit hervorzubringen.

* * *

Charlie war in der Bronx aufgewachsen, RoseAnn stammte aus Brooklyn. Sie kamen beide aus Familien, die Tiere liebten und oft welche retteten. »Ich hatte ein Talent für die Rettung von Wellensittichen«, erzählte Charlie. »Sie waren aus ihren Käfigen in irgendwelchen Wohnungen entflogen und auf unserer Feuertreppe gelandet. Ich warf ein Handtuch über sie und holte sie herein. Es war nicht ganz einfach, aber am Ende hatte ich fünf Wellensittiche.«

Bei RoseAnn ging es eher um verwilderte Katzen und streunende Hunde. »Da gab es eine Katzenfamilie, die im Lagerbereich unseres Hauses lebte. Meine Mutter und ich holten sie herein«, sagte sie. »Eine Katzenmutter und zwei Junge, Blackie und Gray. Wir fütterten sie und liebten sie und kümmerten uns um sie. Die Hunde, die wir bereits hatten, kamen ziemlich gut damit klar, dass wir jetzt auch Katzen hatten.«

Als sich Charlie und RoseAnn in ihren Zwanzigern kennenlernten, festigte sich ihre Bindung über ihre Liebe zu Tieren. Als sie dann zusammen waren, kreuzten noch sehr viel mehr herrenlose Tiere ihren Weg. Sie machten sich nicht auf die Suche nach Tieren, die gerettet werden mussten. Die Not leidenden Tiere schienen immer sie zu finden.

Da war Stripes, eine Katze, die auf ihrer Eingangstreppe auftauchte und ziemlich ramponiert aussah (sie war von einem Auto angefahren worden und hatte eine gebrochene Hüfte). Da waren Stars und Fang und Mommy und Heidi und Baby und Snow, verwilderte Katzen, die sie in Gassen oder auf der Straße gefunden hatten. Da waren eine riesige Tigerkatze namens Reginald Van Cat und eine Promenadenmischung namens Farfel. »Wir bogen in Brooklyn um die Ecke und sahen zwei Hunde, die an einen Zaun gebunden waren«, erzählte RoseAnn. »Was hätte wir tun sollen? Einfach weggehen?«

Aber sie kümmerten sich nicht nur um Katzen und Hunde. Eines Tages gingen sie in einer Shoppingmall einkaufen und fanden zwei kleine Spatzen in dem, was von einem Nest in einem Einkaufswagen übrig geblieben war. Sie waren gerade geschlüpft, und ihre Augen waren noch fest geschlossen, aber sie fühlten sich ganz kalt an. Charlie und RoseAnn nahmen sie mit nach Hause und wärmten und versorgten sie, und entgegen aller Erwartungen überlebten die Spatzen, die sie Heckle und Jeckle nannten. Charlie und RoseAnn fanden schließlich in einem Wildvogelreservat ein Zuhause für sie.

Ein anderes Mal waren sie in der Tiefgarage ihres Apartmenthauses, als sie ein leises Tschilpen hörten. Sie suchten etwa eine Stunde lang nach der Quelle dieses Geräusches und fanden schließlich einen Jungspatzen hinter einem Winterreifen. Er konnte noch nicht fliegen, also holten sie ihn hinter dem Reifen hervor und setzten ihn unter einen Busch, damit seine Eltern ihn finden konnten. Als sie eine Stunde später noch einmal nachschauten, war der Spatz immer noch da. Also nahmen Charlie und RoseAnn ihn mit nach Hause, päppelten ihn auf und ließen ihn schließlich frei.

Dann waren da noch die Ente und ihre Küken, die irgendwie auf die New Jersey Turnpike geraten waren, wo die Autos mit hundertzwanzig Stundenkilometern fuhren. »Ich sah sie, als sie auf die linke Spur watschelten«, sagte RoseAnn. »Ein Fahrer bremste scharf, und die Enten wechselten auf die mittlere Spur. Dann bremste ein anderer Fahrer, und die Enten waren direkt vor mir. Ich bremste ebenfalls, und sie liefen weiter über die Autobahn auf den Standstreifen zu. Ich schaute in den Rückspiegel und sah einen riesigen Sattelschlepper, der mit voller Geschwindigkeit auf mich zuhielt.«

RoseAnn sprach ein kurzes Gebet. Ohne seine Geschwindigkeit zu drosseln, scherte der Sattelschlepper in letzter Sekunde um RoseAnns Auto herum auf den Standstreifen aus und verfehlte sowohl sie als auch die Enten nur knapp. Dann bog er wieder auf die Spur ein und fuhr weiter, und die Enten watschelten ebenfalls munter weiter. »Es war, als hätten wir alle so eine Art Gruppenbewusstsein gehabt, das es uns möglich machte, den Enten auszuweichen«, sagte RoseAnn. »Wir blieben dort, bis sie die Autobahn sicher überquert hatten.«

Es gab noch weitere: Ein verwundeter Straßenhund in Cozumel, Mexiko, wo sie einen ortsansässigen Humanmediziner überreden konnten, ihn zu behandeln. Eine junge Taube, die aus ihrem Nest auf einer fast acht Meter hohen Fußgängerbrücke gefallen war. Sie baten Männer von der örtlichen Feuerwehr, sie mithilfe einer Feuerleiter wieder in ihr Nest zu setzen. Eine winzige Kröte, die mit den Wassermassen zu kämpfen hatte, die während eines Sturms über einen Parkplatz schlugen. Charlie begab sich ins Wasser, schöpfte die Kröte mit der hohlen Hand heraus und brachte sie an einen sicheren Platz auf der anderen Seite der Promenade.

An einem Nachmittag im April machten Charlie und RoseAnn einen Spaziergang an der Uferpromenade im Zentrum von Manhattan. Sie bemerkten eine Gruppe von

Menschen, die sich am Geländer versammelt hatten und auf das Wasser zeigten. Ein neun Meter langer Buckelwal war im Wasser unter der Verrazano-Narrows-Brücke gesichtet worden und schwamm nun vom offenen Meer weg in Richtung Stadt. Das war nicht gut für den Wal. Er lief Gefahr, von einem Schiff angefahren zu werden oder in ein Netz zu geraten. Wenn er nicht wieder Richtung Meer schwamm, würde er vermutlich nicht überleben.

Charlie und RoseAnn stellten sich zu der Gruppe und schauten zu, wie die Küstenwache eine Begrenzung um den Wal herum errichtete. Sie versuchten, ihn vor den Schiffen zu schützen, aber es gab keine Möglichkeit, ihn vom Hafen wegzusteuern – das musste der Wal selbst machen. Die Zuschauer wollten versuchen, den Wal mit Willenskraft ins Meer zurückzulenken. Sie konzentrierten sich alle sehr stark auf den Wal und schickten ihm eine Nachricht.

Lange Zeit rührte sich der Wal nicht vom Fleck. Dann plötzlich drehte er sich in die richtige Richtung, weg von der Begrenzung und hin zu den offenen Gewässern südlich von Coney Island. Mit einem letzten großen Satz nach vorn schob sich der Wal vom Hafen weg und verschwand unter der Wasseroberfläche. Er war auf dem Weg in die Sicherheit.

Und die Menschen an der Küste? Sie jubelten nicht, sondern waren still, weil sie spürten, dass sie alle Teil von etwas Magischem gewesen waren. »Wir standen schweigend am Ufer«, berichtete Charlie, »und stellten uns vor, wie der Wal wieder nach Hause schwamm.«

Außerdem gab es noch eine winzig kleine Biene.

Als Charlie und RoseAnn die Strandpromenade am Jones Beach entlangschlenderten, fiel ihnen eine Biene auf, die am Boden lag. Eines ihrer klitzekleinen Beinchen klemmte zwischen zwei Holzplanken. »Man konnte sehen, dass die Biene versuchte, ihr Bein dort herauszuziehen und sich zu befreien«, sagte RoseAnn. »Ich weiß nicht, ob nicht sogar schon jemand daraufgetreten war.«

RoseAnn kniete sich vor der Biene hin und zog sachte an einer der Planken, bis die Biene frei war. »Aber sie flog nicht weg, weil sie zu erschöpft war«, erinnerte sie sich. »Ich schob sie auf ein Taschentuch, und wir trugen sie zu einem Garten und setzten sie neben die Blumen. Bald summte sie um die Blüten herum.«

Während meines Readings für Charlie und Rose sah ich das Bild eines Kreuzfahrtschiffes und einer Taube. Ich hatte keine Ahnung, was das bedeutete, aber ich erwähnte es während des Readings. Später erfuhr ich die Geschichte von der Taube auf dem Schiff.

Die beiden befanden sich auf einer Europa-Kreuzfahrt, als sie eine Taube entdeckten, die auf dem Deck herumspazierte. Sie fragten sich, was sie da mitten auf der Nordsee machte, und blieben bei ihr, bis sie wegflog. Zwei Stunden später zogen sie sich in ihre Kabine unter Deck zurück. Als sie die Tür öffneten, sahen sie die Taube auf ihrem Bett!

Ihre Kabine hatte einen Balkon, und sie mussten die Balkontür offen gelassen haben. Es gab an die tausend Kabinen auf diesem Schiff, aber irgendwie hatte die Taube ihre gefunden.

Sie besorgten ein paar Körnerbrötchen, schabten die Körner ab und stellten der Taube eine kleine Mahlzeit auf den Balkon. Die Taube pickte die Körner auf und suchte sich einen gemütlichen Platz zum Ausruhen. Sie blieb auf ihrem Balkon, bis das Schiff den nächsten Hafen erreichte: Amsterdam. Dann flog sie weg.

Bevor sie wegflog, hatte Charlie einen Ring mit einem kleinen Schild an einem ihrer Beine bemerkt. Darauf war eine

Reihe von Zahlen eingraviert, die sie als Telefonnummer interpretierten. Die Nummer gehörte offenbar zu den Niederlanden, und als sie in Amsterdam waren, wählte Charlie diese Nummer. »Wir haben jemanden erreicht, der uns mit dem Besitzer der Taube verbinden konnte«, erzählte Charlie. »Es war eine für einen Wettflug eingesetzte Brieftaube. Sie hätte eigentlich über die Nordsee fliegen und in Frankreich landen sollen. Ich denke mal, sie hat eine kleine Verschnaufpause gebraucht und ist deshalb auf unserem Schiff gelandet. Der Besitzer war sehr froh, als er von uns hörte, dass die Taube in Sicherheit war.«

* * *

Das Reading, das ich für Charlie und RoseAnn durchführte, war eines der Dichtesten, das ich je gemacht habe. Es sprudelten so viel Liebe und so viele Botschaften aus der offenen Tür, dass ich kaum mitkam. Ein paar Tiere kamen deutlicher durch als andere. Shadow, ihr erster gemeinsamer Hund, war eines von ihnen. Aber ich bekam auch ganz spezielle Informationen über ein Tier, das noch nicht gestorben war: eine ihrer geliebten Katzen.

»Sie haben derzeit einen Kater, der große Probleme mit dem Gehen hat«, sagte ich. »Er hatte einen Schlaganfall und ist sehr krank. Aber er ist noch nicht bereit, Sie zu verlassen. Er möchte noch bleiben. Sie sollten also noch warten, denn in zwei Wochen wird er wieder laufen können. Und ich sehe eine Zeitlinie, die sich über sieben Monate erstreckt. Das heißt, er wird noch weitere sieben Monate bei Ihnen bleiben.«

Charlie und RoseAnn waren verblüfft. Ihr geliebter Kater Reggie hatte in der Tat gerade einen Schlaganfall gehabt. Er konnte kaum noch gehen, und sie waren ziemlich sicher, dass seine Tage gezählt waren. »Er konnte noch nicht einmal mehr stehen«, erzählte mir RoseAnn später. »Wir mussten ihn hochheben, um ihn zu seinem Katzenklo zubringen. Ganz ehrlich, wir dachten, es sei an der Zeit, ihn einschläfern zu lassen.« Aber weil die andere Seite ihnen geraten hatte, noch zwei Wochen zu warten, warteten sie so lange. Zwei Wochen später spazierte Reggie in ihr Schlafzimmer, als sei nichts gewesen. Dann kam er sogar angerannt und kuschelte mit ihnen. Und er blieb tatsächlich noch weitere sieben Monate bei ihnen.

Ich hatte ein weiteres Reading mit Charlie und RoseAnn, nachdem Reggie gestorben war, und auch dieses Mal kam er durch.

»Reggie sagt, er kann nicht glauben, dass er jetzt neben Ihnen im Bett liegen darf«, erzählte ich den beiden. »Er kann sein Glück kaum fassen und ist unendlich froh darüber.«

RoseAnn lachte und bestätigte, dass Reggie nie bei ihnen hatte schlafen dürfen. Denn hätten sie diese eine Katze ins Bett gelassen, hätten sie es den anderen auch erlauben müssen.

Ich habe seitdem noch ein paar Readings für Charlie und RoseAnn durchgeführt, und jedes Mal bin ich mit Liebe und Dankbarkeit von der anderen Seite überschüttet worden. Alle Tiere, die sie in den letzten dreißig Jahren gerettet haben – die Katzen und Hunde und Spatzen und Kröten und Tauben und Enten und sogar die winzige Biene – kamen durch und brachten Wellen der Liebe und Dankbarkeit mit. Charlie und RoseAnn haben ihr ganzes Leben darauf ausgerichtet, den schwachen und verwundeten Kreaturen zu helfen und ihnen Liebe zu geben, und dafür hat die andere Seite die allerhöchste Wertschätzung.

Aus meinen Readings für Charlie und RoseAnn habe ich sehr viel gelernt. Sie haben meine Einsicht in die Bedeutung unseres freien Willens verstärkt. Alle Entscheidungen, die wir treffen, haben erhebliche Folgen – vor allem jeder Akt der Liebe und Güte. Unser Handeln ist wichtig. Alles, was Charlie und RoseAnn getan haben, ist wichtig. Es hat für die große kollektive Energie unserer aller Seelen Bedeutung, weil sie das größte Geschenk wertzuschätzen wissen, das wir besitzen: die grenzenlose Fähigkeit, selbst die kleinsten Lebewesen zu lieben und zu heilen.

Die Readings waren auch deshalb so bedeutungsvoll für mich, weil RoseAnn und Charlie fest daran glauben, dass alle lebenden Wesen ein gemeinsames Bewusstsein haben. Sie glauben, dass dieses Bewusstsein der Biene ermöglichte, ihre Absicht zu erkennen, und dem Wal, die kollektive Gedankenenergie der Menschen an der Küste wahrzunehmen, und den Fahrern auf der New Jersey Turnpike, den Enten auszuweichen. Es ist dieses Bewusstsein, das über den Bereich des Körperlichen hinausgeht und es überlebt.

Heute finden Charlie und RoseAnn (beide sind selbstverständlich Vegetarier) viel Trost in der Einsicht, dass sie auch weiterhin durch ein starkes Band der Liebe mit ihrer tierischen Familie verbunden sind.

Meine Readings für Charlie und RoseAnn sind für mich ein weiterer Beweis dafür, dass unsere Tiere auf der anderen Seite weiterleben und dass unsere Verbindung zu ihnen unauflöslich ist. Ich habe auch gesehen, dass uns unsere Haustiere, wenn sie noch hier sind, nicht verlassen wollen. Oft sehe ich mehrere Türen, durch die Haustiere ins Jenseits eingehen können, und ich sehe, dass sie davon die Allerletzte nehmen. Reggie, der Kater, blieb noch sieben Monate da.

Ein anderes Paar, für das ich ein Reading durchführte, war sich sicher, dass ihr zwölfjähriger Chihuahua LaLa bald eingeschläfert werden müsse. Aber in unserem Reading sah ich mehrere Türen, eine in einem Monat und eine in jedem der folgenden sechs Monate. Zu ihrer Überraschung blieb LaLa noch sechs Monate bei ihnen – eine Zeit, in der sie ihre grenzenlose Liebe zueinander ausgiebig feiern konnten.

Tiere kommen in meinen Readings oft mit wichtigen Botschaften für uns auf der Erde durch. Diese Botschaften können mit unseren Schuldgefühlen bezüglich der Einschläferung eines Tieres zu tun haben. Haben wir das Richtige getan, indem wir das Tier einschläfern ließen? Haben wir genug getan, um es zu retten? Haben wir ihm zusätzliches Leid zugefügt? Jeder, der je ein Tier geliebt hat, dürfte dieses Gefühl kennen.

Vor Kurzem habe ich ein Reading für eine Frau gemacht, bei dem zwei Hunde durchkamen – ein großer Retriever und ein kleiner Terrier. Ich sah, dass der Retriever gerade ins Jenseits eingegangen war, und spürte, dass die Frau unter einem schrecklichen Schuldgefühl litt.

»Er sagt, Sie sollen keine Schuldgefühle wegen seines Todes haben«, sagte ich ihr. »Sie haben alles richtig gemacht. Es war seine Zeit zu gehen. Sie waren bei ihm, als er starb, und er möchte Ihnen danken, dass Sie so sanft und so liebevoll waren und die ganze Zeit bei ihm gewesen sind. Von diesem Hund kommt nichts als Liebe, Liebe und nochmals Liebe für Sie.«

Die Frau brach in Tränen aus. Sie erzählte mir, dass sie sich, als der Retriever krank wurde, vor eine schwierige Entscheidung gestellt sah. Sie konnte eine Operation machen lassen, die eine kleine Chance für eine Linderung bot, oder den Hund einschläfern lassen. Sie wollte alles in ihrer Macht

Stehende tun, um ihm zu helfen, aber die riskante Operation fühlte sich nicht richtig an, weil seine Krankheit schon so weit fortgeschritten war. Sie beschloss, die Operation nicht machen zu lassen, und ließ den Hund einschläfern.

Unmittelbar danach fürchtete sie, die falsche Wahl getroffen zu haben, weil sie nicht genug für ihren Hund getan und ihn in der größten Not im Stich gelassen hatte. Sie glaubte, dass sie sich das niemals würde verzeihen können.

Als wir unsere Sitzung hatten, kam die Botschaft ihres geliebten Hundes ganz klar durch: *Mir geht es gut.* Ich sah, dass sich der Retriever auf der anderen Seite mit ihrem Haustier aus der Kindheit, einem kleinen Terrier, zusammengetan hatte. Er war sicher, er war glücklich, und er hatte keine Schmerzen mehr. Und was am wichtigsten war, er war ihr dankbar für ihre Liebe.

»Sie haben keine ›falsche‹ Entscheidung getroffen, weil Sie sich bei all Ihren Entscheidungen von der Liebe leiten ließen«, sagte ich zu ihr. »Ihre tiefe, bleibende Liebe für Ihren Hund ist das, was er mitgenommen hat, als er starb. Er hat nichts als Liebe mitgenommen.«

Die Frau erzählte mir, sie habe sich gefühlt, als sei eine große Last von ihren Schultern genommen worden. Die ganze Liebe, mit der sie ihren Hund überschüttet hatte, als er noch hier war, kam zu ihr zurück, als sie es am meisten brauchte.

Die andere Seite zeigt uns, dass unsere Tiere nach ihrem Tod sicher, glücklich und schmerzfrei sind, dass sie durch die Felder toben, durch den Himmel fliegen, durch Riffe schwimmen und uns für all die Liebe danken, die wir ihnen gegeben haben, als sie noch hier waren.

Die Botschaft von der anderen Seite ist so klar, wie sie nur sein kann: Unsere Tiere leben. Sie warten auf uns. Wir werden sie wiedersehen.

*** 21 ***

Zwei Meteore

Meine privaten Sitzungen wurden immer ergiebiger und tiefgründiger, während mein Selbstbewusstsein wuchs und meine Techniken immer besser wurden. Jedes Reading war auch ein Lehrstück für mich. Ich lernte, dass im Universum nichts zufällig geschieht; dass wir von jedem Menschen, dem wir begegnen, etwas lernen und ihm unsererseits etwas beibringen können; dass die andere Seite mit viel Liebe und in voller Absicht auf uns aufpasst.

Mir wurde auch bewusst, dass zwar die meisten von denen, die wegen eines Readings zu mir kommen, an die andere Seite glauben, aber dass es auch viele gibt, die das nicht tun. Manche sind religiös und glauben an den Himmel, und manche akzeptieren, dass es einen Himmel gibt, glauben aber nicht daran, dass wir die Möglichkeit haben, uns damit zu verbinden.

Andere sind zutiefst spirituell und glauben an eine alles vereinende, universelle Macht. Manche kommen zu mir, weil sie fest daran glauben, Kontakt zu ihren verstorbenen Lieben aufnehmen zu können. Aber manche sind auch ausgesprochen ungläubig.

Einer von ihnen war ein Mann namens Jim Calzia.

Jim ist Wissenschaftler, ein Geologe. Er wurde in Kalifornien geboren und ist am Rand der Mojave-Wüste aufgewachsen. Als Kind spielte er in der Nähe der trockenen Hügel und felsigen Gebirgsrücken, die seine Fantasie anregten. Er hat in Geologie promoviert und arbeitete, als er zu mir kam, seit 38 Jahren für US-Geological Survey. Er kartierte Erzlagerstätten, analysierte Isotopen und erforschte den Ursprung und die Entwicklung seltener Erden. Er fand wahre Schönheit und auch eine Art von Sicherheit in der Erde, in den Felsen und in seiner Reinigungsbürste.

Für Jim war die Erde solide – fest, greifbar, substanziell. Es war sein Beruf, das Wesen dieser Festigkeit zu verstehen. Er glaubte an das, was er in der Hand halten konnte: an einen Brocken Titan oder Zirkon oder Monazit oder an anderes festes Mineral, auf dem seine Realität aufgebaut war.

Sein Glaube, sein Fels in der Brandung war seine Frau Kathy. Jim hatte Kathy kennengelernt, als sie beide Oberstufenschüler an der Culver City Highschool waren. Eine Woche vor dem großen Backwards Dance, der Tanzveranstaltung, bei der sich die Mädchen ihre Tanzpartner selbst aussuchen, nahm Kathy – hübsch, beliebt und extrovertiert – Jim beiseite. »Willst du mit mir zum Backwards Dance gehen?«, fragte sie ihn. Sie waren siebzehn und blieben die nächsten fünfundvierzig Jahre zusammen.

Als sie beide das College besuchten, heirateten sie. Gemeinsam bauten sie sich in Kalifornien ein schönes Leben auf. Jim arbeitetete als Geologe, Kathy als Ausbilderin für Krankenschwestern im Schulamtsbezirk. Sie hatten drei Söhne – Scott, Kevin und Chris.

Im Jahr 1994 bekam Jim einen Schock, als bei Kathy Brustkrebs diagnostiziert wurde. Sie verbrachte einen Monat im Krankenhaus und wurde anschließend einer experimentellen

Krebstherapie unterzogen. Der Abschlussball ihres Sohnes Kevin fiel in die Zeit des Krankenhausaufenthalts seiner Mutter. Also ließen Kevin und seine Partnerin ihn ausfallen, zogen OP-Kittel an und verbrachten dem größten Teil des Abends in Kathys Zimmer. Jim war auch da, aber er war ohnehin immer da.

Die Therapie schlug an, und Kathy kam durch. Alles war wieder gut bis 2009, dem Jahr, in dem Kathy in den Ruhestand ging. Jim plante, etwa zur gleichen Zeit wie Kathy mit dem Arbeiten aufzuhören, damit sie ihren Ruhestand von Anfang an gemeinsam verbringen, ihr Haus umbauen und ihre goldenen Jahre dort verbringen konnten.

Aber nur wenige Tage nach ihrer Pensionierung bekam Kathy eine Lungenentzündung. Sie hatte auch vorher schon gegen Lungenentzündungen gekämpft, aber dieses Mal wurde es nicht besser, sondern sie wurde immer kränker. Kathy wies sich selbst ins Krankenhaus ein. Jim begleitete sie und dachte keinen Moment daran, dass es sich um etwas anderes als um eine Vorsichtsmaßnahme handeln konnte.

Aber ihre Symptome verschwanden nicht. Die Ärzte erkannten, dass ihr Immunsystem durch die vor Jahren verabreichte experimentelle Therapie geschwächt worden war und jetzt nicht mehr reagierte. Tests ergaben, dass Kathy den seltenen H1N1-Virus hatte – Schweinegrippe. Sie wurde sofort auf die Intensivstation gebracht und intubiert. Dadurch konnte sie nicht mehr sprechen.

Dennoch war Jim überzeugt, dass sie sich erholen und wieder gesund werden würde. Kathy war eine Kämpferin. Sie hatte schon vorher Schlachten wie diese geschlagen und immer gewonnen.

In der folgenden Woche wich Jim kaum von ihrer Seite, obwohl sie die ganze Zeit sediert war. Kathy brauchte mehrere

Bluttransfusionen, und Jim wusste, wie sehr sie Nadeln hasste. Daher konnte er es kaum ertragen, wenn die Schwestern hereinkamen und eine neue Nadel setzten. Aber er wusste, dass die Transfusionen notwendig waren, und er wusste, dass seine Frau weiterkämpfen würde.

Nach fünf Tagen im Krankenhaus gaben die Schwestern Kathy etwas, was sie »Sedierungsurlaub« nannten. Die Sedierung wurde vorübergehend verringert, damit Kathy für eine Weile klar denken konnte. Ihre Söhne versammelten sich um sie, als sie ihr Bewusstsein zum ersten Mal seit Tagen wiedererlangte. Wegen des Tubus konnte sie nicht sprechen, aber sie konnte auf die Buchstaben eines Alphabetdiagramms zeigen. Sie wollte ihre Haarbürste und einen Kamm haben, und sie wollte sicher sein, dass die Blumen in den Hängekörben neben der Garage gegossen wurden.

Als die Schwestern Kathy wieder sedierten, gingen die Jungen nach Hause. Zwei Tage später informierte eine Schwester Jim, dass Kathys Herz rase, und zwar mit 160 Schlägen pro Minute. Jim wusste, dass Kathy schwer zu kämpfen hatte. Doch erst als der Arzt eines Abends im Warteraum auf ihn zukam, hatte er plötzlich Angst.

»Ich denke, es ist Zeit, sie gehen zu lassen«, sagte der Arzt.

Sie gehen lassen? Kathy gehen lassen? Dieser Gedanke war Jim nie in den Sinn gekommen. Nicht eine Sekunde lang hatte er über ein Leben ohne Kathy nachgedacht. Sie loslassen? Was sollte das überhaupt heißen? Wie kann man jemanden loslassen, der einem alles bedeutet? Jim war entsetzt.

An ihrem achten Tag auf der Intensivstation wurde Kathys Herzschlag immer schwächer. Es war 4.00 Uhr morgens, als eine Schwester erklärte, sie habe Schwierigkeiten, eine Transfusionsnadel in ihren Arm zu bekommen.

»Tun Sie es nicht«, hörte Jim sich sagen. »Setzen Sie ihr keine Nadeln mehr.«

Die Schwester sagte, sie hätten nicht mehr viel Zeit. Jim rief seine Söhne an und bat sie, schnell zum Krankenhaus zu kommen. Jeder hatte nur einen kurzen Moment, um sich zu verabschieden. Einer nach dem anderen strich ihr über den Arm und küsste ihre Wange. Dann beugte sich Jim über Kathys Bett, nahm sie in die Arme und drückte sie an sich.

»Ich bin so stolz auf dich«, flüsterte er. »Ich weiß, du hast alles getan, was du tun konntest. Ich liebe dich, Kathy.«

Jim spürte eine Hand auf seiner Schulter. Es war sein Sohn Scott.

»Papa«, sagte Scott, »sie ist gegangen.«

* * *

Nichts konnte Jims Trauer lindern. Sein Schmerz war tief und bodenlos. Er ließ Kathys Sachen alle so, wie sie immer gewesen waren. Die meiste Zeit verbrachte er in der Dunkelheit. Er ging nicht ans Telefon und erlaubte seinen Freunden nicht, auf einen Besuch bei ihm vorbeizukommen. Später erinnerte er sich nur noch vage, was er in diesen entsetzlichen, verzweifelten Monaten gemacht hatte. Das erste Weihnachtsfest ohne Kathy verbrachte er mit seinem Sohn Kevin, seiner Schwiegertochter Maren und deren Familie. Jim erinnerte sich, dass fast jeder, der Kathy gekannt und geliebt hatte – sogar Freunde im fernen Finnland – am Weihnachtstag um genau 11.00 Uhr eine Kerze anzündete und sie zu ihrem Gedächtnis in die Höhe hielt. Davon abgesehen nahm Jim die Monate, die nach Kathys Tod vergingen, nur verschwommen wahr; sie waren für ihn zu schmerzhaft und zu traurig, um sich daran zu erinnern.

So hätte er noch Jahre verbringen können, vielleicht sogar den Rest seines Lebens. Aber eines Tages bekam er Migräne. Er hatte noch nie Migräne gehabt, im Gegensatz zu Kathy, die von Zeit zu Zeit darunter gelitten hatte. An diesem Tag sah Jim blendende Lichtblitze und spürte einen lähmenden Schmerz in den Schläfen. Er warf sich auf sein Bett und hielt sich den Kopf. Die Migräne erinnerte ihn an Kathy, und in diesem Moment hatte er eine Art Erleuchtung.

Kathy würde das nicht wollen, dachte er. Sie hatte sich immer um ihn gekümmert. Gemeinsam hatten sie sich ein Leben aufgebaut, und jetzt vertat er das alles.

Danach ging es Jim ein wenig besser. Er und Kathy hatten mit der Renovierung ihres Hauses angefangen, bevor sie gestorben war. Jetzt machte Jim dort weiter, wo sie aufgehört hatten, und sorgte dafür, dass jedes kleine Detail genau so wurde, wie Kathy es sich gewünscht hatte.

Er wollte sich gerade einen neuen Elektroherd einbauen lassen, als der Elektriker, den sie schon früher beauftragt hatten, protestierte. »Nein, nein, nein, Kathy hat mit mir darüber gesprochen«, sagte er. »Sie wollte einen Gasherd. Einen Gourmet-Gasherd. Sie hatte sich schon einen Herd mit roten Knebelschaltern ausgesucht.«

Jim ließ den Herd einbauen, den Kathy ausgesucht hatte.

Kurz danach war Jim auf dem Weg von einem Familientreffen nach Hause. Er fuhr auf dem Highway 101 bei Shell Beach vorbei. Da sah er, wie etwas in seinem Gesichtsfeld aufblitzte. Er schaute durch die Windschutzscheibe in den dunklen Nachthimmel und sah, wie zwei Meteore in Richtung Strand rasten. Sie waren unglaublich hell und schnell, und als sie auf die Erde zuflogen, machte sich Jim auf eine Schockwelle gefasst. Er schaute einen Moment auf die Straße, und als er wieder nach den Meteoren Ausschau hielt, waren sie verschwunden. Der Himmel war ruhig. Es war fast so, als habe er sich das Ganze nur eingebildet.

An nächsten Abend war Jim bei Kathys Bruder zu Besuch und fragte ihn, ob er etwas von den beiden riesigen Meteoren über Shell Beach gehört habe. Kathys Bruder hatte nichts davon gehört, ebenso wenig wie alle anderen, die Jim fragte.

Ein paar Wochen später bekam Jim einen Anruf von seinem Sohn Kevin. »Ich habe hier etwas, das du unbedingt sehen musst«, sagte Kevin.

Kevin schickte Jim ein Video von einer Sitzung, die seine Frau Maren bei einem Medium gehabt hatte. Dieses Medium war ich. Zufällig hatte meine Sitzung mit Maren ein paar Stunden, nachdem Jim die Meteore gesehen hatte, stattgefunden.

»Schau es dir einfach an«, sagte Kevin. »Vertrau mir.«

Jim sah sich die Aufzeichnung des Readings gemeinsam mit seinem Sohn Scott an. Fast sofort fiel Jim auf, dass ich mit meinen Händen Gesten machte, die ihm vertraut vorkamen. Es waren Kathys Gesten.

Er beugte sich vor und hörte genau zu, wie ich eine Reihe von Familienfesten, Geburten und Ereignissen in genau der Weise beschrieb, wie seine Frau es getan hätte. »Woher weiß sie das alles?«, fragte er sich. »Warum verhält sie sich wie Kathy?«

Jim hörte sich sechzig Minuten lang an, wie Kathy – durch mich – sprach. Gegen Ende des Readings fragte mich dann Maren: »Hat Kathy seit ihrem Tod jemals versucht, Kontakt zu Jim aufzunehmen?«

Jim hielt den Atem an. Er konnte nicht wirklich verarbeiten, was er da sah und hörte. Aber er wollte die Antwort unbedingt hören.

»O ja«, erklärte ich Maren. »Sie hat es versucht und versucht und versucht. Aber jedes Mal, wenn sie sich ihm nähert, geht er noch tiefer in die Dunkelheit. Sie möchte ihm einerseits nicht wehtun, lässt aber andererseits nichts unversucht. Sie hat schon alles probiert. Sie sagt, sie hat es sogar schon mit Meteoren versucht!«

Jim sprang auf. »Ich muss mich selbst mit dieser Frau treffen«, sagte er.

* * *

Fast ein Jahr nach Kathys Tod hatte ich meine erste Sitzung mit Jim. Wir trafen uns in Marens Elternhaus in Huntington Station auf Long Island. Ich wusste nichts über ihn, außer dass seine Frau vor einem Jahr gestorben war. Als wir uns gegnübersaßen, fiel mir als Erstes auf, wie nervös er war.

Er war groß, hatte volles graues Haar, und seine Augen lächelten mit, wenn er lächelte. Er war nicht mehr jung, hatte aber dennoch etwas Jungenhaftes an sich. Sein Gesicht war offen und freundlich, und seine Energie war abenteuerlustig, aber dennoch gut geerdet. Er war auf jeden Fall jemand, mit dem man gern Zeit verbringt. Aber ich spürte auch, wie zutiefst traurig er war.

Wir setzten uns, und ich war eine oder zwei Minuten lang damit beschäftigt, seine Energie zu lesen. Dann spürte ich sehr schnell, dass seine Frau durchkam. Sie zeigte mir ein klares Bild.

»Ihre Frau zeigt mir, dass in Ihrem Haus Unordnung herrscht«, sagte ich. »Einzelne Wände sind abgerissen, die Böden sind herausgerissen, die Decke wurde abgesenkt. Alles ist drunter und drüber.«

Jim schüttelte den Kopf und lächelte. Die Umbauarbeiten waren in vollem Gange. Die Wände, die Böden, die Decke – alles war in genau dem Zustand, den ich gerade beschrieben hatte.

»Ich sehe auch so etwas wie einen Herd«, sagte ich. »Einen Herd mit roten Knebelschaltern.«

Jim begann zu weinen.

Kathy beschrieb ein Detail nach dem anderen, was ihre Anwesenheit bestätigte. Sie zeigte mir einen Handabdruck auf einer Wand.

»Sie zeigt mir einen Handabdruck und sagt, sie sehe, wie Sie die Wand der Küche berühren«, sagte ich.

Jim lächelte erneut.

»Die Küche war ihr Lieblingsraum«, erklärte er. »Jeden Morgen, wenn ich in die Küche gehe, berühre ich die Wand und denke an sie. Jeden einzelnen Morgen.«

»Sie weiß das zu schätzen«, sagte ich. »Sie erwidert Ihre Berührung.«

Kathy zeigte mir etwas in einer Schublade – ein kleines Fläschchen mit Nagellack.

»Kathy amüsiert sich darüber«, erzählte ich Jim. »Sie lacht und sagt: ›Ziehen Sie ihn doch mal ein bisschen auf, und fragen Sie, wozu er meinen Nagellack braucht.‹«

Jetzt lachte Jim auch. »Sie hat recht«, sagte er. »Ich habe ihren Nagellack aufgehoben. Er steht in der Garage. Er hat nämlich genau die gleiche Farbe wie mein Auto. Also nehme ich ihn, wenn ich einen kleinen Lackschaden am Auto ausbessern muss.«

Etwas daran, dass Jim den Nagellack seiner Frau behalten hatte, berührte mich ungemein. Es war ihr Nagellack gewesen, und nun war es seiner, und sie verwendeten ihn auf völlig unterschiedliche Weise, aber für beide war er nützlich.

Das kleine Fläschchen war eine Masche im Gewebe ihres gemeinsamen Lebens – etwas, was sie über Zeit und Raum miteinander verband.

Meine Sitzung mit Jim hat mir gezeigt, wie beharrlich unsere Lieben versuchen, von der anderen Seite aus mit uns zu kommunizieren – und dass wir unsere Wahrnehmung der Welt ändern müssen, damit sie zu uns durchdringen können.

Jim und ich sprachen länger als eine Stunde miteinander. Kathy kam mit noch vielen weiteren persönlichen Details durch. Jim schüttelte immer wieder den Kopf und fragte sich, wie ich all diese Dinge wissen konnte. Aber natürlich wusste ich sie nicht. Ich gab sie nur für Kathy weiter.

Als unsere Sitzung zu Ende war, wirkte Jim erschüttert. Er stand auf, atmete ein paar Mal tief durch und umarmte mich dann.

»Für mich hat es sich angefühlt, als hätte ich mich gerade mit Kathy unterhalten«, sagte er. »Ich hätte nie gedacht, dass ich noch einmal in der Lage sein würde, mit ihr zu sprechen.«

Jim bat mich um einen Termin für eine weitere Sitzung, aber ich wusste, dass dies nicht nötig sein würde.

»Sie brauchen mich nicht«, sagte ich. »Sie brauchen mich nicht, um mit Kathy zu sprechen. Sie ist immer in Ihrer Nähe. Sie müssen lediglich Ihre Umgebung bewusst wahrnehmen. Achten Sie darauf, was passiert.«

Jim ging nach Hause, kaufte sich ein Sammelalbum und fing an, alles aufzuschreiben und zu sammeln, was ihm ungewöhnlich vorgekommen war. Er schrieb über den Rosenbusch, den Kathys Kollegen ihr geschenkt hatten, als sie in den Ruhestand gegangen war. Darüber, wie sie diese Rose in den Vorgarten gepflanzt hatten und wie sie unmittelbar nach

Kathys Tod zu blühen begonnen hatte. Diese Rosen sind größer, strahlender und prächtiger geworden als alle anderen Blumen im Garten.

Er schrieb über ihren ersten Hochzeitstag nach Kathys Tod und wie er und Scott zum Abendessen in ein Restaurant gegangen waren, in dem er lange nicht mehr gewesen war. Das Erste, was ihm auf der Speisekarte auffiel, war eine Vorspeise: Garnelen mit Honig und Walnüssen. Die war Kathys Lieblingsspeise gewesen.

Er schrieb über eine schöne weiße Taube, die in die Garage geflogen kam, als er an seinem Auto herumschraubte, und darüber, wie diese Taube gelandet war und ihn angesehen hatte. Er hatte zurückgeblickt, und sie hatten einander so lange in die Augen geschaut, wie er noch nie jemandem in die Augen geschaut zu haben glaubte, bis die Taube wieder weggeflogen war. Jim beobachtete, wie sie wegflog, und sagte dann laut, obwohl nur er es hören konnte: »Das war Kathy.«

Jim ging sogar wieder arbeiten. Er nahm eine Stelle als emeritierter Geologieprofessor an und setzte seine Forschungsarbeiten im kalifornischen Death Valley fort. Es gibt keine Bäume im Death Valley, keine grünen Hügel und auch sonst nichts Grünes. Doch für ihn ist das Death Valley ein Ort der Schönheit und Gewissheit voller Steine und Mineralien, die er in der Hand halten kann. Und in dieser kahlen braunen Landschaft fand Jim etwas, das für ihn so real ist wie alles andere auf der Erde. Er fand Kathy.

»Ich spüre, dass sie da ist«, sagte Jim. »Ich spüre, dass sie immer um mich ist und dass wir immer miteinander kommunizieren. Ich spüre, dass unsere Liebe dieselbe ist, die sie immer war.«

Jim glaubt an etwas, das die Wissenschaft nicht beweisen kann: dass er und Kathy eines Tages wieder zusammen sein werden. Das Reading hat ihm die Augen und das Herz geöffnet.

»Ich sehe ein Szenario, in dem Kathy und ich wieder vereint sind«, sagte er. »Ich habe jetzt alles, was ich brauche, um weiterzumachen. Um so zu leben, wie Kathy wollen würde, dass ich lebe.«

Jim braucht keine Meteore mehr, die über den Himmel streifen. Alles, was er braucht, ist eine einfache weiße Taube. Oder ein Teller Garnelen mit Honig und Walnüssen. Oder einfach irgendetwas, das ihn an Kathy und an ihre Liebe erinnert.

»Ich denke, Kathy wäre stolz auf mich«, sagte Jim. »Ich weiß sogar, dass sie es ist.«

Und als Jim endlich mit der Renovierung seines Hauses fertig war, des Hauses, das er mit seiner Frau teilte, schraubte er ein elegant graviertes Bronzeschild an die Haustür. KATHYS HAUS stand darauf.

*** 22 ***

Das Windbridge Institute

Meine Suche nach meinem Platz in der Welt hat nie aufgehört. Als Lehrerin habe ich immer meine Schüler ermahnt, auf der Suche nach Wissen nie nachzugeben, und als Medium setze ich diese Lektion in die Praxis um. Es gibt große Fragen, auf die ich noch immer eine Antwort suche.

Phran und Bob Ginsberg schlugen mir vor, mich einmal mit dem Windbridge Institute for Applied Research in Human Potential zu befassen. Dabei handelt es sich um eine von Wissenschaftlern gegründete Organisation, die es sich zur Aufgabe gemacht hat, Phänomene zu untersuchen, die von den traditionellen wissenschaftlichen Disziplinen bisher nicht erklärt werden konnten. Das Windbridge hat seinen Sitz in Arizona und wurde unter anderem von Dr. Julie Beischel gegründet, die dort auch Forschungsleiterin ist. Joanne Gerber und Doreen Molloy, zwei Medien, die auch für die Forever Family Foundation arbeiten, standen bereits als Forschungsmedien für das Windbridge zur Verfügung. Mir gefiel die Vorstellung, meine Fähigkeiten nicht nur einzusetzen, um trauernden Menschen zu helfen, sondern sie auch noch weiter wissenschaftlich erforschen zu lassen.

Das Windbridge befasst sich, wie es in seiner Selbstbeschreibung heißt, mit folgenden Fragen: »Wie können wir das Potenzial unseres Körpers, unseres Verstandes und unserer Seele einsetzen? Können wir einander heilen? Können wir uns selbst heilen? … Können wir mit geliebten Menschen, die gestorben sind, kommunizieren?«

Ich erfuhr, dass das Windbridge eine strenge Überprüfung und Zertifizierung von Menschen mit medialen Fähigkeiten anbietet. Es handelt sich dabei um ein achtstufiges Verfahren, das auch eine Fünffachblindstudie einschließt. Das Verfahren wurde eigens entwickelt, um jede Möglichkeit der Ergebnisbeeinflussung durch äußere Faktoren auszuschließen: Cold Reading, Klientenbeeinflussung, Soufflieren durch den Experimentator, sogar Telepathie. Bei einem Fünffachblindreading werden den das Experiment beaufsichtigenden Personen sämtliche Informationen vorenthalten. Sie wissen weder etwas über die Diskarnierten (der Fachbegriff für geliebte Verstorbene) noch, welche Medien die Readings durchführen. Sie wissen noch nicht einmal, welche Medien für welche Personen vorgesehen sind.

Jahrelang hatte ich unbedingt wissen wollen, was eigentlich für meine einzigartigen Fähigkeiten verantwortlich ist und welche persönlichen, psychologischen und physiologischen Konsequenzen das für mich hat. Es schien, als könne ich am Windbridge einige Antworten finden. Ich schrieb eine E-Mail an Dr. Beischel und teilte ihr mit, dass ich den Test machen wolle.

* * *

Dr. Beischel besaß einen B.Sc. in Umweltwissenschaften und einen Ph.D. in Pharmakologie und Toxikologie von der

University of Arizona. Während ihres Studium hatte ihre Mutter Selbstmord begangen, woraufhin sie ein Medium aufgesucht hatte. Das Reading war sehr bedeutsam für sie gewesen und hatte ihre Neugier für das Paranormale geweckt.

Dr. Beischel reagierte schnell auf meine Anfrage und ließ mich einen Fragebogen ausfüllen, in dem meine persönliche Geschichte, mein Bildungsniveau, mein Gesundheitszustand, meine besonderen außersinnlichen Fähigkeiten etc. abgefragt wurden. Als Nächstes machte ich einen Persönlichkeitstest, der auf dem Myers-Briggs-Typenindikator basierte, einer klinischen Erfassung von Persönlichkeitsmerkmalen wie Extraversion, Umgänglichkeit etc.

Der dritte Schritt bestand in einem Gespräch mit zwei der vom Institut anerkannten Medien. Ihre Aufgabe war es unter anderem, meine Motive zu eruieren und herauszufinden, ob ich eine gute Teamkollegin sein würde und ob ich daran interessiert war, die parapsychologische Forschung voranzubringen. Ich hatte wunderbare Gespräche mit den Medien, die mich befragten. Als ich später meine aufgezeichneten Antworten auf ihre Fragen abhörte, staunte ich über manche meiner Formulierungen. Es war, als hätte mich die andere Seite durch diesen Teil des Verfahrens geführt.

»Wo sehen Sie sich in fünf Jahren hinsichtlich Ihrer Arbeit als Medium?«, fragte mich eines der Medien.

Ich hörte mich sagen, dass mich mein Engagement für meine Arbeit als Medium im Leben ganz weit nach vorn bringen würde und dass ich schon sehr aufgeregt sei, weil ich mit einem Lichtteam von der anderen Seite zusammenarbeiten würde – mit verstorbenen Kindern –, um die Botschaft zu verbreiten, dass das Leben auf der anderen Seite weitergeht und es keinen Tod gibt. Ich sagte, ich würde meine

Mission darin sehen, Menschen dabei zu helfen, im Hier und Jetzt das Beste aus ihrem Leben zu machen. Ich sprach über meinen Wunsch, ein Teil vom Windbridge zu sein, damit erforscht werden konnte, wie die Arbeit von Medien funktioniert.

Es gab mir Kraft und Zuversicht, mit anderen Medien zu sprechen, die auf der gleichen Wellenlänge waren und wussten, was es heißt, mit der Gewissheit zu leben, dass die andere Seite real ist. Wir kannten die gleichen Wahrheiten. Ich lächelte, als ich erfuhr, dass ich den Befragungsteil bestanden hatte.

Der nächste Teil des Verfahrens war ein Gespräch mit Dr. Beischel, das am Telefon geführt wurde. Sie stellte mir Fragen zu meinem Prozess und meinen Absichten. Warum ich die Windbridge-Anerkennung haben wolle und wie ich vorhätte, meine Gabe einzusetzen? Nach etwa einer halben Stunde teilte sie mir mit, dass ich eine Stufe weiter sei, auf Stufe fünf.

Nun wurde ich gebeten, ein Fernreading für zwei von den Windbridge-Forschern ausgesuchte Personen durchzuführen und dabei mit jeweils einem geliebten Verstorbenen in Verbindung zu treten. Was ich zu dieser Zeit nicht wusste, war, dass man absichtlich sehr unterschiedliche Diskarnierte ausgewählt hatte, um allgemeine Readings zu verhindern, die auf beide Personen zutrafen.

Ich erfuhr weder den Namen der jeweiligen Person noch etwas über ihre Beziehung zu dem Verstorbenen, sondern lediglich den Vornamen des Verstorbenen. Der Wissenschaftler, der die betreffenden Personen ausgesucht hatte, gab die Namen der Verstorbenen an Dr. Beischel weiter. Dann rief Dr. Beischel mich an, nannte mir den Namen eines Verstorbenen, stellte den Timer auf fünfzehn Minuten und ließ mich ganz bestimmte Fragen zur Persönlichkeit des Verstorbenen, zu seiner körperlichen Erscheinung und zu seinen Interessen sowie zu den Umständen seines Todes beantworten.

Weder Dr. Beischel noch ich wussten etwas über die verstorbene Seele oder die Person, für die das Reading durchgeführt wurde. Hinzu kam, dass auch die entsprechende Person nichts über mich wusste und die Ergebnisse meines Readings erst später erfahren würde. Alles, worauf ich mich stützen konnte, war ein Vorname.

Dieses Verfahren sollte gewährleisten, dass ich meine Informationen nur auf einem einzigen Weg bekam, nämlich von den Verstorbenen selbst. Würde das funktionieren? Würde der Verstorbene wissen, wo er mich finden sollte, wenn der Anruf kam? Würde ich eine Verbindung herstellen können, ohne dass die Bezugsperson selbst am Telefon war – und ohne dass sie wusste, wann das Reading stattfand?

Worauf hatte ich mich da eingelassen? Ich wandte mich an die einzigen Menschen, von denen ich wusste, dass sie meine Ängste nachvollziehen konnten: Kim und Bobbi. Ich beschrieb ihnen das Verfahren.

»Es wird funktionieren«, versicherte mir Kim.

»Die andere Seite wird genau wissen, wo sie dich finden kann, um ihre Botschaften zu übermitteln«, sagte Bobbi.

Am verabredeten Tag war ich sehr nervös. Ich saß auf meinem Bett und wartete auf den Anruf von Dr. Beischel.

»Die verstorbene Person, mit der Sie Kontakt aufnehmen sollen, heißt Mary«, sagte Dr. Beischel sachlich. »Bitte fangen Sie damit an, wie sie ausgesehen hat und wie sie gestorben ist.«

Wir waren schon mittendrin. Ich hatte keine Zeit, nervös zu sein, weil ich sofort spürte, wie eine unglaubliche Flut von Informationen auf mich zukam. Plötzlich beschrieb ich

Mary, schilderte ihre Beziehung zu der lebenden Bezugsperson, zeichnete ein Porträt von ihr und ihrem Leben. Sie zeigte mir, dass sie etwa 1,70 groß war, einst blonde Haare und helle Augen gehabt hatte und fast achtzig war, als sie starb. Sie zeigte mir ihre Hobbys: Gartenarbeit, Lesen und Fahrradfahren. Sie erzählte mir, sie sei verheiratet gewesen und habe zwei Kinder gehabt. Als es um ihre Todesursache ging, führte sie mich zu ihrem Brustbereich. Ich spürte ihre Atemnot. Sie zeigte mir ein Krankenhaus. Ich hatte den Eindruck, dass sie eine ganze Weile lang krank gewesen und an einer Krankheit gestorben war, nicht als Folge eines Unfalls. Noch während dies geschah, konnte ich kaum glauben, dass all diese Informationen so mühelos durchkamen.

Nach fünfzehn Minuten bedankte sich Dr. Beischel bei mir. Sie kündigte an, mich in einer Woche zur selben Zeit für das zweite Reading erneut anzurufen. Ich legte ein wenig benommen den Telefonhörer auf und ging aus dem Schlafzimmer in die Küche, wo meine Kinder leise spielten. Meine Mutter war zum Babysitten gekommen, damit ich diesen Telefontermin wahrnehmen konnte.

»Wie ist es gelaufen?«, fragte sie.

»Es war eine erstaunliche Erfahrung«, sagte ich. »In dem Moment, in dem ich den Namen hörte, spürte ich, wie jemand durchkam und mir all diese Informationen gab. Ich wusste nicht, ob ich in der Lage sein würde, dies zu tun, ohne dass der Betreffende anwesend ist, aber die andere Seite wusste offenbar, wie sie mich finden konnte.«

»Das ist wunderbar«, sagte meine Mutter. »Es klingt, als sei es sehr gut gelaufen.«

»Nun, aus meiner Sicht gibt es nur zwei Möglichkeiten: Entweder habe ich Wahnvorstellungen und gerade eine ganze Lebensgeschichte erfunden, oder es hat funktioniert.«

Eine Woche später rief mich Dr. Beischel wegen des zweiten Readings an. Auch wenn das letzte Mal offenbar alles gut gegangen war, war ich wieder ziemlich nervös. Dr. Beischel sagte, der Name der Verstorbenen sei Jennifer. Genau wie zuvor sprudelten die Informationen nur so. Die Worte und Bilder kamen so schnell, dass ich das Gefühl hatte, einen Roman zu diktieren.

Dieses Mal sah ich eine junge Frau, wahrscheinlich um die zwanzig. Sie zeigte mir braune lockige Haare und grüne Augen. Sie zeigte mir, dass sie Musik mochte und Flöte gespielt hatte. Ich sah, dass sie hier eine Familie hatte: eine Mutter, einen Vater, einen Bruder, eine Schwester. Sie hob ein Familienmitglied besonders hervor – ihre Mutter. Ich hatte das Gefühl, dass sie ihrer Mutter sagen wollte, es gehe ihr gut. Sie zeigte mir ihr Sterben an einer Krankheit, die schneller fortgeschritten war, als ihre Familie gedacht hatte. Sie hatten keine Zeit gehabt, sich richtig zu verabschieden, weil sie bewusstlos gewesen war, als sie starb.

Die Flut an Informationen war überwältigend. Gleichzeitig hatte ich, weil ich ja keine Rückmeldung bekam, nicht die leiseste Ahnung, ob das, was ich sagte, irgendeine Relevanz hatte. Genauso ging es Dr. Beischel. Als die fünfzehn Minuten um waren, bedankte sich Dr. Beischel bei mir und sagte, ich könne innerhalb weniger Wochen mit den Ergebnissen rechnen.

Dr. Beischel tippte die Aufzeichnungen von meinen beiden Readings ab, übertrug alles in Listen und schickte diese per E-Mail an einen Windbridge-Forscher – einen anderen als den, der die Personen ursprünglich befragt hatte. Außerdem machte sie die Namen der Verstorbenen unkenntlich, sodass die Forscher nicht wussten, welches Reading für welche Person gedacht war.

Die Forscher wiederum schickten die beiden Ergebnislisten an die betreffenden Personen, die nicht wussten, welches Reading für sie bestimmt war. Sie sollten nun die etwa 100 Punkte auf jeder Liste danach beurteilen, wie gut sie auf ihren geliebten Verstorbenen zutrafen. Sie bewerteten jede Aussage mit 0 bis sechs für ihre Genauigkeit. Eine Aussage, die einen Sinn ergab und wenig Interpretation verlangte, bekam eine hohe Punktzahl. Für eine Aussage, die sehr viel Interpretation verlangte, gab es relativ wenige Punkte. Wenn etwas ganz genau auf den Punkt gebracht war, gab es dafür möglicherweise sechs Punkte, also die volle Punktzahl. Wenn eine Aussage zwar zutraf, sich aber auf einen anderen verstorbenen Verwandten bezog, bekam sie beispielsweise eine 2 als Bewertung. Aussagen, die überhaupt keine Relevanz hatten, wurden mit 0 bewertet. Die einzelnen Bewertungen jeder Aussage wurden zu einem Gesamtergebnis addiert. Am Ende suchten sich die Betreffenden jeweils das Reading aus, von dem sie glaubten, dass es sich auf ihren Verstorbenen bezog.

Damit ein Medium diesen Teil des Tests bestehen konnte, musste jede Bezugsperson das korrekte Reading für seinen verstorbenen Verwandten identifizieren und es mit durchschnittlich mindestens 3,5 bewertet haben. Die Bewertung für ein Reading, das nicht für diese Person bestimmt war, lag bei 2,0 oder niedriger.

Etwa zwei Wochen nach dem zweiten Reading deckte ich gerade den Tisch für das Abendessen, als Dr. Beischel wieder anrief. Ich bedeutete meinen Kindern, ruhig zu sein, und nahm das Telefon schnell mit in mein Zimmer. Das Herz schlug mir bis zum Hals. Wir machten ein bisschen Small Talk, dann setzte eine peinliche Stille ein. Ich fühlte mich wie einer meiner Schüler in dem schrecklichen Moment, bevor die Ergebnisse eines Tests verteilt werden. Ich fragte mich, ob sie innehielt, weil sie schlechte Nachrichten für mich hatte.

»So, ich habe Ihre Testergebnisse«, sagte Dr. Beischel endlich. »Sie haben diesen Teil bestanden.«

Ich spürte eine Woge der Erleichterung und wurde ein bisschen emotional, hielt mich aber zurück, weil ich wusste, dass diese beiden Readings nur die erste Stufe dieses Teils des Verfahrens waren.

Die Readings, die ich bestanden hatte, wurden als Readings in Abwesenheit der Bezugsperson bezeichnet. In der nächsten Runde würde ich für dieselben Personen Readings durchführen und versuchen, eine Verbindung zu denselben verstorbenen Verwandten aufzunehmen, aber diesmal würde die jeweilige Person zusammen mit Dr. Beischel am Telefon sein. Dr. Beischel würde die Identität des Klienten nicht preisgeben und auch nichts über die Beziehung zwischen dem Verstorbenen und der Person sagen, ja noch nicht einmal das Geschlecht des Betreffenden preisgeben – nur den Namen des Verstorbenen. Die Person wurde außerdem angewiesen, in den ersten zehn Minuten der Sitzung zu schweigen.

Etwa eine Woche später rief Dr. Beischel zur vereinbarten Zeit an und berichtete, dass sie die Bezugsperson in der Leitung habe.

»Bezugsperson, bitte drücken Sie einen Knopf auf Ihrem Telefon, um zu bestätigen, dass Sie bereit sind«, verlangte Dr. Beischel. Ich hörte einen Ton – die Person war in der Leitung.

Dr. Beischel sagte mir, ich solle noch einmal Verbindung mit Mary aufnehmen. »Bitte fangen Sie an«, sagte sie.

Sofort nannte mir die andere Seite den Namen der Person – Lisa – und ihren Beruf. Sie war Krankenschwester. Ich empfing Bilder, die mich darüber informierten, dass Mary

Lisas Großmutter und ein Muttterersatz für Lisa gewesen war. In den nächsten zehn Minuten hatte ich kaum Zeit zum Luftholen, so schnell kamen die Informationen durch. Ich spürte den gleichen Anflug freudiger Erregung wie bei den früheren Readings.

Nach zehn Minuten wies Dr. Beischel die Person an, ein einzelnes Wort – »hallo« – zu sagen und dann auf die Informationen, die ich ihr gab, mit »ja«, »nein«, »vielleicht«, »so ähnlich« oder »ich weiß nicht« zu antworten. In diesem Teil des Readings, dem interaktiven Teil, kam sogar noch mehr durch. Lisas Großmutter erzählte mir etwas über Lisas Leben. Sie lebte allein, hatte aber einen kleinen Hund. Sie war sehr fleißig und hatte sich selbst durch die Schule gebracht. Sie hatte ihrer Großmutter näher gestanden als ihrer biologischen Mutter. Lisas Großmutter dankte ihr, dass sie ihre Pflege übernommen hatte, als sie krank war, und bei ihr gewesen war, als sie starb.

Am Ende des Readings bedankte sich Lisa bei mir. Sie sagte, es sei wunderbar gewesen, wieder Verbindung zu ihrer Großmutter aufnehmen zu können. Ich war begeistert, dass ich alles über die Beziehung zwischen der Bezugsperson und der Verstorbenen richtig übermittelt hatte, und noch glücklicher darüber, dass Mary mir Lisas Namen genannt und ihre Informationen so gut kommuniziert hatte.

Eine Woche später hatte ich mein zweites Reading in Anwesenheit der zweiten Bezugsperson. Dr. Beischel bat mich, noch einmal Verbindung zu Jennifer aufzunehmen. Sofort ließ mich die andere Seite wissen, dass es sich bei der Person am Telefon um eine Mutter handelte, deren Tochter namens Jennifer verstorben war. Dann hörte ich die Tochter ein merkwürdiges Lied singen, den Oscar Mayer Jingle: *Oh, I wish I was an Oscar Mayer Wiener …*

Ich sah das Wort »Massachusetts«, und dann zeigte mir Jennifer einen schönen klaren See mit etwas, das aussah wie Kristalle, die an einem warmen Sommertag an dessen Oberfläche glitzern. Ich sah majestätische Kiefern, die alles überragten. Dies alles schilderte ich der schweigenden Bezugsperson.

Im zweiten Teil des Readings, als die Person sprechen durfte, erfuhr ich, dass es sich bei ihr um die Mutter einer verstorbenen Tochter handelte. Später, als das Reading vorüber war, fragte die Person Dr. Beischel, ob sie mir kurz eine Sache erzählen dürfe. Sie wollte mir erklären, was es mit dem Oscar Mayer Jingle auf sich hatte und warum dieses Lied so wichtig für sie war.

»Ich habe ein Foto von meiner Tochter an Halloween«, erzählte sie mir. »Darauf ist sie als Oscar Mayer Wiener verkleidet. Sie hat dieses Lied geliebt und ständig gesungen.«

Ein paar Wochen später leitete Dr. Beischel eine E-Mail von dieser Person, deren Name, wie ich erfuhr, Jeanne war, an mich weiter. Sie wollte noch etwas anderes bestätigen, was in unserem Reading vorgekommen war. »Ich wohne im Wald an einem See«, schrieb sie. »Und genau als Sie das Wort ›See‹ sagten, schaute ich auf den See hinaus. Und als Sie sagten, dass die Sonnenstrahlen ein Glitzern auf der Wasseroberfläche verursachen, brach die Sonne durch die Wolken und schien auf den See. Das jagte mir einen Schauer nach dem anderen über den Rücken.«

Welch bemerkenswerter Moment! Jeanne schaute genau auf den See, den ihre Tochter mir beschrieb. Der See und ihr Haus, erzählte sie mir, waren von Kiefern umgeben. Jeanne schloss daraus, dass ihre Tochter dort bei ihr war und dass sie den See so genau beschrieben hatte, um ihre

Mutter wissen zu lassen, dass sie in eben diesem Moment bei ihr war.

Im Anschluss an die Readings bewerteten die Bezugspersonen die Informationen, die sie von mir bekommen hatten. Tage vergingen, und obwohl ich zuversichtlich war, wartete ich voll banger Erwartung auf die Bestätigung, dass ich diesen Teil des Tests bestanden hatte.

Als ich am Halloween-Abend mit meinen Kindern vom Süßes-oder-Saures-Rundgang zurückkam, checkte ich mit dem schwarzen Hexenhut auf dem Kopf und dem passenden Cape um die Schultern meine E-Mails und sah, dass ich eine Nachricht von Dr. Beischel bekommen hatte. Meine Hände zitterten. Ich wusste, dass diese E-Mail die Ergebnisse der letzten Stufe enthielt. Es gab keinen Anruf, keine Zeremonie, keine Fanfaren und kein Konfetti. Nur eine E-Mail, in der entweder stand *Herzlichen Glückwunsch, Sie sind weiter* oder *Danke, Sie sind raus.*

»Garrett, sie ist da. Die E-Mail ist da«, sagte ich.

»Mach sie auf«, sagte er.

Die Kinder stimmten ein: »Mach sie auf!«

Ich wartete noch einen Moment, bevor ich die E-Mail öffnete. Jedes Mal, wenn ich draufklicken wollte, zog sich meine Hand unwillkürlich von der Tastatur zurück. Schließlich atmete ich tief durch und öffnete die E-Mail.

»Hiermit teile ich Ihnen mit, dass Sie die ersten fünf Prüfungsschritte erfolgreich absolviert haben«, schrieb Dr. Beischel. »Ich freue mich, Sie zu den weiteren Prüfungs- und Trainingsschritten einladen zu dürfen. Herzlichen Glückwunsch!«

Tränen stiegen mir in die Augen. Ich wandte mich Garrett und den Kindern zu und brachte kein Wort heraus.

»Was ist los?«, fragte er besorgt. »Hast du bestanden?«

»Ja«, piepste ich, ganz in Tränen aufgelöst. Meine Familie versammelte sich um mich und hüllte mich in eine große Umarmung ein.

»Warum weint Mammi, wenn sie den Test bestanden hat?«, fragte Hayden.

»Weil sie glücklich ist«, sagte Garrett und umarmte mich noch fester.

Zusätzlich zu meinen Emotionen gab es jedoch noch etwas; etwas, das niemand wusste; etwas, das ich bisher niemandem erzählt hatte. An dem Tag, an dem ich zugestimmt hatte, die Prüfungen am Windbridge Institute zu machen, hatte ich mir selbst und der anderen Seite ein Versprechen gegeben: Wenn ich diesen Test bestand, würde ich meine Fähigkeiten nie wieder infrage stellen. Entweder, ich war ein Medium, die Kommunikation mit den Toten war real und die Verstorbenen wussten, wie sie mich finden, mit mir sprechen und mir fundierte Informationen geben konnten, oder all das war nicht wahr.

Aber jetzt wusste ich Bescheid. Die andere Seite hatte ihren Teil dazu beigetragen. Jetzt war ich an der Reihe.

Dr. Beischels E-Mail endete mit dem Satz: *»Bitte lassen Sie mich wissen, ob Sie auch weiterhin an den WCRM-Prüfungen teilnehmen möchten.«*

Ich beschloss, meine Verbindung zur anderen Seite zu akzeptieren, meine Fähigkeiten weiterzuentwickeln und sie einzusetzen, um möglichst vielen Menschen zu helfen. Dazu gehörte auch, ein Forschungsmedium zu werden und Wissenschaftlern zu erlauben, mich zu beobachten, um mehr über meine Fähigkeiten zu erfahren. Ich schrieb sofort zurück und sagte ja, ich wolle weitermachen.

Vor mir lagen noch drei weitere Schritte: Ein Training zur Erforschung der Tätigkeit als Medium, eine Fortbildung zur

Forschungsarbeit mit menschlichen Probanden und ein Training zur Trauerarbeit. Ich würde etwas über die Geschichte der medialen Arbeit und ihre wissenschaftliche Erforschung im vergangenen Jahrhundert lernen. Ich würde erfahren, welche ethischen Richtlinien die Wissenschaftler am Windbridge Institute bei ihrer Arbeit mit Probanden einhalten mussten. Außerdem würde ich lernen, die Erkenntnisse weiterzugeben, die das Institut darüber gewonnen hatte, wie man Personen während und nach einem Reading am besten helfen kann.

Nachdem ich diese Lernschritte durchlaufen hatte, bekam ich mein Zertifikat. Ich bin jetzt ganz offiziell als Windbridge Certified Research Medium anerkannt und eines von neunzehn offiziellen Forschungsmedien im ganzen Land. Mit der Anerkennung des Instituts kann ich an den Windbridge-Experimenten und -Veranstaltungen teilnehmen und meinen Beitrag zur Erforschung des Paranormalen leisten.

Ich war begeistert. Jetzt konnte ich mit dem Windbridge an den wissenschaftlichen Aspekten arbeiten und mit der Forever Family Foundation Trauernden helfen. Ich fühlte mich mit der anderen Seite verbunden, und es war mir eine Ehre, Teil eines Lichtteams zu sein.

Ich schrieb Phran, dass ich die Anerkennung vom Windbridge bekommen hatte, und dankte ihr, dass sie mich mit Dr. Beischel bekannt gemacht hatte. Ich rief Kim und Bobbi an und ermutigte sie, die Windbridge-Prüfungen ebenfalls zu machen. Und ich freue mich, mitteilen zu können, dass Kim mittlerweile ebenfalls Windbridge Certified Medium ist. (Bobbi hat die Prüfung um einen Monat verpasst. Die Anmeldefrist war bereist abgelaufen, als sie sich mit dem Institut in Verbindung setzte.)

Irgendwann erfuhr ich auch, welche Wertungen ich für die zweite Runde – die Readings, bei denen die Personen anwesend waren – bekommen hatte. Eine Person hatte neunzig Prozent meiner Aussagen als zutreffend bewertet. Bei der anderen waren es sogar fünfundneunzig Prozent.

Was bedeutete das alles? Ich fragte mich, welche Rückschlüsse Dr. Beischel aus diesen Testläufen ziehen konnte.

»Als Wissenschaftlerin kann ich nicht mit letzter Sicherheit behaupten, dass Medien mit Toten kommunizieren«, sagte Dr. Beischel. »Doch was ich sagen kann, ist, dass die Daten darauf hindeuten. Die Wissenschaft geht in diese Richtung. Die Wissenschaft holt auf. Meine Daten belegen, dass eine Kommunikation mit dem Bewusstsein derer, die tot sind, möglich ist.«

Doch für mich bedeutete dieses Zertifikat noch etwas anderes. Es bedeutete, dass ich die nächste Station meiner Reise erreicht hatte.

* * * * * * * * * *

Teil Drei

* * * * * * * * * *

*** 23 ***

Der Canarsie Pier*

Im November 2010 bekam ich einen unerwarteten Anruf von meinem Freund Anthony. Er bat mich, so schnell wie möglich ein Reading für seine Freundin Maria durchzuführen. Er erzählte mir, sie sei in einer verzweifelten Situation: Ihr Vater wurde seit zehn Tagen vermisst. Niemand wusste, wo er war und ob er überhaupt noch lebte.

Ich willigte ein, Maria gleich am nächsten Tag anzurufen. Ich erreichte sie im Auto. Sie bat um eine Minute, um an den Straßenrand zu fahren, und in der Stille, die jetzt entstand, spürte ich ihre Traurigkeit und ihre Verwirrung. Ich spürte auch sofort, dass sich jemand von der anderen Seite durchdrängte. Eine Vatergestalt. Das war nicht das, was ich sehen wollte. Und es war auch nicht das, was ich Maria sagen wollte. Dies würde hart werden, aber ich hatte keine Wahl. Ich musste annehmen, was ich von der anderen Seite bekam.

»Maria, ich muss Ihnen etwas sagen«, sagte ich so sanft und vorsichtig, wie ich konnte, als sie das Auto abgestellt hatte. »Ich habe hier eine Vatergestalt, die von der anderen

* Die Namen einiger in diesem Kapitel erwähnter Personen wurden zum Schutz ihrer Identität geändert.

Seite für Sie durchkommt. Ich soll Ihnen sagen, dass sein Name John ist.«

Ich erfuhr recht bald, dass die Polizei zum Zeitpunkt meines Readings bereits mit einer umfangreichen Suche begonnen hatte.

* * *

Die Suche hatte vor fast zwei Wochen begonnen, am 4. November 2010, einem kalten, regnerischen Tag. Ein Mann namens John, zweiundsiebzig Jahre alt, hatte den Vormittag zu Hause in Queens, New York, verbracht. Seine Frau, Mary, war bei ihm gewesen. Um etwa 12.30 Uhr machte sich Mary fertig, um zur Arbeit zu gehen. Sie arbeitete an einer Sonderschule. An diesem Vormittag fühlte sie sich nicht wohl, und John sagte, er sei besorgt, weil sie kein Mittagessen gehabt hatte.

»Mach dir keine Sorgen«, sagte sie, »ich esse, wenn ich zurückkomme.«

Dann verabschiedete sich Mary und ging.

An einem anderen Tag wäre John wahrscheinlich zum Mittagessen zu Hause geblieben oder hätte vielleicht einen Spaziergang gemacht. Aber an diesem Tag ging John hinaus in den eiskalten Regen. Er hatte keinen Mantel an, nur einen Jogginganzug. Er nahm sein Handy nicht mit und auch nicht seine Schlüssel, seine Brieftasche oder ein bisschen Geld. Auch sein Inhaliergerät, das er wegen seines Lungenemphysems brauchte, ließ er zu Hause.

Als Mary zwei Stunden später nach Hause kam, rief sie nach John, bekam aber keine Antwort. Sie suchte ihn im ganzen Haus, aber er war nicht da. Als sie seine Schlüssel und seine Brieftasche fand, überkam sie ein schreckliches

Gefühl des Grauens. Ihr ganz alltäglicher Tag war plötzlich alles andere als alltäglich.

* * *

Seine Familie bedeutete John alles. Er hatte sehr hart gearbeitet, um seine Frau und die drei Kinder zu versorgen. Er war von Beruf Landschaftsgärtner gewesen und züchtete im Garten hinter seinem Haus Tomaten. Diejenigen, die ihn kannten, beschrieben ihn als gradlinig und sanft. Als er in Rente war, half er seiner Tochter Maria bei der Betreuung ihres kleinen Sohnes. Aber in dem Jahr, bevor er wegging, veränderte sich John allmählich. Er wurde introvertierter, irgendwie verhalten. Und er wurde schnell wütend und konnte ziemlich reizbar sein. Manchmal kramte er einen alten Groll wieder hervor – etwas, das ihn vor Jahrzehnten aufgewühlt hatte – und beschwerte sich darüber, als sei es gerade passiert. Maria brachte ihn zu einem Neurologen, der bei John Alzheimer im Frühstadium diagnostizierte.

Unter Aufsicht seiner Frau und der Kinder nahm John seine Alzheimer-Medikamente, aber die machten ihn lustlos und verschlossen. Seine Familie versuchte, ihm zu helfen. »Wir wollten es einfach nicht wahrhaben«, erklärte Maria. »Wir dachten, seine Symptome seien lediglich Alterserscheinungen. Wir waren erst am Anfang des Prozesses und versuchten herauszufinden, was am besten für ihn war. Aber uns war nicht entgangen, dass er abbaute.«

Am 4. November ging John dann einfach weg. Als seine Frau ihn zu Hause nicht finden konnte, setzte sie sich in ihr Auto und fuhr die gesamte Nachbarschaft ab, um ihn zu suchen. Nach zwanzig Minuten fuhr sie an den Straßenrand und rief ihre Tochter an.

»Dein Vater wird vermisst«, sagte sie.

»Was meinst du mit vermisst?«, fragte Maria.

»Er ist weg. Er ist einfach weg. Seine Schlüssel und seine Brieftasche sind noch da, aber er ist weg.«

»Okay«, sagte Maria und dachte kurz nach. »Dann rufen wir jetzt die Polizei an.«

In dieser Nacht fuhren Johns drei Kinder kreuz und quer durch Queens und suchten nach ihm. Am nächsten Tag gingen sie durch die Straßen, sprachen mit den Ladenbesitzern und hängten Zettel auf. »Wir gingen in jedes Geschäft auf dem Boulevard, von einem Ende zum anderen«, erzählte Maria.

Im letzten Laden – es war ein Sonnenstudio – zeigte Maria der jungen Frau an der Kasse das Bild ihres Vaters. »O mein Gott«, sagte sie, »ich habe Ihren Vater gestern gesehen!«

Die Kassiererin hatte sich in der örtlichen Bäckerei ein Mittagessen geholt, als sie John draußen stehen und jemandem um fünf Dollar bitten sah. Diese Mitteilung gab Maria einen kleinen Hoffnungsschimmer. In den nächsten drei Tagen parkte sie ihr Auto gegenüber dieser Bäckerei und wartete darauf, dass ihr Vater zurückkam.

Mittlerweile war in der Nachbarschaft eine Suche im Gange, die mit ein paar Zettel verteilenden Freunden und Verwandten begonnen hatte und sich zur größten Personenfahndung in der Geschichte von Queens entwickelte. Seit fast zwei Wochen lief eine ausgedehnte Suchaktion mit berittener Polizei, Hubschraubern, Spürhunden, Fernsehreportern und einer kleinen Armee von Freiwilligen, die jeden Winkel in Queens nach einem Lebenszeichen von John absuchten.

Aber es gab kein Lebenszeichen von ihm. Er war spurlos verschwunden.

Etwa zu dieser Zeit bekam ich den Anruf von meinem Freund Anthony und vereinbarte das Reading mit Maria.

* * *

Als ich sagte, dass ihr Vater von der anderen Seite durchkam, fing Maria an zu weinen. Ich wartete, bis sie sich ein wenig gefangen hatte, und berichtete ihr dann, was John mir zeigte.

Am 4. November hatte John sein Haus verwirrt und orientierungslos verlassen. Obwohl er kein Geld hatte, war er in einen Bus und später in einen Zug gestiegen. Er lief durch Straßen, die er kannte, und durch andere, die er nicht kannte. Er ging zu der Bäckerei und an ein paar andere Orte, die Teil seiner Alltagsroutine gewesen waren. Aber er war ziel- und richtungslos. Dann zeigt er mir auf meinem Lesebildschirm ein Schild, auf dem CANARSIE stand. Anschließend zeigte er mir Wasser und dann eine Anlegestelle. Ich hatte keine Ahnung, was das zu bedeuten hatte, aber ich gab die Informationen an Maria weiter.

»Der Canarsie Pier!«, keuchte sie. »Das ist in Brooklyn, an der Grenze zu Queens. Das war der Lieblingsplatz meines Vaters. Er hat uns immer dorthin mitgenommen, als wir klein waren.«

Der hundertachtzig Meter lange hölzerne Pier hinter dem Canarsie Park und entlang des Belt Parkway ragt in die Jamaica Bay und ist bei Anglern sehr beliebt. In der Saison kann man dort Flundern und Blaubarsche fangen. John ging gern dort angeln, und als er älter wurde, schlenderte er gern über die Holzplanken zum Wasser. Nach Johns Verschwinden war der Canarsie Pier einer der ersten Orte gewesen, an dem seine Familie nach ihm gesucht hatte, aber sie fanden keinen Hinweis darauf, dass er dort gewesen war.

Nun zeigte mir John, was er getan hatte, als er am Pier angekommen war. So behutsam ich konnte, schilderte ich Maria, was ich sah.

John hatte im Canarsie Park ein paar Steine gesammelt. Er steckte die Steine in die Taschen seines Jogginganzugs und ging bis zum Ende des Piers. Es war dunkel und kalt, und der Pier war leer. Er schlüpfe unter dem Geländer durch und ließ sich ins Wasser fallen.

»Zwei Minuten, nachdem er untergetaucht war«, sagte ich, »ist Ihr Vater ertrunken.«

In dem Moment, in dem er starb, hatte John Reue empfunden wie einen stechenden Schmerz.

»Er bittet mich, Ihnen zu sagen, wie leid ihm alles tut, was Sie jetzt durchmachen, während Sie nach ihm suchen«, sagte ich ihr. »Er dachte, seine Leiche würde innerhalb von einem oder zwei Tagen gefunden werden, aber die Strömung hat sie weggetragen. Er sagt, es tut ihm leid, dass er so viel Durcheinander erzeugt hat.« John zeigte mir den Buchstaben M, und ich verstand, was das bedeutete. »Es hat keinen Sinn, jetzt nach seinem Leichnam zu suchen«, sagte ich. »Er wird erst in einem Monat gefunden, der mit M beginnt, also im März oder im Mai. Vorher bringt ihn die Strömung nicht zurück.«

John zeigte mir, dass er sich selbst getötet hatte, weil er Angst vor dem hatte, was als Folge der Demenz mit ihm geschehen würde. Maria bestätigte das sofort. »Er glaubte, er würde seiner Familie am Ende zur Last fallen. Und so weit wollte er es nicht kommen lassen«, sagte ich. »Er wollte keine Zumutung sein. Doch als er unterging, erkannte er, dass er einen schrecklichen Fehler gemacht hatte.«

Er hatte geglaubt, seiner Familie eine große Belastung zu ersparen, indem er sich selbst tötete. Doch wie er jetzt erkannte, hatte er sie um ein großes Geschenk betrogen. Johns

Krankheit, die ihm wie ein schmerzhafter, elender Schicksalsschlag vorkam, war in Wirklichkeit eine bemerkenswerte Chance für sie alle, die immense und bedingungslose Liebe, die sie füreinander empfanden, noch zu vertiefen. Je mehr Johns Krankheit fortschritt, desto mehr würde er die Fürsorge und Aufmerksamkeit seiner Familie brauchen. Aber die Dunkelheit seiner Krankheit hielt Lektionen bereit, die John noch lernen musste, und auch solche, die er lehren musste.

Vielleicht war Geduld eine dieser Lektionen. Vielleicht war es Mitgefühl. Vielleicht war es bedingungslose Liebe oder die Einsicht in unsere heilenden Kräfte oder das Überwinden unserer Angst vor dem Tod. John hat sich und seine Familie um die Chance gebracht, diese Lektionen zu lernen. Er erkannte nicht, dass die Möglichkeit, sich um ihn zu kümmern – für jemanden zu sorgen, der so viel für sie getan hatte – die Liebe seiner Familie nicht verringern, sondern vergrößern würde. Ihm war nicht klar, dass er seinen Familienmitgliedern, indem er sie in dieser verletzlichsten Zeit seines Lebens für sich sorgen ließ, die Chance gab, ihre tiefe, starke und liebevolle Verbindung zu ihm auszuleben. Johns Entscheidung, sein Leben zu beenden, hatte sie um dieses Geschenk gebracht.

»Er sagt, es tut ihm leid«, gab ich an Maria weiter. »Er sagt es immer und immer wieder: ›Es tut mir so leid.‹«

* * *

Nach unserem Reading kontaktierte Maria Kriminalkommissar Frank Garcia, der die Ermittlungen zum Verschwinden ihres Vaters leitete. Maria gab ihm die Informationen, die ich in unserem Reading an sie weitergegeben hatte.

»Wir müssen im Wasser suchen«, sagte sie. »Mein Vater ist im Wasser.«

Kommissar Garcia versprach, ihr bei der Suche nach ihrem Vater zu helfen. Gemeinsam verbrachten sie fünf Stunden eines kalten, regnerischen Tages in den schroffen Felsen rund um die Jamaica Bay. Es war so kalt, dass Marias Hände und Füße taub wurden, aber sie machten weiter – beide. Doch am Ende blieb ihre Suche erfolglos. Wo immer John auch war, er wurde noch nicht gefunden.

»Ich informiere Sie sofort, wenn ich etwas höre«, versprach Kommissar Garcia. »Keine Angst, wir werden ihn finden.«

Der März kam und ging ohne irgendwelche neuen Nachrichten. Der Winter wich dem Frühling.

Am 1. Mai rief Mary Kommissar Garcia an. »Jetzt werden wir ihn finden«, sagte sie. »In diesem Monat, der mit M beginnt.«

»Wir halten die Augen offen«, versprach der Kommissar.

Aber der Monat Mai kam und ging, und es war immer noch nichts gefunden worden.

* * *

Anfang Juni bekam Kommissar Garcia einen Anruf von der Küstenwache. Sie hatte eine Übung auf einer Insel in der Jamaica Bay gemacht, als ein Beamter plötzlich etwas bemerkte, das ans Ufer gespült worden war. Es waren menschliche Überreste – kein ganzer Körper, nur ein Schädel. Die Küstenwache sammelte die Überreste ein und schickte sie zum DNA-Test. Es dauerte ein paar Tage, bis die Ergebnisse da waren, aber am Ende wurden die menschlichen Überreste als die von John identifiziert.

»Wann haben Sie sie gefunden?«, fragte Kommissar Garcia.

»Vor ein paar Tagen«, antwortete der Beamte von der Küstenwache. »Im Mai.«

Kommissar Garcia rief Maria an und teilte ihr die Neuigkeiten mit. Er erklärte auch, warum die Überreste so lange gebraucht hatten, um an die Oberfläche zu kommen. Wenn ein Körper im Winter ins Wasser fällt, sinkt er auf den Meeresgrund und wird von den Gezeiten weggezogen. Wenn das Wetter wieder wärmer wird, steigt der Körper wahrscheinlich wieder an die Oberfläche. Die Überreste von Johns Körper tauchten schließlich nicht weit vom Canarsie Pier wieder auf – dem Ort, wo er ertrunken war. Er war die ganze Zeit in diesen Gewässern gewesen, man hatte ihn nur nicht finden können.

»Das ist mir noch nie passiert«, sagte Kommissar Garcia zu Maria.

»Was ist Ihnen noch nie passiert?«

»Das«, sagte er. »Die Art und Weise, wie Ihre Hellseherin uns so genau gesagt hat, wann und wo wir Ihren Vater finden würden. Alles, was sie gesagt hat, ist genau so passiert. Das habe ich noch nie erlebt.«

Aber für Maria war es überhaupt nicht überraschend. »Ich war ganz ruhig, als der Kommissar anrief«, sagte sie. »Ich wusste bereits, dass mein Vater im Himmel war.«

John *war* im Himmel. Auch diejenigen, die Selbstmord begehen, kommen in den Himmel. Dort werden sie geheilt und können dann ihren Weg des Wachsens und Verstehens fortsetzen. Sie versuchen auch, ihren Lieben auf der Erde bei deren Heilung zu helfen. Im Himmel war John sicher und wurde geliebt, aber er sehnte sich auch nach Vergebung –

und danach, seiner Familie ihren Seelenfrieden zurückzugeben.

Anfangs fiel es Maria schwer, ihm zu vergeben. Seine Entscheidung hatte ihnen allen einen großen Schmerz bereitet. Aber mit der Zeit konnte sie ihm vergeben. Sie verstand, warum er es getan hatte. Und sie wusste, dass ihre Liebe mit seinem Tod nicht zu Ende gegangen war. Sie wusste, dass sie nie enden würde.

Doch was, wenn John diese Lektionen verstanden hätte, bevor er in das dunkle Wasser eingetaucht war? Was, wenn die ganze Familie seine Krankheit als Teil eines größeren Plans betrachtet hätte, als Chance für sie alle, zu wachsen und aus einer tiefen Quelle der Liebe und des Mitgefühls zu schöpfen? Man stelle sich vor, uns wäre alles immer so klar, solange wir noch hier auf der Erde sind. Man stelle sich vor, wir alle könnten Krankheiten und andere Widrigkeiten als Chancen sehen, unsere Liebe auf der Seelenebene auszudehnen.

Tatsache ist, dass wir diese Klarheit der Erkenntnis erreichen können. Wir müssen einfach nur die Schnüre aus Licht und Liebe, die uns in guten wie in schlechten Zeiten, in diesem und im nächsten Leben miteinander verbinden, sehen und anerkennen. Wir müssen das Licht zwischen uns wertschätzen.

John hat dieses Licht ein wenig zu spät gesehen. Aber jetzt teilt er die Lektionen, die er gelernt hat, anderen mit. Dadurch lebt er weiter, und sein Licht weist anderen einen Weg durch diese Welt.

* * * 24 * * *

Das Rätsel lösen

Ich mache keine Werbung mehr für meine Dienste als Medium. Schon vor langer Zeit wurde mir klargemacht, dass wer auch immer ein Reading von mir bekommen soll, mich auch irgendwie finden wird. Als ich daher von meinem Freund John erfuhr, dass einer seiner Freunde, Ken, dringend ein Reading von mir haben wolle, versprach ich, ihm so schnell wie möglich einen Termin zu geben.

Ich führte das Reading für Ken am Telefon durch. Als ich mich für seine Aura öffnete, sah ich sofort etwas sehr Ausgeprägtes und Eigenartiges – ein überwältigendes Farbspektrum. Wie ein Regenbogen, nur voller und weitaus intensiver. Farben über Farben über Farben, alle rein und kräftig und explosiv. Das war etwas, was ich noch nie zuvor in einem Reading erlebt hatte.

»Mein Gott, Ihre Aura ist umwerfend«, sagte ich. »Das ist keine normale Aura.«

Normalerweise erscheint die Kernaura einer Person mit einer bis drei Farben in einem Kreis auf meinem Bildschirm. Aber Kens Aura war gigantisch und expansiv, mit Farben, die nicht nur im inneren Kreis herumwirbelten, sondern auch außerhalb davon.

Ich sah ein wunderschönes Grün, das eine geniale Offenheit für neue Ideen signalisierte. Ich sah Weiß, die Meisterschaft über eine Seelenprüfung. Und ich sah Rosa, ein Ausdruck seiner überwältigenden Liebe für die Menschheit. Dann war da noch ein außerordentlich leuchtendes Blau.

»Blau ist ein Zeichen für Adel des Geistes«, erklärte ich Ken. »Dieses Blau deutet an, dass Sie auf einer sehr fortgeschrittenen spirituellen Ebene hier sind. Sie sind jemand, der hier ist, um der Menschheit bei ihrer Heilung zu helfen und ihr etwas beizubringen. Und die Art, wie das Blau mit den anderen Farben verbunden ist, bedeutet, dass Ihre Energie in die Welt geht und dass Sie anderen Veränderung bringen.«

In der Regel verbringe ich nur ein paar Minuten damit, mir jemandes Aura anzusehen, aber bei Ken konnte ich nichts gegen meinen Wunsch tun, bei seiner schönen Energie zu verweilen.

»Sie haben eine sehr ausgleichende, heilende Wirkung auf Menschen«, fuhr ich fort. »Und über Ihnen sehe ich Weiß, und wenn ich Weiß in jemandes Aura sehe, bedeutet das immer, dass er oder sie eine Seelenprüfung bestanden hat – eine Herausforderung, die seine oder ihre Seele sich selbst stellt und an der sie arbeiten will, während sie hier auf der Erde ist. Aber bei Ihrer Seelenprüfung geht es nicht nur um Sie. Ich sehe eine eindeutige Lehrer-Energie bei Ihnen, aber sie reicht weit über ein normales Klassenzimmer hinaus. Sie sind auf einer sehr fortgeschrittenen spirituellen Ebene in einer physischen Form auf dieser Erde, und doch haben Sie etwas Bescheidenes, Demütiges an sich. Das ist sehr schön. Sie haben nicht nur Ihre eigene Seelenprüfung bestanden, Sie werden auch anderen Menschen helfen, die ihre zu bestehen. Welche Arbeit auch immer Sie hier tun, sie wird auch nach Ihrem Tod nachhallen und Heilung und Liebe hervorbringen.«

Schließlich sagte ich: »Es tut mir leid, dass ich so lange in Ihrer Aura geblieben bin, aber so etwas sehe ich nicht so oft.«

* * *

Als ich mich aus Kens Aura zurückzog, hörte ich einen schönen Chor der Dankbarkeit.

»Es gibt lauter Danksagungen, die von der anderen Seite kommen«, sagte ich. »Es läuft mir eiskalt den Rücken hinunter. Irgendwie unterrichten Sie andere über die andere Seite. Ich glaube, Sie wissen mehr darüber als ich. Verstehen Sie, was ich meine?«

Ken sagte, er verstehe mich gut.

»Es gibt Kinder da drüben, die Ihnen dafür danken, dass Sie ihren Eltern Frieden bringen«, fuhr ich fort. »Es gibt viele von ihnen, aber Sie sind nicht mit ihnen verwandt. Es ist ein Dankeschön im Namen aller Kinder. Sie danken Ihnen für die Arbeit, die Sie machen. Wenn Menschen sterben und auf ihr Leben zurückblicken, erkennen sie, wie sie Menschen hätten helfen können, als sie noch hier waren. Bei Ihnen kommt es mir vor, als hätten Sie dieses Wissen bereits, während Sie hier sind. Sie verhelfen anderen Menschen zu diesem Wissen. Was ich sehe, ist sehr schön. Wunderschön.«

Eine Frau kam für Ken durch.

»Ich spüre, dass ein Name durchkommt, der mit R beginnt und etwas mit Ihrer Großmutter zu tun hat.«

»Ja«, sagte Ken. »Ihr Name hat mit einem R angefangen.«

»War es Ruth?«

»Ja!« sagte Ken.

»Sie sagt, dass Sie ein Friedensstifter sind«, fuhr ich fort. »Sie sagt, dass dies eine Rolle ist, die Sie angenommen haben. Ich soll Ihnen sagen – und ich glaube, sie spricht das Thema an, weil sie aus einem anderen Land stammt –, dass Sie eines gelernt haben, nämlich dass wir nicht aus einem bestimmten Land stammen. Ich meine, wir glauben irgendwann selbst, dass unsere Nationalität unsere Identität ist. Wir können uns aber einfach als menschliche Wesen sehen und nicht so sehr über unsere Nationalität definieren, weil wir alle miteinander verbunden sind. Das ist eine sehr fortgeschrittene, heilende Art zu denken, und Sie sind sich dessen sehr bewusst, und das ist eine der Botschaften, die Sie zu übermitteln versuchen.«

Mittlerweile hatte ich mitbekommen, dass der Mann, für den ich da las, auf einer Seelenmission war – dass seine Arbeit auch nach seinem Tod noch lange nachhallen und Liebe und Heilung in diese Welt bringen würde.

* * *

Lange nach diesem Reading erfuhr ich, dass es sich bei Ken um Dr. Kenneth Ring handelte, einen emeritierten Psychologieprofessor der Universität Connecticut und einen der führenden Wissenschaftler auf dem Gebiet der Nahtoderfahrungen (NTE). Eine NTE wird als eine mystische oder transzendente Erfahrung beschrieben, über die Menschen berichten, die auf der Schwelle zum Tod standen. Im Laufe der vergangenen Jahrzehnte hat sich Ken als nachdenklicher Fürsprecher der Existenz eines Lebens nach dem Tod etabliert. In seinem schönen Buch *Lessons from the Light* stellt er mehrere bemerkenswerte Berichte über Nahtoderfahrungen vor. Seine Botschaft lautet, dass wir den Tod nicht zu fürchten brauchen. »Was uns danach begegnet, wird schön sein, viel schöner, als man mit Worten ausdrücken kann«, schreibt er. »Denn die Wahrheit ist, dass wir mit einer anderen Welt verbunden sind.«

Die Information, die in meiner Lesung für Ken Ring durchkam – dass er sehr vielen Menschen half –, wurde von dem bestätigt, was ich über NTE lernte. Studien legen nahe, dass Millionen Menschen weltweit eine Nahtoderfahrung gemacht haben. Nahtoderfahrungen werden in allen Ländern und von Menschen aller Altersgruppen und Religionen gemacht. Christen ebenso wie Hindus oder Muslime machen sie, alte und junge Menschen, Arbeiter und Geschäftsführer, diejenigen, die fest an das Mystische glauben, und die größten Skeptiker.

Das hat mir die andere Seite über Ken Ring gezeigt: Seine Arbeit brachte Millionen Menschen Liebe, Heilung und Erkenntnis. Er veränderte die Art, wie Menschen ihre Existenz wahrnahmen. Er hat der Welt eine echte und bedeutsame Veränderung beschert.

Einfach ausgedrückt: Ken Ring war ein Lichtarbeiter.

Lichtarbeiter ist der Begriff, mit dem ich Menschen bezeichne, die hier auf der Erde sind, um anderen etwas beizubringen und sie zu heilen. Es sind Menschen, die anderen helfen, ihre Gaben zu entdecken und die beste Version ihrer selbst zu werden. Und dann können diese Menschen wiederum ihr eigenes Licht einsetzen, um anderen zu helfen.

Meine Sitzung mit Ken war ungeheuer wichtig für mich, weil sie mir zeigte, welche Macht ein Lichtarbeiter hat und welche Macht wir alle haben, wenn es darum geht, Heilung und Erkenntnis in die Welt zu bringen. Und sie bekräftigte, wie wichtig es ist, unsere Verbindung zur anderen Seite anzuerkennen und zu erforschen und das Licht zwischen uns wertzuschätzen.

* * *

Obwohl sich Ken beruflich mit der wissenschaftlichen Erforschung des Jenseits beschäftigte, spürte er keinen Drang, ein Medium zu kontaktieren. Doch dann berichtete ihm eine Kollegin von ihrem ersten Reading und sagte, dieses habe ihr Leben verändert. Ein paar Tage später berichtete eine andere Kollegin rein zufällig das Gleiche. Innerhalb weniger Wochen erzählten vier Kollegen von ihren Erfahrungen mit einem Medium, und alle sagten, die Erfahrung habe sie tief bewegt. Da bat mich Ken über John um einen Termin.

Tatsächlich hatte er einen Grund, ein Medium zu konsultieren. Er quälte sich mit einer Frage, die etwas mit seinem Vater zu tun hatte, der gestorben war, als Ken siebzehn war. Fast sein ganzes Leben lang hatte Ken das Gefühl gehabt, sein Vater sei immer noch bei ihm. Er hatte keine Visionen und hörte auch keine Stimmen oder dergleichen – er spürte einfach nur die Gegenwart seines Vaters. Er spürte die Essenz seines Vaters, als sei er eine Macht in seinem Leben, die ihn leitete. Meistens spürte er die Liebe seines Vaters genau wie früher, obwohl sie jetzt getrennt waren.

Lange vor unserer Sitzung schrieb Ken über diese Gefühle: »Ich habe die Liebe meines Vaters immer als uranfängliche Tatsache wahrgenommen, selbst nachdem er gezwungen war, mich zu verlassen. Und wenn ich sterbe, hoffe ich, meine eigene Bestätigung für dieses Gefühl zu bekommen, wenn ich ihn endlich wiedersehe und er mich mit ausgestreckten Armen zu Hause willkommen heißt.«

Jetzt in unserem Reading wollte Ken wissen, ob das, was er spürte, wirklich vorhanden war.

* * *

Mehrere Mitglieder von Kens Familie kamen in dem Reading durch, und zwar alle auf einmal. Sie redeten wild durcheinander und wollten unbedingt gehört werden. Seine Mutter kam durch und dann noch jemand aus der Familie seiner Mutter, eine Person namens Mary, die stark und energisch war. Ken sagte, es sei seine Tante Mary. Dann brachte die andere Seite jemanden mit einem D im Namen ins Spiel.

»Gibt es einen David hier auf der Erde?«, fragte ich. Ken sagte, der Name seines Sohnes sei David. »Ich bekomme auch eine Kathryn«, sagte ich. Das war der Name von Kens Tochter. Die andere Seite erzählte mir außerdem etwas über seinen Enkel Max. Kens Vater war ebenfalls da, aber er blieb im Hintergrund. Nach einer Weile fragte Ken nach seinem Vater. Erst dann trat er nach vorn.

»Ich habe das Gefühl, dass er vor seiner Zeit gestorben ist«, sagte ich. »Sie hatten nur eine kurze Zeit miteinander. Und ich höre eine Entschuldigung dafür. Er entschuldigt sich bei Ihnen, das bekomme ich mit. Es ist, als habe er Sie irgendwie im Stich gelassen. Als sei er gestorben, ohne als Vater genug Zeit mit Ihnen verbringen zu können. Ich bekomme den Brustbereich. Irgendwas im Brustbereich. Es war nicht einmal genug Zeit für eine Verabschiedung.«

Ken erzählte mir, dass er nicht da gewesen sei, als sein Vater an einem Herzinfarkt starb.

»Ihr Vater sagt: ›Es tut mir so leid‹«, sagte ich. »Ich habe das Gefühl, er will sagen, er hätte besser auf seine Gesundheit achten sollen.«

Dann fragte Ken: »Können Sie ihn sehen?«

»Ich glaube, er war nicht sehr groß«, sagte ich. »War er kleiner als 1,80 Meter?«

Ken bestätigte, dass er kleiner war. »Er hatte dunkle Haare?« Ken bejahte auch das. »Irgendwann hatte er einen

Schnurrbart, oder?« Wieder sagte Ken Ja. »Etwas ist lustig an diesem Schnurrbart – er denkt, dass er blöd damit aussieht. Er macht Witze über den Schnurrbart.«

Ken lachte laut.

»Ich spüre, dass Ihr Vater versucht hat, etwas aufzubauen, während er hier war«, sagte ich. »Ich meine nicht, dass er versucht hat, ein Haus zu bauen oder so, aber er hat versucht, sich etwas Eigenes aufzubauen … und es wurde abgebrochen. Es ist unvollendet geblieben. Darüber war er nicht besonders glücklich. Als er starb, war seine Reaktion: ›Moment mal. Macht ihr Witze? Erstens, die andere Seite gibt es wirklich? Zweitens, ich kann das nicht fertigmachen?‹ Er war sauer darüber.«

Ken verstand, was das zu bedeuten hatte. Sein Vater war Künstler, und er starb mitten in einer kreativen Schaffensphase. Mehrere seiner Arbeiten blieben unvollendet.

»Ihr Vater sagt, er hilft Ihnen von der anderen Seite her bei Ihrer Arbeit«, sagte ich. »Irgendwie organisiert er Dinge auf der anderen Seite, und damit bringt er Ihre Arbeit hier voran.«

»Mein Vater hilft mir also?«

»Er hilft Ihnen jetzt, und er hat Ihnen schon viele Jahre lang geholfen«, sagte ich. »Weil er es nicht auf der physischen Ebene tun konnte, musste er es von der anderen Seite her tun.«

»Das habe ich immer gespürt«, sagte Ken. Dann fuhr er fort: »Sie können mir diese Frage vielleicht nicht beantworten, aber es interessiert mich einfach. Ich möchte wissen, ob ich meinen Vater zum Zeitpunkt meines eigenen Todes sehen werde?«

Auf der anderen Seite hörte ich ein lautes Lachen.

»Ja, absolut«, sagte ich. »Ihr Vater lacht Sie aus! Er sagt: ›Du stellst mir eine Frage, deren Antwort du schon längst kennst!‹ Ihr Vater scherzt mit Ihnen und lacht und sagt: ›Zuerst wird ein Tunnel da sein und ein helles Licht. Dann begrüße ich dich zuerst, wenn du willst. Und dann wirst du uns alle dort sehen.‹ Glauben Sie einfach, dass alle Ihre Lieben zu Ihrer Begrüßung erscheinen werden. Und Ihr Vater wird einer der Ersten sein.«

* * *

Die Realität eines Jenseits, die fortdauernde Gegenwart unserer geliebten Verstorbenen, die Kraft unserer Verbindung zur anderen Seite, die Leuchtkraft des Lichts zwischen uns – für Ken sind das nicht nur Daten einer Studie. Es sind Geschenke der anderen Seite an uns. Und in unserem Reading waren sie ein Geschenk von seinem Vater.

»Es wartet sehr viel mehr auf uns, wenn wir sterben, und wir werden geliebt«, sagte Ken kürzlich in einem Gespräch. »Was uns dort begegnet, wird schön sein, viel schöner, als man es mit Worten ausdrücken kann. Denn Tatsache ist, dass wir mit einer anderen Welt verbunden sind.«

Doch ungeachtet seiner Arbeit auf diesem Gebiet und all seiner Forschungen ist ihm klar, dass letztlich »jeder von uns das Rätsel des Lebens nach dem Tod für sich selbst lösen muss. Und was mich angeht, so glaube ich, dass es ein schönes Leben sein wird. Ich glaube, dass wir nie allein sind.«

*** 25 ***

Die Direktorin

Manchmal fürchten sich sogar Lehrer, wenn sie ins Büro des Direktors zitiert werden.

Ich unterrichtete schon seit sechzehn Jahren an der Herricks Highschool, aber außer einem Kollegen – für den ich vorhergesehen hatte, dass er ein neues Auto und eine neue Freundin finden würde – und meiner besten Freundin Stephanie – ebenfalls Englischlehrerin an der Herricks Highschool und jemand, dem ich vertraute – wusste niemand etwas über meine Fähigkeiten als hellsichtiges Medium. Ich tat alles, um das geheim zu halten und sicherzustellen, dass sich meine beiden Wege nicht kreuzten. Bis genau das geschah.

Eine Lehrerkollegin namens Suzanne, deren Energie ich wirklich mochte, kam nach dem Unterricht auf mich zu.

»Ich war übers Wochenende auf einem Seminar über spirituelle Entwicklung«, sagte sie. »Und dort wurde der Name Laura Lynne Jackson erwähnt.«

Ich spürte, wie mir das Herz in die Hose rutschte. Suzanne erzählte, sie habe einen Vortrag von Pat Longo gehört, in dem diese ein Reading mit mir erwähnte.

»Sind Sie das?«, fragte sie mich. »Sind Sie diese Laura Lynne Jackson?«

Ich nickte, obwohl ich eine innere Panik spürte.

»Keine Angst«, sagte Suzanne mit einem Lächeln auf den Lippen, »bei mir ist Ihr Geheimnis sicher.«

Wenig später sagte ich meine Teilnahme an einer Veranstaltung der Forever Family Foundation an einem College auf Long Island zu. Diese Veranstaltung war für Menschen gedacht, die einen lieben Menschen verloren hatten. Ich war mir ziemlich sicher, dass niemand von meiner Highschool etwas davon wusste. Da lag ich falsch.

»Ich möchte Sie vorwarnen«, schrieb Suzanne in einer E-Mail. »Danielle [eine andere Lehrerin in Suzannes Abteilung] hat Tickets für die Veranstaltung gekauft und organisiert einen Ausflug dorthin mit ein paar anderen Lehrern. Wir werden alle dort sein.«

Als ich Garrett sagte, was passieren würde, zögerte er keinen Moment. »Du musst der Direktorin sagen, was du machst«, sagte er.

Garrett hatte Recht. Ich musste wissen, ob ich mit meiner Teilnahme an der Veranstaltung meinen Beruf als Lehrerin aufs Spiel setzte. Wenn die Direktorin mir sagte, dass ich das nicht machen könne, würde ich meine Teilnahme absagen müssen – und das würde ein schwerer Schlag für mich sein. Ich wusste, dass ich vielen Menschen helfen konnte, die wirklich litten, und vielleicht war ich sogar in der Lage, das Leben einiger von ihnen zu verändern. Aber wenn das bedeutete, dass ich meine Stelle verlor, konnte ich es einfach nicht mehr tun. Und daher machte ich mich auf den langen, einsamen Weg zum Büro unserer Direktorin.

* * *

Jane, die schon seit mehreren Jahren Direktorin der Herricks Highschool war, war eine geborene Lehrerin. Sie wuchs als Tochter einer irischen Mutter und eines griechischen Vaters auf Long Island auf, hatte als Sonderschullehrerin begonnen und die folgenden vierzig Jahre im Schulsystem verbracht. An unserer Highschool war sie für mehr als dreizehnhundert Kinder mit sehr unterschiedlichen familiären Hintergründen verantwortlich. Außerdem fand Jane irgendwie auch noch die Zeit, abends Lehrer zu unterrichten, die in die Verwaltung gehen wollten. Sie war eine leidenschaftliche, zupackende Pädagogin und ein wunderbarer Mensch mit einer freigiebigen Seele. Ich bewunderte und respektierte sie sehr, und in den elf Jahren, die wir zusammengearbeitet hatten, waren wir immer gut miteinander zurechtgekommen. Dennoch war ich, als ich mich ihrem Büro näherte, so nervös wie ein Schüler, der zum Direktor geschickt wurde.

Ich atmete tief durch, ging hinein und setzte mich auf einen Stuhl, der vor ihrem Schreibtisch stand. »Ich muss Ihnen etwas sagen«, begann ich und versuchte, das Zittern meiner Hände unter Kontrolle zu bringen. »Ich … ich … habe außerhalb der Schule noch ein ganz anderes Leben, über das niemand etwas weiß.«

Jane sah besorgt aus. Später erfuhr ich, dass sie zuerst gedacht hatte: *Ist Laura etwa eine Prostituierte?*

»Ich bin nicht übermäßig religiös, aber ich bin spirituell«, fuhr ich fort und suchte nach den richtigen Worten. »Und manchmal arbeite ich an den Wochenenden ehrenamtlich. Und im nächsten Monat nehme ich an einer Veranstaltung teil, und ich möchte sicherstellen, dass das für Sie in Ordnung ist und dass die Verwaltung nichts dagegen hat. Und diese ehrenamtliche Tätigkeit … die Art von Arbeit, die ich mache … Da helfe ich Menschen, etwas über ihre Lieben zu erfahren. Ihre verstorbenen Lieben.«

Jane schaute mich aufmerksam an.

»So«, sagte sie, »Sie sind also … sensitiv?«

Ich nickte.

»Sie sind … eine von denen?«

»Ja«, sagte ich.

»Ein Medium?«

»Ja. Ein hellsichtiges Medium.«

Jane fixierte mich. Ich versuchte, nicht auszuweichen oder wegzuschauen. Die Katze war aus dem Sack.

Dann beugte sich Jane über ihren Schreibtisch und fragte im Flüsterton: »Laura, sehen Sie jetzt jemanden um mich herum?«

Und plötzlich, einfach so, flogen die Türen auf. Es war, als hätte die andere Seite dies von langer Hand geplant. Die andere Seite kam blitzschnell durch.

Ich hatte nicht vorgehabt, ein Reading für Jane durchzuführen. Ich wollte nicht für sie lesen. Aber auf der anderen Seite drängte sich jemand nach vorn, und Janes Frage war die Öffnung, die diese Person brauchte. Es war Janes Mutter, die vor Jahrzehnten verstorben war.

»Ich höre Margaret«, sagte ich. »Ihre Mutter nennt mir den Namen Margaret.«

Jane fiel die Kinnlade herunter. Sie stand auf, ging um ihren Schreibtisch herum und schloss ihre Bürotür ab. Dann setzte sie sich wieder hin und beugte sich vor.

»Ja«, sagte sie. »Ihr Name war Margaret.«

»Ihre Mutter hat Sie sehr rigide erzogen«, fuhr ich fort. »Sie war streng katholisch und hatte viele Regeln, an die Sie sich halten mussten. Und sie weiß, das es manchmal ganz schön hart für Sie war. Aber sie möchte Sie wissen lassen, dass alles, was sie getan hat, für Sie und Ihre Zukunft war, weil sie Sie so sehr liebt.«

Jane traten Tränen in die Augen.

Dann hörte ich ein anderes Wort.

»Morphium. Ihre Mutter sagt etwas über Morphium. Sie sagt, dass Sie den Ärzten immer Fragen über Morphium gestellt haben und wie viel sie bekommen sollte, und sie möchte Ihnen danken, dass Sie sich so engagiert haben und so fürsorglich waren und dafür, dass Sie ihr das Ende ihres Lebens so viel leichter gemacht haben.«

Jane hatte ihr Gesicht jetzt mit den Händen bedeckt. Ich sprach weiter. Da war noch etwas über Janes Sohn und seine Karriere beim Film und über ihre Tochter und über ein Baby, das auf der anderen Seite darauf wartete, zu ihrer Tochter kommen zu können. Die andere Seite war voller Informationen für Jane. Ehe ich mich's versah, waren vierzig Minuten vergangen, und die Schulglocke läutete. Jane stand auf, kam um ihren Schreibtisch herum und umarmte mich.

»Sie haben eine wunderbare Gabe«, sagte sie.

Wir vereinbarten, später weiterzusprechen. Nach der sechsten Stunde wartete Jane vor der Tür zu meinem Klassenzimmer auf mich.

»Können Sie nach der neunten Stunde noch einmal in mein Büro kommen?«, fragte sie.

Ich fühlte mich, als hätte mir jemand einen Schlag in die Magengrube versetzt. Ich fürchtete, dass Jane den Schulrat angerufen und der mir verboten hatte, an der Veranstaltung teilzunehmen. Ich war besorgt und abgelenkt, aber irgendwie brachte ich meine letzten drei Stunden dann doch noch hinter mich. Als ich zu Janes Büro ging, spürte ich die gleiche Furcht wie beim ersten Mal.

Als Janes Assistentin mich sah, wurde sie rot. Eine andere Sekretärin errötete ebenfalls und schaute weg. Mir war klar, dass Jane ihnen von mir erzählt haben musste. Plötzlich sahen sie mich mit anderen Augen und wussten nicht mehr, wie sie sich mir gegenüber verhalten sollten.

Dann bat Jane mich herein. Sie machte einen geradezu feierlichen Eindruck. »Ich muss Sie etwas fragen«, sagte sie sanft.

Ich machte mich auf schlechte Nachrichten gefasst.

»Es geht um meinen Mann«, sagte Jane.

Ich spürte, wie die Türen wieder aufflogen. Ich setzte mich Jane gegenüber und ließ alles heraus.

»Er ist hier«, sagte ich. »Ihr Mann ist hier. Er ist vor ein paar Jahren gestorben.«

»Vor fünf Jahren«, sagte Jane.

»Und Sie waren sehr lange verheiratet.«

»Fünfunddreißig Jahre«, sagte sie.

»Ihr Mann ist hier. Und er möchte Sie wissen lassen … dass er es gut findet, was Sie mit dem Haus machen.«

Jane lächelte und brach fast wieder in Tränen aus.

»Aber er sagt etwas über die Vögel«, fuhr ich fort. »Die Vogelhäuschen. Er sagt, Sie haben die Vogelhäuschen nicht so gefüllt, wie es sein sollte. Er möchte, dass Sie die Vogelhäuschen füllen. Er möchte, dass die Vögel zurückkommen.«

Jane wischte sich die Tränen weg. Es war nur ein winziges Detail, aber für sie war es sehr persönlich und intim – etwas, das die beiden früher geteilt hatten; etwas, das nur ihnen gehörte. Die Vogelhäuschen waren ihrem Mann immer sehr wichtig gewesen, und es stimmte, dass sie in letzter Zeit nicht mehr darauf geachtet hatte, ob sie gefüllt waren. Es war eine Bestätigung für sie.

Ihr Mann blieb noch eine ganze Weile bei uns. Er gab mehrere Einzelheiten über ihr gemeinsames Leben preis, die alle bewiesen, dass er anwesend war. Nach einer Weile unterbrach mich Jane.

»Laura«, sagte sie, »können Sie ihn etwas fragen? Ich muss wissen, was er über … meinen jetzigen Mann denkt.«

Später erfuhr ich, dass Jane von Schuldgefühlen geplagt wurde, weil sie wieder geheiratet hatte. Sie war eine sehr starke, freigiebige Person, und sie führte ihr Leben auf stolze und sinnvolle Weise, aber sie war auch nur ein Mensch, und all ihre Stärke konnte das Gefühl nicht verdrängen, dass sie dadurch, dass sie noch einmal geheiratet hatte, ihren ersten Mann und die Erinnerung an fünfunddreißig gemeinsam verbrachte Jahre verraten hatte. Sie betrauerte seinen Verlust noch immer, und ihre Schuldgefüle wurden zu einer Last, die sie glaubte, tragen zu müssen.

»Was hält er von meinem neuen Mann?«, fragte sie wieder, fast flehentlich.

Die Antwort kam klar und deutlich durch.

»Jane«, sagte ich, »er ist derjenige, der Ihren neuen Mann zu Ihnen geführt hat.«

Jane wirkte verblüfft, aber weil ihr erster Mann hartnäckig blieb, sprach ich weiter.

»Er sagt, Ihr jetziger Mann sei ein bisschen dusselig, und genau das würde er an ihm mögen. Er mag seine Persönlichkeit. Aber er sagt …« Ich zögerte, weil mich erstaunte, was ich hörte. »Er sagt, er sei derjenige mit dem süßeren Hintern.«

Jane lachte.

»Er sagt, dass er immer nur wollte, dass Sie glücklich sind. Deswegen hat er Ihren neuen Mann zu Ihnen geschickt. Er möchte, dass Sie glücklich sind. Daran hat sich nichts geändert. Daran wird sich nie etwas ändern. Selbst dann nicht, wenn Sie ihn gehen lassen. Vor allem dann nicht.«

* * *

Das war nicht das Gespräch, das ich mit der Direktorin zu führen erwartet hatte. Am nächsten Tag nahm mich Jane wieder beiseite und stellte mir eine sehr direkte Frage: »Was ist Ihre Sicht der Welt?«

Meine Antwort kam mir mühelos über die Lippen. »Ich sehe die Erde als Klassenzimmer«, sagte ich. »Wir werden alle hierher geschickt, um Lektionen zu lernen und einander zu helfen. Aber die wirkliche Welt ist die geistige – eine Welt des Lichts und der Liebe.«

Mit Janes Segen machte ich weiter, sowohl als Lehrerin als auch als Medium. Wir überlegten, was ich den Schülern sagen sollte, falls sie es einmal herausfinden würden, aber ansonsten widmete ich mich einfach wieder meiner Arbeit als Lehrerin.

Irgendwann im Laufe der Woche rief Jane den Schulrat an und erklärte ihm meine Situation. Zu einem großen Teil dank ihrer Fürsprache segnete der Schulrat alles ab, und meine Stelle war sicher. Die Assistentin des Schulrats bat mich sogar selbst um ein Reading.

»Ich persönlich glaube nicht an so etwas«, sagte der Schulrat zu Jane.

»Ich habe auch nicht daran geglaubt«, sagte Jane, »bis jetzt.«

* * *

Sechzehn Jahre lang hatte ich in der Angst gelebt, mein Geheimnis könne auffliegen, weil ich nicht geglaubt hatte, dass mich die Leute so akzeptieren würden, wie ich wirklich war. Aus irgendeinem Grund hatte ich gedacht, dass ich, wenn mein Geheimnis bekannt werden würde, gemieden, belächelt oder gefeuert werden würde oder alles auf einmal. Ich hätte nie gedacht, dass mich meine Mitmenschen unterstützten würden. Also ließ ich mich bei meinen Entscheidungen von Furcht leiten.

Wie kontraproduktiv Angst doch sein kann! Wie lähmend und überflüssig! Ich war sogar bereit gewesen, meine Arbeit als Medium aufzugeben. Und dann unterstützte mich Jane so wunderbar. Sie hat meine Gabe nicht nur akzeptiert, sondern sie als etwas sehr Positives bewertet. Diese ganze Angst, die Furcht und die Sorge hatten mich unnötigerweise sechzehn Jahre lang im Griff gehabt.

Ich kann Ihnen gar nicht sagen, wie gut es sich anfühlte, endlich frei davon zu sein. Wie Jane mir später mitteilte, hatte mein Reading auch tief greifende Auswirkungen auf ihr Leben. Vor diesem Tag hatte sie sich nicht sonderlich viele Gedanken über das Leben nach dem Tod gemacht. Sie hielt sich für einen spirituellen Menschen, aber sie war auch sehr pragmatisch. Sie versuchte, gut und ehrlich und liebevoll zu sein, akzeptierte aber auch, dass ihre Existenz endlich war. Sollte es nach diesem Leben noch mehr geben, wunderbar. Aber sie machte sich keine Gedanken darüber. Für sie hatte es keine Relevanz. Sie versuchte lediglich, hier und jetzt das Beste aus ihrem irdischen Leben zu machen.

Aber nach unserer Lesung änderte sich Janes Sicht der Welt. »Für mich war es okay, einfach zu sterben«, sagte sie zu mir. »Aber jetzt bin ich offen dafür, dass nach dem Tod etwas wirklich Wunderbares geschieht. Und daher führe ich mein

Leben jetzt in einer Art Bereitschaftszustand. Es geht darum, die Verbindung zu erfahren, die wir alle zu dieser Welt des Lichts und der Liebe haben, und hier und jetzt unser bestmögliches Leben zu führen.«

*** 26 ***

Die Schnüre berühren

Phran und Bob Ginsberg luden mich 2013 ein, das jährliche Wochenendtreffen der Forever Family Foundation als Medium zu unterstützen. Die Veranstaltung trug den Titel »Die Trauer verwandeln: Verbindungen und Heilung zwischen zwei Welten« und fand in einem Hotel mit Konferenzzentrum in Chester, Connecticut, statt. Das Hotel stand in einer wunderbaren Landschaft mit üppigen Wäldern. Von seiner von Bäumen beschatteten Terrasse aus hatte man einen Blick auf einen lieblichen Teich.

Phran erklärte mir, es gehe bei dieser Veranstaltung darum, »mit den Herausforderungen von Verlust und Trauer umgehen zu lernen und sich auf Möglichkeiten zu konzentrieren, wie wir alle mit unseren lieben Verstorbenen kommunizieren und unsere Beziehung zu ihnen aufrechterhalten können«.

Ich war gerade angekommen und hatte mein Zimmer bezogen, als mein Handy klingelte. Als ich dranging, hörte ich nichts als Stille, also legte ich wieder auf. Ein paar Minuten später klingelte es noch einmal. Wieder meldete sich niemand.

An diesem Abend bekam ich noch sechs oder sieben weitere Anrufe von nirgendwo. So etwa bei dem Vierten kam mir der Gedanke, dass hier etwas nicht mit rechten Dingen zuging. Ein abgebrochener Anruf, vielleicht zwei, nicht der Rede wert. Aber sechs oder sieben?

Wollte mir jemand einen Streich spielen? Das Seltsame war, dass keine Telefonnummer auf dem Display auftauchte. Das Telefon klingelte einfach.

Nach einer Weile erkannte ich, worum es bei diesen Anrufen ging. Jemand auf der anderen Seite versuchte, zu mir durchzukommen.

Phantomanrufe sind nur eine von vielen Möglichkeiten, wie die auf der anderen Seite uns Botschaften zukommen lassen. Handys senden elektromagnetische Wellen aus. Das ist eine Art von Energie, welche die andere Seite manipulieren kann. Es ergab auch Sinn, dass ich diese Phantomanrufe im Rahmen einer Veranstaltung bekam, zu der die andere Seite ganz bewusst eingeladen war.

Bei diesen Zusammenkünften bin ich Menschen begegnet, deren Brust so von ihrem Kummer eingeschnürt war, dass sie kaum noch atmen konnten. Ich habe das Gewicht ihrer Trauer gespürt und sie als so schwer wie eine Wolke aus Blei empfunden. Aber ich habe auch erlebt, wie Menschen direkt vor meinen Augen Hoffnung und Sinn fanden. Ich habe Tränen der reinen Liebe gesehen, wo vorher Tränen der Wut geflossen sind. Ich habe gesehen, wie Menschen ihre Trauer einfach losgelassen haben wie ein Kind einen Ballon fliegen lässt. Und ich habe gehört, was uns die andere Seite über Verlust und Trauer zu sagen hat. Die Phantomanrufe wollten mir etwas mitteilen, da war ich mir sicher.

Am ersten Abend des Treffens begrüßten Bob und Phran alle Teilnehmer und stellten das Programm für das Wochenende vor. Ich bemerkte ein Paar, das still und abseits dasaß und die ganze Zeit auf den Boden schaute. Die Gesichter der beiden waren wie versteinert. Ich spürte die Schwere ihrer Trauer. Ihr Schmerz war deutlich spürbar. Ich richtete ein stilles Gebet an die andere Seite: *Bitte erlaubt mir, ein Mittler zu sein, um ihnen zu helfen*. Ich hoffte, dass, wer immer es auch war, den sie verloren hatten, mich finden würde.

Am Abend versammelten wir uns im Freien um ein Lagerfeuer. Phran hatte mich gefragt, ob ich »offen« wäre, falls geliebte Verstorbene von der anderen Seite durchkommen wollten. »Natürlich«, hatte ich geantwortet.

Als wir alle um das Feuer saßen, sangen wir Lieder, um unsere Energie zu erhöhen. Nachdem wir mit dem Singen aufgehört hatten, machte sich wieder eine gedämpfte Traurigkeit breit. Ich spürte, dass etwas an mir zog. Es war Zeit für ein Reading.

Ich wartete darauf, zu irgendjemandem geführt zu werden – das Energielasso zu spüren. Plötzlich fühlte ich mich stark von dem traurigen Paar angezogen, das mir bereits aufgefallen war. Ich ging zur anderen Seite des Lagefeuers. Der Zug wurde immer stärker. Wer immer unbedingt mit ihnen kommunizieren wollte, war sehr hartnäckig. Ich stand vor ihnen und ließ den Besucher durch.

»Sie haben einen Sohn verloren«, sagte ich.

* * *

Fred und Susan waren seit zwanzig Jahren verheiratet und hatten drei Söhne aufgezogen: Scott, Tyler und Bobby. Ihr Leben in Thunder Bay, Ontario, wird vielen vertraut vorkommen – ein hektisches Durcheinander aus Hockeytraining, Baseballspielen, Schulveranstaltungen und Hausaufgaben. Alle drei Jungs waren extrem aufgeweckt und sportlich. Scott, der Älteste, war der Extrovertierteste, ein geborener

Anführer. Er gehörte zu denen, die plötzlich mitten im Unterricht anfangen zu singen und dafür sorgen, dass alle anderen Schüler mitsingen. Doch irgendwie machte ihn das bei den Lehrern umso beliebter.

In der Highschool wurde Scotty zum Vorsitzenden der Schülervertretung und zum besten Tänzer des Abschlussballs gewählt. Er übte mehrere Sportarten aus und tat sich in allen hervor. Außerdem hatte er die Prüfung zum Sporttaucher absolviert. Er schaffte es in das renommierte Canadian Memorial Chiropractic College.

Gegen Ende seines ersten Semesters kam er in der vorlesungsfreien Zeit nach Hause zurück, um sich auf seine Prüfungen vorzubereiten.

»Jeden Tag saß er am Esstisch über seinen Büchern und versenkte sich in den Lehrstoff«, erzählte mir Susan später. »Er ging nicht aus, er lernte einfach nur. Außer an jenem Freitagabend.«

An jenem Freitagabend ging Scotty mit seinem Freund Ethan zu einer Party und übernachtete anschließend bei Ethan. An nächsten Tag gegen 13.00 Uhr – Susan und Fred waren gerade einkaufen, weil sie ein großes Osteressen für die ganze Familie planten – bekam Susan einen Anruf von Ethans Bruder.

»Scotty ist letzte Nacht die Treppe runtergefallen«, sagte er. »Er war desorientiert, daher haben wir einen Krankenwagen geholt. Er ist auf dem Weg ins Krankenhaus.«

Susan und Fred fuhren sofort ins Krankenhaus und wandten sich an die Notaufnahme. Eine Ärztin sagte ihnen, sie könnten Scotty noch nicht sehen. Er habe ein Trauma, aber niemand wisse, wie schlimm es war.

»Wir setzen ihn jetzt unter Narkose«, sagte die Ärztin, »und dann rufen wir den Neurochirurgen.«

Den Neurochirurgen? dachte Susan. *Ist er nicht einfach nur ein paar Stufen hinuntergefallen?* Sie hörte, wie die Ärztin den Neurochirurgen anpiepste, und erstarrte vor Schreck.

Zusammen mit Ethan und seinem Bruder warteten sie in einem separaten Raum. Susan und Fred gingen immer wieder aus dem Zimmer und schauten besorgt den Flur hinunter, wo ihr Sohn hinter einer der Türen behandelt wurde. Nach einer gefühlten Ewigkeit kam die Ärztin wieder.

»Sie ging direkt auf Fred zu und sprach nur mit ihm«, sagte Susan. »Sie hat mich noch nicht mal angeschaut. Da wusste ich, dass es sehr schlimm war.«

In Scottys Gehirn hatte sich eine starke Schwellung gebildet. Er blieb unter Narkose. Der Neurochirurg versuchte, einen Tubus einzusetzen, um den Druck zu verringern, aber die Schwellung war zu stark. Dann erhöhten die Ärzte Scottys Blutdruck, um seinen Körper zu zwingen, das Blut neu zu verteilen. Außerdem wurde sein Plus auf unnatürliche 250 Schläge pro Minute erhöht. Aber auch das konnte die Schwellung nicht reduzieren.

Die einzige Möglichkeit, die den Ärzten noch blieb, bestand darin, ein Loch in Scottys Schädel zu bohren und so den Druck auf sein Gehirn zu lindern. Einer der Ärzte, die bei der Operation assistiert hatten, war ein Freund, und als alles vorbei war, kam er zu Fred und Susan in den Warteraum.

»Als wir den Schädel öffneten, stießen wir auf eine riesengroße Schwellung in seinem Gehirn«, erklärte der Chirurg. »Wir konnten nichts für ihn tun.«

Scotty war nicht tot. Aber er konnte nicht mehr selbstständig atmen, und die Schwellung in seinem Gehirn hatte zu einer erheblichen Schädigung geführt. »Wenn das mein Sohn wäre«, sagte der Arzt, »würde ich ihn gehen lassen. Er wird nie wieder Scotty sein.«

Er sagte es einfach so. Das kam nicht nur unerwartet, sondern es war absolut undenkbar. Unmöglich.

Susan und Fred standen unter Schock. Sie riefen Tyler und Bobby ins Krankenhaus und sprachen dann mit dem Chirurgen. Sie wussten, was kommen würde, aber sie wollten sich dem gemeinsam stellen.

»Die Wahrheit ist, dass Scotty nicht mehr bei uns weilt«, sagte der Chirurg.

Die Familie musste nun entscheiden, ob Scotty von den lebenserhaltenden Geräten genommen werden sollte oder nicht.

Anfang desselben Jahres, als Scotty seinen Führerschein gemacht hatte, hatte er sich begeistert bereit erklärt, Organspender zu werden. Die Ärzte erklärten, weil Scotty so jung und fit sei, bestünden gute Chancen, einige seiner Organe für Transplantationen verwenden zu können, aber die Entscheidung einer Organentnahme müsse sofort getroffen werden. Susan fragte: »Woher wissen Sie, dass Scotty nicht mehr geheilt werden kann? Wie können Sie das so sicher wissen?«

Der Arzt zählte die Liste der Kriterien auf, nach denen das bestimmt wird: keine selbstständige Atmung mehr, starke Schädigung des Hirnstamms, Schmerzunempfindlichkeit, keine Reflexe mehr. Es gab keinen Zweifel: Scotty war von ihnen gegangen.

Die Familie nahm sich ein paar Minuten Zeit, um zu verarbeiten, was sie gehört hatte. Im Herzen war allen klar, was zu tun war, aber es blieb dennoch eine unendlich schwierige Entscheidung. Dann sagten sie dem Arzt, er solle Scotty von den lebenserhaltenden Geräten nehmen.

Am Mittwoch, dem 4. April 2012, schob ein Ärzteteam Scotty zur Entnahme seiner Organe in einen Operationssaal. Die Familie begleitete sie ein Stück, durfte aber nicht weiter als bis vor die Tür zum OP. Dort traten die Ärzte einen Schritt von der Bahre zurück, und Scottys Eltern und seine Brüder legten einer nach dem anderen ihre Hände auf Scottys Körper, um sich zu verabschieden.

»Auf Wiedersehen, mein Sohn«, sagte sein Vater unter Tränen.

»Auf Wiedersehen, Scott«, sagte seine Mutter. »Wir werden dich immer lieben.«

Die Ärzte schoben die Bahre durch die Schwingtür in den OP, und Scottys Familie sah zu, wie sich die Tür wieder schloss.

Innerhalb weniger Stunden landeten mehrere Hubschrauber auf dem Landeplatz des Krankenhauses, um Scottys Organe abzuholen. Seine Lunge, seine Leber, seine Bauchspeicheldrüse und seine Nieren gingen an verschiedene Orte und Empfänger. Das letzte Organ, das ihm entnommen wurde, war Scottys Herz. Der letzte Helikopter schraubte sich in den Himmel und trug Scottys Herz fort.

Als sie nach Hause kamen, lagen Scottys medizinische Bücher immer noch aufgeschlagen auf dem Esstisch.

* * *

Das Reading für Fred und Susan während unserer Zusammenkunft dauerte vierzig Minuten. Der junge Mann, der durchkam, war lebhaft und entschlossen und hatte eine Menge zu sagen. Er zeigte mir ein S für seinen Namen und erzählte, dass er schnell ins Jenseits gegangen war. Es sei ein Unfall gewesen, sagte er, und übernahm einen Teil der Verantwortung dafür. Dann lieferte er eine Reihe von Beweisen, als sei ihm klar, dass seine Eltern dadurch von seiner Anwesenheit überzeugt werden mussten.

»Er zeigt mir etwas Grünes«, sagte ich ihnen. »Einen grünen Anzug. Er sagt mir, ich soll das seiner Mutter gegenüber erwähnen, weil sie darüber lachen wird.«

Zunächst wirkte Susan schockiert. Dann lachte sie, ganz wie vorhergesagt. »Scotty hatte sich an Halloween von Kopf bis Fuß als Hulk verkleidet«, erklärte Susan später. »Ich habe gelacht, weil es Scotty ähnlich sieht, das auszugraben, um mich zum Lachen zu bringen.«

Als Nächstes bat mich Scotty, die Ohrringe zur Sprache zu bringen, die seine Mutter trug. Ich fragte, ob sie unschlüssig gewesen sei, welche Ohrringe sie an diesem Tag tragen solle. »Scotty sagt, dass er das Paar mag, das Sie tragen, und dass er Sie ermutigt hat, dieses Paar zu nehmen, statt des anderen, über das Sie nachgedacht haben«, sagte ich.

Susan bestätigte, dass sie sich bereits auf ein Paar festgelegt hatte, aber im letzten Moment noch einmal zurückgegangen war, um doch das Paar zu nehmen, das sie jetzt trug.

Das war Scottys Art, seiner Mutter zu zeigen, dass er den ganzen Tag bei ihr gewesen war.

Dann wandte ich mich an Fred. »Okay, das ist jetzt zwar ein bisschen peinlich, aber ich kann nur die Botschaften weitergeben, die ich bekomme«, sagte ich zu ihm. »Scotty möchte, dass ich Ihnen sage, wie sehr er Ihre neue Unterwäsche mag. ›Ein ganz neuer Stil‹, sagt er. ›Keine weißen Feinrippmodelle mehr.‹«

Jetzt war es an Fred, verblüfft zu sein. »Scotty hat mich immer wegen meiner alten Slips aufgezogen«, erklärte Fred später. »Erst vor ein paar Tagen habe ich mir brandneue Boxershorts gekauft. Das wusste niemand.«

Ich fuhr fort: »Er sagt auch, ich soll Sie wegen Ihrer Schuhe aufziehen. Er lacht und sagt, dass Sie genug Schuhe für die nächsten zehn Jahre haben.«

Susan und Fred schauten sich an und lachten. »Das stimmt«, bestätigte Fred. »Es gibt eine Art von Schuhen, die ich wirklich mag. Schauen Sie, ich habe sie an. Und neulich gab es sie im Angebot. Da dachte ich mir: Warum nicht? Und ich habe gleich eine ganze Menge davon im Internet bestellt.«

Dann zeigte mir Scotty einen Garten, und ich spürte eine überwältigende Liebe.

»Scotty zeigt mir einen Garten, der etwas mit ihm und Ihnen beiden zu tun hat«, sagte ich. »Er sagt, dass Sie dort sitzen, und er sagt, dass er dort bei Ihnen sitzt. Er ist sehr schön. Und es ist schön, dass Sie dort Zeit verbringen und mit ihm in Verbindung treten. Es ist ein stiller Ort, wo Sie das gut tun können.«

»Wir haben ihm zum Gedenken einen Garten angelegt«, sagte Susan. »Wir nennen ihn Scottys Garten. Dieser Garten hat eine ganz besondere Bedeutung für uns.«

»Sie brauchen mich gar nicht, um Scotty zu sehen, zu spüren und zu hören«, sagte ich ihnen. »Sie tun es bereits. Sie tun es, wenn Sie mit ihm in seinem Garten sitzen. Sie tun es, wenn Sie Unterwäsche kaufen und Ohrringe aussuchen. Er ist immer bei Ihnen. Er ist immer noch ein Teil Ihrer Familie.«

* * *

Als Susan und Fred ankamen, waren sie so stark in ihre Trauer versunken, dass ich fürchtete, sie seien vielleicht nicht in der Lage, wieder aus ihr herauszufinden. Doch am Ende kümmerte sich Scotty um alles. Als er durchkam, hatten wir viel Spaß mit ihm. Er brachte uns alle zum Lachen! Er kam als genau der Scotty durch, den seine Familie so sehr geliebt hatte.

Doch das Wichtigste, was Scotty mitzuteilen hatte, war seine Begeisterung.

»Er sagt, er sei begeistert von dem, was Sie in seinem Namen tun, weil ihm das die Möglichkeit gibt, auch weiterhin hier auf der Erde etwas zu bewirken«, sagte ich ihnen. »Er ist zutiefst dankbar, dass er immer noch Einfluss auf das hat, was hier geschieht, obwohl er auf der anderen Seite ist. Er ist überrascht und begeistert. Sie arbeiten als Lichtteam zusammen, um anderen zu helfen – Sie beide hier und Scotty auf der anderen Seite. Und das macht ihn glücklich.«

Damals wusste ich nicht, worauf sich Scotty bezog, aber später erfuhr ich, dass seine Eltern im Jahr nach seinem Tod ein Gedächtnisdinner ins Leben riefen, bei dem sie in Scotts Namen Geld für wohltätige Zwecke sammelten. Der Termin für diese Veranstaltung war der seinem Geburtstag im November am nächsten liegende Samstag. Zum ersten Dinner in einem beliebten Restaurant am Thunder Bay kamen mehr als hundert Personen und spendeten sechsunddreißigtausend Dollar für hungernde Kinder in Westafrika. Seitdem haben sie Tausende Dollar für eine Gruppe namens »Kids in Syria« und mehr als fünfzigtausend Dollar für hungernde Kinder in Mali gesammelt.

»Wir nennen es Scotty's Dinner«, erzählte mir Susan. »Scotty liebte Kinder und half ihnen gern. Ständig kommen junge Menschen zu mir und erzählen, wie wichtig Scotty für ihr Leben war.«

Scotty wollte seine Eltern wissen lassen, wie dankbar er für das war, was sie in seinem Namen taten. Und er hatte noch eine weitere Botschaft für sie, bevor wir fertig waren.

»Er dankt Ihnen, dass Sie zu diesem Trauertreffen gekommen sind«, sagte ich. »Er sagt, er habe alles versucht, Sie hierher zu kriegen, und dann sind Sie fast nicht gekommen.

Er war so glücklich, dass Sie sich entschieden haben, zu kommen. Er will nicht, dass Sie Ihre Trauer allein bewältigen.«

***

Es gibt einen Grund, warum ich gern an Trauertreffen teilnehme. Wenn ich dorthin komme, sehe ich, wie verzweifelt die Menschen sind, und wenn ich gehe, sehe ich, wie ihre Last dadurch von ihnen genommen wurde, dass sie ihre Trauer mit anderen geteilt haben. Indem wir unsere Trauer teilen, erkennen wir an, dass wir als spirituelle Wesen alle miteinander verbunden sind.

Trauer bereitet uns großen Schmerz, aber die andere Seite lehrt uns, dass es bei diesem Schmerz nicht um die Abwesenheit von Liebe geht, sondern vielmehr um die Kontinuität der Liebe. Die strahlenden Schnüre der Liebe, die uns in diesem Leben mit anderen verbinden, bleiben im Jenseits bestehen. Und wenn wir einen unerträglichen Schmerz wegen des Verlustes eines geliebten Menschen empfinden, ist es, als zerrten wir an der Schnur der Liebe. Der Schmerz ist real, weil die Schnur real ist. Aber unsere Liebe endet nicht.

***

Schließlich zeigte mir das Reading für Fred und Susan wieder einmal, dass das, was wir nach dem Verlust eines geliebten Menschen hier auf der Erde tun, eine große Rolle spielt.

Die kraftvollste Art, einen Verstorbenen zu ehren, besteht darin, in seinem Namen Licht und Liebe zu verbreiten. Das hält den betreffenden Menschen nicht nur in unserem Leben präsent, sondern erlaubt es ihm auch, von der anderen Seite aus nach wie vor einen positiven Einfluss auf unsere Welt auszuüben.

Alles zählt! Wenn wir jemandem zu Ehren einen 5-Kilometer-Lauf machen, wird diese Person mit uns laufen oder gehen. Wenn wir ein Wohltätigkeitsessen veranstalten, wird diese Person mit am Tisch sitzen. Unsere Lieben auf der anderen Seite wissen immer, was wir tun. Und wenn sie sehen, wie wir in ihrem Namen Licht verbreiten, ist das für sie von großer Bedeutung. Die andere Seite möchte, dass wir ein weit offenes, dynamisches Leben führen. Dass wir so umfassend und strahlend leben, wie wir können. Sie ist an unserer Seite. Wenn wir die Tragödie in Hoffnung verwandeln, sehen unsere Lieben auf der anderen Seite das nicht nur, sie feiern es sogar.

* * *

Nachdem ich das Reading für Susan und Fred durchgeführt hatte, bekam ich an jenem Abend noch mehr Phantomanrufe auf meinem Handy. Aber dieses Mal hatte ich eine Idee, wer mir da einen Streich spielte.

Als ich am nächsten Morgen beim Frühstück Fred und Susan traf, erzählte ich ihnen von den Phantomanrufen. »Ich habe das Gefühl, dass sie von Scotty stammen«, sagte ich. »Ich glaube, er möchte Sie wissen lassen, dass er immer noch da ist und mit Ihnen spricht. Und dass Sie mich nicht brauchen, um diese Verbindung zu spüren. Ich denke, es macht ihm Spaß, und er gibt ein bisschen damit an, was er alles machen kann.«

Später erfuhr ich, dass die Anrufe aus dem Nirgendwo keineswegs Scottys einzige Versuche waren, die Leitungen zwischen ihm und seinen Eltern offenzuhalten. Scotty hat, wie sich herausstellte, ein Faible dafür, sich über Elektrizität zum Ausdruck zu bringen. »Schon als er klein war, hat ihn die Elektrizität fasziniert«, sagte Susan. »Es überrascht mich also nicht, dass sich daran nichts geändert hat.«

Susan machte sogar ihre eigene verrückte Handy-Erfahrung. »Wir waren unten in Florida, und ich sah, dass eine Nachricht auf meinem Handy angekommen war«, sagte sie. »Ich rief sie auf, aber sie war leer. Ich sagte: ›Scotty, wenn du das bist, musst du schon ein bisschen mehr bringen als eine leere Nachricht.‹« Später an diesem Tag fand Susan fünfundneunzig leere Nachrichten auf ihrem Handy.

Fred und Susan werden die Tradition der Scotty's Dinners fortführen und haben sich vorgenommen, nach neuen Möglichkeiten zu suchen, die immer noch bestehende Verbindung zu ihrem Sohn zu pflegen.

»Wir spüren, dass es unsere Aufgabe ist, Scotts Licht in dieser Welt weiter leuchten zu lassen, indem wir in seinem Namen Gutes tun«, sagte Susan. »So kann er auch weiterhin einen positiven Einfluss auf Menschen haben. Er kann immer noch etwas bewirken in dieser Welt.«

»Das heißt nicht, dass wir ihn nicht jeden Tag vermissen«, ergänzte Fred. »Es bedeutet nicht, dass die Trauer einfach verschwindet. Aber zu wissen, dass Scotty immer an unserer Seite ist, dass er immer noch zu unserem Team gehört, macht sie leichter zu ertragen.«

* * * 27 * * *

Phönix aus der Asche

Auf demselben Trauertreffen, auf dem ich Scottys Eltern kennengelernt hatte, veranstaltete ich mehrere Gruppensitzungen für zehn bis zwölf Teilnehmer. Als ich am letzten Tag der Zusammenkunft meine vierte und letzte Sitzung begann, spürte ich, wie mich das Energielasso zu einem Mann und einer Frau hinzog, die nebeneinandersaßen. Als ich mich ihnen näherte, tauchte ein dunkles, verstörendes Bild auf. Es folgten noch mehr Bilder, alle waren grauenhaft. Ich sah Bilder eines Aufpralls und große Zerstörung. Ich sah Flammen und Rauch.

»Da kommt jemand für Sie durch«, sagte ich zu dem Mann. »Sie sagt, dass sie bei einem Autounfall ums Leben gekommen ist.«

Der Mann schaute zu mir auf, und seine Augen füllten sich mit Tränen.

* * *

Eines Abends im Jahr 1966 stiegen Frank McGonagle und seine Frau Charlotte in ihren Triumph-TR4-Sportwagen, um von Boston nach Swansea, Massachusetts, zu fahren, eine Strecke, die sie in etwa einer Stunde zurücklegen konnten. Sie hatten gerade an der Beerdigung von Franks Onkel teilgenommen und wollten nun schnell nach Hause zu ihren vier kleinen Kindern kommen. Als er nur noch wenige Kilometer auf einer ruhigen Landstraße zurückzulegen hatte, fuhr Frank auf eine Kreuzung zu und hielt an, weil die Ampel von Gelb auf Rot schaltete.

Im nächsten Moment heulte ein Wagen hinter ihnen auf und prallte mit voller Wucht hinten auf den TR4. Die Auswirkungen waren verheerend. Der Sportwagen wurde auf die Kreuzung geschleudert und krachte in eine Leitplanke. Der Geruch von Benzin lag in der Luft. Drei Jungen im Teenageralter sprangen aus dem anderen Auto und rannten zu dem Triumph. Sie griffen durch das zerstörte Seitenfenster auf der Fahrerseite und zogen Frank aus dem Auto. Genau in dem Moment explodierte der Benzintank.

Das Auto stand in Flammen. Auch Frank brannte. Er warf sich auf den Boden, rollte vor und zurück und versuchte so, den Brand zu löschen. Er trug einen Mantel, der den größten Teil seines Körpers schützte. Aber sein Kopf war ungeschützt, und er erlitt Verbrennungen dritten Grades im Gesicht, an den Ohren, auf der Kopfhaut und am Hals. Frank erinnert sich nicht, dass er aus dem Auto gezogen wurde oder sich auf der Straße gewälzt hat. Er kann sich noch nicht einmal genau an den Aufprall selbst erinnern. Er weiß nur noch, dass er in der Notaufnahme aufgewacht ist und ein Arzt ihm gesagt hat, dass es seine Frau nicht geschafft habe.

Charlotte, das schöne Mädchen aus Texas mit den lockigen Haaren, in das er sich auf den ersten Blick verliebt hatte – die Liebe seines Lebens, die Mutter seiner Kinder, sein ein und alles – war nicht mehr da. Charlotte war im siebten Monat schwanger gewesen. Mit einem Wimpernschlag war das

Leben, das sie sich gemeinsam aufgebaut hatten, vernichtet worden.

***

In meinem Reading für Frank zeigte mir die andere Seite nicht alle Einzelheiten über sein Leben nach dem Unfall. Aber ich sah, dass es schwierig gewesen war.

Als Frank in der Notaufnahme zu sich kam, wachte er in einer Art Hölle auf. Er war mit Morphium vollgepumpt und hatte eine Trachealkanüle im Hals. »Von diesem Moment an hatte ich das Gefühl, dass ich für ihren Tod verantwortlich war«, erzählte mir Frank. »Ich hatte das Gefühl, das sinkende Schiff verlassen zu haben. Ich konnte mir nicht vergeben, dass ich sie verlassen hatte.«

Frank verbrachte die nächsten drei Monate im Krankenhaus. Seine Verbrennungen waren lebensbedrohlich, aber er kam durch. Schlimmer als die physischen Verletzungen waren jedoch die Schuldgefühle und das Gefühl der Ungerechtigkeit, die ihn fast umbrachten. Noch im Krankenhaus kam ihn ein Priester besuchen. Dieser Priester kannte den Fahrer des anderen Autos, der den Unfall verursacht hatte, einen jungen Mann namens Richard, der Frank besuchen wollte.

»Er möchte Sie um Verzeihung bitten«, sagte der Priester.

»Pater, wenn Sie ihn in dieses Zimmer bringen«, sagte Frank, »dann bringe ich ihn um.«

Freunde und Familienangehörige halfen Frank, sich zu erholen und seine vier kleinen Kinder aufzuziehen. Doch er konnte es kaum ertragen, dass sich alle bemühten, seine Familie ohne Charlotte zusammenzuhalten. Manchmal dachte Frank über Selbstmord nach.

Etwa achtzehn Monate nach seinem Unfall heiratete er eine Krankenschwester, die in dem Krankenhaus arbeitete, in dem er behandelt worden war. Aber die Ehe war von Anfang an zum Scheitern verurteilt. »Ich war ein Wrack«, erklärte Frank. »Ich hatte keine einzige meiner Fragen rund um die Themen Schuld und Wut und Trauer geklärt.«

Zehn Jahre gingen ins Land – zwanzig – dreißig – und Frank kämpfte noch immer.

Dann besuchte er einen Vortrag von Fred Luskin, der sich an Menschen richtete, die schwere Verbrennungen erlitten hatten. Luskin sprach über die Macht der Vergebung und darüber, dass Vergebung nicht nur demjenigen hilft, dem vergeben wird, sondern auch demjenigen, der vergibt. Luskin legte überzeugend dar, wie Vergebung die Dynamik einer Tragödie verändern kann. »Ich musste Richard treffen«, erzählte mir Frank später. »Und ich musste ihm vergeben.«

Frank erfuhr, dass Richard wegen grob fahrlässiger Gefährdung schuldig gesprochen worden war. Er hatte eine Geldstrafe bekommen, und sein Führerschein war ihm für ein Jahr entzogen worden. »Eines Tages sprach ich mit einem Nachbarn, der Richard kannte«, berichtete Frank. »Er hat mir erzählt, dass Richard nach diesem Unfall nie wieder Auto gefahren ist.«

Der Nachbar arrangierte ein Treffen zwischen Frank und Richard im Gemeindehaus einer nahe gelegenen Kirche. Frank kam als Erster und war zu nervös, sich zu setzen. Er schaute aus dem Fenster und sah, wie ein Auto in die Einfahrt fuhr. Ein Mann stieg auf der Beifahrerseite aus und ging zögernd auf die Eingangstür zu. Frank atmete tief durch. Er hörte Schritte und beobachtete, wie sich die Tür langsam öffnete.

Schließlich saßen die beiden Männer im selben Raum, nur wenige Zentimeter voneinander entfernt. Lange Zeit sagte keiner ein Wort. Frank kämpfte mit einer Flut von Emotionen.

Endlich ergriff Frank das Wort.

»Danke, dass Sie gekommen sind«, sagte er. »Ich weiß, dass es viel Mut erfordert hat hierherzukommen.«

Richard schaute auf. Seine Augen waren rot, und er zitterte. »Es tut mir leid«, sagte er. »Es tut mir so leid.«

»Ich weiß, dass Sie das, was passiert ist, nicht mit Absicht gemacht haben. Aber es ist passiert. Ich bin selbst manchmal verantwortungslos gefahren. Letztendlich weiß ich, dass Sie das nicht tun wollten.«

Die beiden Männer sprachen eine halbe Stunde miteinander. Frank wurde klar, dass Richard sich selbst sehr viel härter bestraft hatte, als irgendein anderer ihn hätte bestrafen können.

Schließlich wischten die Männer ihre Tränen weg, gaben sich die Hand und verabschiedeten sich. Richard ging hinaus, und Frank beobachtete, wie er sich an den Straßenrand stellte und darauf wartete, dass er abgeholt wurde. Dann kam ein Auto, und Richard stieg ein. Frank erkannte, dass er nicht der Einzige war, der sich in einer Welt des Grams verloren hatte.

Zwei Tage später sprach Frank am Telefon mit seiner Tochter Margaret. Er erzählte ihr von dem Treffen mit Richard und dass er ihm vergeben habe. Und während er sprach, bildete sich eine einfach Frage in seinem Kopf.

Nun, wo du ihm vergeben hast, warum vergibst du dir nicht auch selbst?

* * *

Danach änderte sich Franks Sicht der Dinge dramatisch. »Ich war in der Lage, das, was passiert war, objektiver zu sehen«, erläuterte er. »Es war, als habe sich mein Ich verlagert. Ich war jetzt eher ein Beobachter als ein Beteiligter. Begonnen hat es damit, dass ich Richard begegnet bin. Als ich ihn weggehen sah, tat er mir leid. Ich empfand ein tiefes Mitgefühl mit ihm. Ich konnte ihm ansehen, wie verletzt und verwundet er war und wohl immer sein wird. Das war das genaue Gegenteil von dem, was ich nach dem Unfall gefühlt hatte, als ich ihn am liebsten umgebracht hätte. Allmählich erkannte ich die Macht der Vergebung.«

Nach und nach ließ Frank seine Schuldgefühle los. Und während er das tat, erlebte er, wie heilsam Vergebung ist.

Das Loslassen seiner Trauer war jedoch eine ganz andere Sache. Es gab eine sehr wichtige Frage, die er einfach nicht beantworten konnte: Was war aus Charlotte geworden? In der einen Minute war sie noch bei ihm gewesen, und in der nächsten war sie verschwunden. Wohin war sie gegangen? Was war mit ihr passiert? Was Frank betraf, so war seine Beziehung zu Charlotte an diesem längst vergangenen Tag abrupt beendet und die mächtige Liebe zwischen ihnen einfach ausgelöscht worden.

Frank dachte zurück an den Tag, als Charlottes Eltern ihn nach dem Unfall im Krankenhaus besucht hatten. Er hatte sich vor diesem Moment gefürchtet. Charlotte war ihr einziges Kind gewesen, eine geistreiche, wunderschöne Sonnengöttin.

Als Charlottes Mutter in sein Krankenzimmer kam, setzte sie sich auf einen Stuhl neben Franks Bett und sagte: »Frank, Charlotte ist immer noch bei dir. Charlotte ist zu mir in mein Schlafzimmer gekommen und möchte, dass du weißt, dass es ihr gut geht. Sie hat keine Schmerzen. Sie ist im Himmel mit eurem Baby, und sie ist sehr glücklich. Und sie möchte, dass du wieder gesund wirst und euren vier Kindern ein starker Vater bist. Sie möchte, dass du glücklich bist.«

Durch den Morphiumnebel waberte nur ein einziger Gedanke durch Franks Kopf, während er Charlottes Mutter reden hörte. *Sie redet Quatsch,* dachte er. *Sie ist vor lauter Kummer völlig verwirrt.*

Es dauerte noch mehr als vierzig Jahre, bis er sich eines Besseren belehren ließ.

* * *

Im Jahr 2006 drängte ein Freund Frank zum Besuch eines Seminars, das von einem hellsichtigen Medium geleitet wurde. Der Freund dachte, es könne Frank weiterhelfen. Frank war skeptisch, ging aber hin. Während des Seminars hörte er, wie mehrere Hellsichtige Einzelheiten über seine verstorbenen Verwandten aufzählten. Einer der Hellsichtigen hielt sogar ein Schild hoch, auf dem CC stand – die Initialen seiner verstorbenen Frau Charlotte, deren Mädchenname Carlisle war. Das genügte Frank, um seine Einstellung der anderen Seite gegenüber zu ändern. Er glaubte jetzt, dass es ihm möglich war, irgendwie wieder mit Charlotte in Verbindung zu treten.

Während meines Readings für Frank kam Charlotte sehr viel klarer durch als in irgendeiner von Franks früheren Readings. Sie zeigte mir, wie sie in all den Jahren über Frank gewacht und ihn auch zu seiner jetzigen Frau, Arlene, geführt hatte, die nun neben ihm saß. »Sie möchte Arlene für alles danken, was sie für Sie getan hat«, informierte ich Frank. »Sie sagt, Sie haben eine Menge Menschen, eine Menge Führer und geliebte Menschen, die auf der anderen Seite über Sie wachen.«

Charlotte kommunizierte ein tiefes Gefühl von Stolz auf das, was ihr Mann seit dem Unfall getan hatte. Es schien, als stehe eine ganze Gruppe von Menschen auf der anderen Seite, die Frank lobten und feierten.

»Sie sagen, Sie hätten stehende Ovationen für das verdient, was Sie auf der Welt getan haben«, gab ich wieder.

Später erfuhr ich, dass Frank seit dreißig Jahren anderen Verbrennungsopfern dabei half, ihre Verletzungen zu bewältigen und Möglichkeiten zu finden, ein normales Leben zu führen. Er arbeitete für eine nationale Hilfsorganisation namens Phoenix Society for Burn Survivors (»Phönix-Gesellschaft für Überlebende von Bränden«) und stand kurz davor, deren Vorsitzender zu werden. »Ich glaube wirklich, dass dies einer der Hauptgründe ist, warum ich verschont geblieben bin«, schrieb Frank in einem Newsletter. »Ich habe überlebt, um anderen Überlebenden von Bränden und ihren Familien zu helfen. Das ist keine Pflicht für mich, sondern eine Ehre.«

Jetzt kam Charlotte durch und brachte ihren Stolz über das zum Ausdruck, was ihr Mann erreicht hatte. Es war eine Kaskade der Freude und Zuneigung – ein reiner Ausdruck der Liebe. »Charlotte sieht, wie viel Sie der Welt zurückgegeben haben und dass Sie nicht zugelassen haben, durch ihre Erlebnisse zu einem verbitterten Menschen zu werden«, sagte ich ihm. »Sie möchte Ihnen für alles danken, was Sie ihr zu Ehren getan haben.«

Frank kämpfte mit den Tränen. Er glaubte, dass Charlotte die ganze Zeit über ihn gewacht und ihn auf seiner Reise begleitet hatte. Er glaubte, dass sie ihn zu Arlene geführt hatte. Und er glaubte, dass sie gesehen hatte, wie er im Gedenken an sie Hunderte von anderen Überlebenden geholfen hatte. »Alles, was ich getan habe, habe ich getan, um

Charlotte zu ehren«, erzählte mir Frank später. »Es war eine Möglichkeit zu verhindern, dass sie ganz verschwand. Zu erfahren, dass sie stolz auf mich war, dass sie glücklich war mit dem, was ich machte, nun, das war unglaublich tröstlich.«

Und doch war Charlotte nicht die Einzige, die während des Readings durchkam.

»Frank, ich sehe einen Geist, der nicht geboren wurde«, berichtete ich ihm. »Der Geist ist auch bei dem Unfall gestorben. Frank, es ist Ihr Sohn.«

Frank schaute mich ungläubig an.

»Ihr Sohn kommt durch und sagt, ich soll erwähnen, dass auch er glücklich ist zu sehen, dass Sie anderen Menschen helfen. Ihr Sohn ist sehr, sehr stolz auf Sie.«

Zum Zeitpunkt des Unfalls hatten Frank und Charlotte noch keinen Namen für ihr ungeborenes Kind ausgesucht. Wann immer er im Laufe der Jahre an das Kind dachte, das er verloren hatte, stellte er es sich als »kleinen Jungen« vor.

Aber jetzt war sein kleiner Junge kein Baby mehr. Er war ein wunderschöner Geist des Lichts und der Liebe. Hier auf der Erde hatte er Frank nie berühren können, aber jetzt berührte er ihn mit seiner Liebe und zeigte ihm, dass er stolz auf ihn war.

Frank verbarg sein Gesicht in den Händen und weinte.

***

Jahrzehntelang hatte Frank ein paar Kartons mit Super-8-Filmen zu Hause in einem Schrank aufbewahrt. Es waren alte Amateurfilme mit verkratzten, verwackelten, stummen und verblichenen Bildern von Frank, Charlotte und ihren kleinen Kindern. Doch für Frank waren es Erinnerungen an ein Leben, das ihm genommen worden war. Er konnte es nicht ertragen, sie nach Charlottes Tod noch einmal anzuschauen. Aber nach unserem Reading holte Frank die Kartons heraus.

»Es waren etwa zwei Stunden Film«, erzählte er mir später. »Sie deckten von der Geburt unserer Kinder bis zu dem Unfall so ziemlich alles ab. Ich machte eine Digitalversion daraus und schnitt das Material zusammen. Ich wollte es für meine Kinder machen – und für Charlotte.«

Der Kurzfilm erzählt die Geschichte einer schönen, glücklichen Familie. Charlotte lächelt und winkt in die Kamera. Die Kinder machen ihre ersten Schritte und fallen ab und zu hin. Man sieht Freude und Lachen und Liebe – viel Liebe.

Frank gab den Film seinen Kindern, damit sie Charlotte so in Erinnerung behalten konnten, wie sie in seiner Erinnerung weiterlebte. Frank wollte den Film auch seinen elf Enkelkindern zeigen, damit sie wussten, wer ihre Großmutter gewesen war. »Es war eine weitere Möglichkeit, Charlotte zu ehren«, sagte Frank.

Als die Zusammenkunft beendet war, fuhr ich nach Long Island zurück und dachte viel über Franks Geschichte nach. Was sie für mich so unglaublich bewegend machte, war die Tatsache, dass er die Kraft und den Mut aufgebracht hatte, die Dunkelheit in seinem Leben in ein helles, schönes Licht zu verwandeln. Ich erkannte, dass uns Franks Geschichte lehrt, wie wir unsere Ansichten darüber, was Trauer bedeutet, verändern können.

In manchen Kulturen ist es Tradition, die Trauer tapfer allein zu bewältigen – als sei »Haltung bewahren« eine bewundernswerte Eigenschaft, die über allen anderen steht. Die Trauerforschung zeigt jedoch, dass das Abschotten von anderen gerade in Zeiten der Trauer der Heilung abträglich ist.

Anfangs hatte sich Frank allein durch seine Trauer gequält. Doch irgendwann war er auf eine Selbsthilfegruppe für Opfer von Bränden getroffen, und damit begann seine Heilung. »Männern wird beigebracht, so etwas wie John Wayne zu sein«, sagte Frank. »Man bringt uns bei, nicht zu weinen und uns unseren Schmerz nicht anmerken zu lassen. Doch als ich anfing, meine Geschichte mit anderen Überlebenden zu teilen, sah ich, wie sehr mir das half.« Nachdem er dem Mann, der den Unfall verursacht hatte, vergeben hatte, konnte er den Akt der Vergebung auch auf sich selbst anwenden und wurde so wieder offen für andere.

Das Universum wurde so geschaffen, dass wir füreinander da sein sollen. Es ist uns nicht bestimmt, uns allein in unserem Schmerz und unserer Trauer zu verkriechen. Vielmehr sollen wir die lebendigen Schnüre des Lichts und der Liebe ehren, die uns miteinander verbinden, denn die Liebe, die andere uns schenken, ist die stärkste Heilkraft von allen. Warum sollten wir uns dieser Kraft verschließen? Es ist uns bestimmt, Teil eines riesigen, endlosen Liebeskreislaufs zu sein, in dem wir die Liebe anderer empfangen und diese Liebe dann an jemand anderen weitergeben.

Indem wir unseren Schmerz teilen und Liebe geben und empfangen, heilen wir unsere Trauer.

* * *

Heute bedankt sich Frank jeden Morgen nach dem Aufstehen, während er unter der Dusche steht. »Ich habe eine lange Liste von Menschen, mit denen ich spreche«, erzählte er mir. »Ich spreche jeden Tag mit Charlotte und bitte sie, mir auch weiterhin zu helfen. Ich spreche mit all meinen Lieben, die ich verloren habe, mit all meinen Geistern und Führern. Ich kenne eine Menge Leute, die diesbezüglich sehr skeptisch sind, aber ich habe meine Ansichten darüber, wie das Universum funktioniert, geändert.«

Und selbst an Tagen, an denen er immer noch um Charlotte trauert und sie vermisst, tröstet er sich mit der Gewissheit, dass sie nicht wirklich gegangen ist. »Ich glaube, dass Charlotte immer noch bei mir ist«, bekräftigte er. »Ich glaube, dass mein kleiner Junge bei mir ist. Ich glaube, dass all meine Lieben hier sind und mir Liebe geben. Was ich herausgefunden habe, ist, dass dies alles etwas mit Liebe zu tun hat. Wenn man jemandem liebt, liebt man ihn für immer.«

*** 28 ***

Der Bonsai-Baum

Durch meine Readings hat mir die andere Seite geholfen, viele der großen Fragen zu beantworten, mit denen ich mich so lange herumgeschlagen hatte.

Warum sind wir hier? Um zu lernen. Um Liebe zu geben und zu empfangen. Um die Vertreter eines positiven Wandels in der Welt zu sein.

Was geschieht, wenn wir sterben? Wir legen unseren Körper ab, aber unser Bewusstsein überdauert.

Was ist der Sinn unseres Daseins auf der Erde? In Liebe zu wachsen und anderen zu helfen, das Gleiche zu tun. Die andere Seite hat mir auch geholfen, eine Frage zu beantworten, die immer noch viele Denker umtreibt: Haben wir einen freien Willen, mit dem wir den Verlauf unseres Lebens selbst bestimmen können, oder ist unsere Zukunft vorgezeichnet?

Die andere Seite hat mir ein Seinsmodell gezeigt, das großzügig genug ist, sowohl den freien Willen einzuschließen – die Fähigkeit, nach eigenem Ermessen zu handeln – als auch den Prädeterminismus – den Glauben, dass über alle Ereignisse und Aktionen im Voraus entschieden wurde. Es ist ein wunderbar einfaches Modell, das ich »freier Wille gegen Schicksalspunkte« nenne.

Unsere Existenz ist bereits vor unserer Geburt durch eine überwältigende Menge von Zielpunkten festgelegt. Das sind die Schicksalspunkte – ein Kontinuum aller wichtigen Ereignisse, entscheidenden Momente und für uns bedeutenden Menschen, die unsere Zeit hier bestimmen. Stellen Sie sie sich als Sterne am Nachthimmel vor, als eine Ansammlung von Lichtpunkten, die über eine riesige Leinwand verteilt sind.

Die andere Seite hat mir gezeigt, dass wir die Taten, die uns von einem Schicksalspunkt zum nächsten bringen, selbst ausführen. Wir verbinden die Punkte und treffen Entscheidungen, die uns von einem Punkt zum anderen kommen lassen. Und in diesem Prozess erschaffen und gestalten wir das Bild unseres Lebens.

Jeder von uns kommt mit einzigartigen Gaben in dieses Leben und kann einzigartige Beiträge leisten. Unser wahres Selbst zu finden und in Ehren zu halten, wird uns immer helfen, unsere Schicksalspunkte anzusteuern. Dazu müssen wir lernen, unser eigenes Licht zu erkennen und uns auf unserem Weg immer von unserer Wahrheit, unseren Gaben und unserem Licht leiten zu lassen.

Es gibt keine »richtigen« oder »falschen« Wege, nur unterschiedliche Lektionen, die wir auf verschiedenen Wegen lernen. Es gibt jedoch in jedem Fall höhere und niedrigere Pfade, und es kann das Lernen der Lektionen deutlich erleichtern, wenn wir die höheren nehmen. Indem wir auf unsere eigenen Wahrheiten, unsere einzigartigen Gaben und unser eigenes Licht achten und sie in Ehren halten, erschaffen wir ein sehr schönes Bild. Und wenn wir dies konsequent tun, sind wir auf unserem wahren Weg.

Während wir uns entscheiden, welchen Weg wir nehmen, hoffen unsere Lieben auf der anderen Seite, dass wir die beste

Wahl treffen – und manchmal helfen sie sogar ein wenig nach, indem sie einen Zug in die entsprechende Richtung ausüben. Sie möchten, dass wir zu den besten Versionen unserer selbst werden und Glück und Erfüllung finden.

Doch letztendlich ist es an uns, die entsprechenden Entscheidungen zu treffen, und hier kommt der freie Wille ins Spiel. Manchmal treffen wir Entscheidungen, die uns eher auf den Weg der Angst führen als auf den der Liebe. Wenn das passiert, können wir von Kurs abkommen und uns verirren.

Aber wir sollten nie vergessen, dass wir die angeborene Fähigkeit haben, dem Zug nachzugeben und auf den wahren Weg zurückzukehren.

* * *

Während eines Readings für eine Frau namens Nicole – ich kannte sie von der Highschool, an der ich unterrichtet habe – tauchte eine sehr starke Präsenz mit wichtigen Botschaften für ihren Vater, Mike, auf. Ich untersuchte einige dieser Botschaften zusammen mit Nicole, aber mir war klar, dass die andere Seite eigentlich zu Mike durchdringen wollte. Ich bat Nicole, diese Botschaften an ihren Vater weiterzugeben. Ein paar Monate später trat Mike mit mir in Kontakt und bat mich um ein Reading.

Normalerweise weiß ich nichts über die Menschen, für die ich Readings durchführe, aber über Mike hatte ich in der Sitzung mit seiner Tochter bereits ein paar Fakten erfahren. Ich wusste, dass er zwei erwachsene Kinder hatte, in Los Angeles wohnte und Drehbücher schrieb. Ich hatte auch eine gewisse Vorstellung davon, was die andere Seite ihm vermitteln wollte. Dennoch war ich darauf angewiesen, dass die andere

Seite wieder durchkam, um etwas Sinnvolles weitergeben zu können.

Ich begann damit, dass ich Mikes Energie las. Die linke Seite meines Bildschirms wurde von einem leuchtenden Orange regelrecht überschwemmt. »Orange hat mit Kreativität und Kunst zu tun«, erklärte ich. »Ihre Energie weist Sie als Künstler aus. Ihre Geistführer sagen mir, dass Sie mit sieben schon wussten, dass Sie Künstler sind. Sie wussten: Das will ich machen.

Aber ich sehe auch, dass Sie sich mit etwa elf selbst eingeschränkt haben. Die meiste Zeit Ihres Lebens haben Sie das, was Sie wirklich sind, nicht gepflegt. Ihr Leben war ein ständiger Kampf, wenn es darum ging, Ihre Leidenschaften anzunehmen und sich selbst zu lieben. Die meiste Zeit Ihres Lebens waren Sie verunsichert und haben Antworten in Ihren Inneren gesucht.«

»Ja«, sagte Mike leise. »Das ist alles wahr.«

»Ich kann sehen, dass Ihre Kindheit schwierig war«, fuhr ich fort. »Ihr Vater hatte viele Probleme und war sehr bekümmert, weil er sie nie in den Griff bekam. Bei Ihrem Kampf ging es hauptsächlich darum, Ihre eigene Stimme zu finden und alles abzuschütteln, was Ihr Vater Ihnen auferlegt hatte. Ihr Vater war eine sehr energische Energie in Ihrer Kindheit.«

Mike seufzte und sagte: »Ja, das stimmt.«

Auf der anderen Seite setzten einige Menschen alles daran durchzukommen. Also ließ ich sie herein.

»Ich sehe Mom und Dad auf der anderen Seite«, erzählte ich Mike. »Aber Ihr Vater dreht sich weg und hält sich zurück. Er steht weit hinter Ihrer Mutter. Daher ist Ihre Mutter diejenige, die zuerst das Wort ergreift.«

Mikes Mutter begann damit, dass sie eine Welle der Liebe erzeugte. Manchmal werde ich von der Kraft und Intensität der Liebe einer Person geradezu überwältigt, und dies war einer dieser Momente.

»Mike«, sagte ich, »Ihre Mutter sagt: ›Ich habe dich nicht freiwillig verlassen.‹ Das sollten Sie wissen. Sie sagt, dass Sie nie von sich aus beschlossen hätte, Sie zu verlassen.«

Mike erklärte mir später, dass seine Mutter während einer Operation am offenen Herzen gestorben war, als sie ihn als Neunzehnjährigen zurückgelassen hatte. Aber weil ihre Ehe mit seinem Vater so schwierig gewesen war, hatte Mike geglaubt, seine Mutter habe ihr Leben irgendwie freiwillig aufgegeben. Als Folge davon hatte Mike einen großen Teil seines Lebens in dem Gefühl verbracht, verlassen worden zu sein.

In dem Reading war Mikes Mutter sehr beharrlich. »Sie sagt, es tut ihr sehr leid, dass sie Sie nicht mehr vor Ihrem Vater schützen konnte, aber sie möchte Sie unbedingt wissen lassen, dass sie Sie nie freiwillig verlassen hätte. Sie wollte ihre Kinder nicht mit Ihrem Vater allein lassen.«

Hier unterbrach Mike das Reading, um mir eine Geschichte über den Tag zu erzählen, an dem seine Mutter gestorben war.

Sein Vater hatte ihn angerufen, um ihm zu sagen, dass seine Mutter krank sei, aber das war alles, was er wusste. Also stieg Mike in seinen 1957er Ford Thunderbird und fuhr vier Stunden von Boston nach Hause. »Auf der Fahrt sah ich plötzlich, wie ein weißes Licht das Innere meines Auto erhellte«, berichtete Mike. »Und ich wusste, dass sie das war. Ich spürte ihre Erleichterung, also war auch ich erleichtert. Ich spürte eine freudige Erregung. Sie war zu mir gekommen, um mir mitzuteilen, dass es ihr gut ging. Dass sie jetzt von einer schlechten Ehe und einem verkrüppelten Körper befreit war, dem Ergebnis eines Schlaganfalls, den sie vor

Jahren erlitten hatte. Das glückliche, beschwingte Gefühl der Befreiung verließ mich auf der gesamten restlichen Fahrt nach Hause nicht mehr. Ich wusste tief in meinem Herzen, dass sie endlich Frieden gefunden hatte.«

Genau in dem Moment, in dem Mikes Mutter zu ihm ins Auto gekommen war, hatte die Uhr am Armaturenbrett ihre Funktion eingestellt und war stehen geblieben. »Sie hat danach nie wieder funktioniert«, sagte Mike.

Als Mike zu Hause ankam, fand er seinen Vater in Tränen aufgelöst. Es war das erste Mal überhaupt, dass Mike ihn weinen sah.

»Deine Mutter ist tot«, sagte er.

Doch das wusste Mike bereits. »Ja«, sagte er und ging ohne ein weiteres Wort in sein Zimmer.

Mikes Beziehung zu Mario, seinem Vater, war durch mangelnde Zuneigung und durch die Unfähigkeit gekennzeichnet, eine echte Bindung einzugehen. Mit fast 1,90 Meter Größe und mehr als 120 Kilo Gewicht war Mario physisch mehr als präsent. Er war fest davon überzeugt, dass Männer ihre Gefühle niemals zeigen sollten.

Mike wusste daher genau, dass er mit seinem Vater nicht über das sprechen konnte, was er im Auto erlebt hatte. Also versuchte er es auch erst gar nicht. Überhaupt erzählte Mike niemandem von diesem Erlebnis.

Die Bedeutung dieses Moments – die verpasste Chance für Mike und seinen Vater, etwas Wichtiges miteinander zu teilen – erfüllte mich mit Traurigkeit. »Mike, Sie und Ihr Vater sind durch eine Mauer voneinander getrennt«, sagte ich. »In Ihrer Familie hat jeder eine Insel gebildet. Die meiste Zeit Ihres Lebens waren Sie gespalten – hin- und hergerissen zwischen sich selbst und der Version Ihrer selbst, auf die Ihr Vater gepocht hat.«

Die Dringlichkeit, mit der die andere Seite zu Mike durchzudringen versuchte, machte allmählich Sinn. Er war schwer geschädigt durch etwas, was ihm in seiner Kindheit widerfahren war – durch etwas, das mit seinem Vater zu tun hatte. Jahrzehnte später schlug er sich noch immer mit genau diesem Problem herum. Es war, als hätte ihm das Universum etwas genommen, als er noch ein Kind war, und wollte es ihm jetzt zurückgeben.

Und dann endlich kam Mikes Vater durch.

Er kam zunächst sehr kleinlaut und mit gesenktem Kopf durch und versuchte, eine Entschuldigung herauszubringen.

»Es begann, als Sie drei Jahre alt waren«, erzählte ich Mike. »Hat … hat Ihr Vater Sie geschlagen, als Sie drei waren? Er zeigt mir, dass er sich schämt, Sie geschlagen zu haben. Und Sie waren noch so klein.«

»Wenn ich etwas angestellt hatte, hat er mich durch die ganze Nachbarschaft gejagt«, bestätigte Mike. »Ich bin nach Hause gerannt und habe mich im Schrank versteckt, aber er hat mich gefunden und vertrimmt.«

»Mike, Ihr Vater senkt den Kopf, scharrt mit den Füßen und murmelt eine Entschuldigung«, berichtete ich zu ihm. »Er musste sich anschauen, was er getan hat, und er entschuldigt sich bei Ihnen. Er hat angefangen, Sie zu schlagen, als Sie drei waren, und es tut mir weh, das zu sehen. Und ich muss Ihnen sagen, dass Sie nichts Falsches getan haben. Sie waren ein hilfloses, unschuldiges Kind. Das Ganze hat sich nur im Kopf Ihres Vaters abgespielt. Das sollten Sie wissen, weil Sie sich immer noch damit herumschlagen.

Sie waren wie ein Kind, das unter Wasser gedrückt wird, bis es fast ertrinkt. Schließlich ist Ihr Vater gegangen, und Sie sind aufgetaucht und konnten kaum atmen. Und noch heute bekommen Sie schwer Luft. Aber Sie sollten wissen, dass es nicht Ihre Schuld war. Ihr Vater übernimmt die Verantwortung für das, was passiert ist.«

Dann zeigte mir Mario eine Zeitleiste, auf der ein Ereignis markiert war, als Mike neun war. Eine weitere Markierung verwies auf ein Ereignis, als er elf war. Ich konnte nicht ausmachen, was das für Vorkommnisse waren, aber ich konnte sagen, dass sie Mike ziemlich aus der Bahn geworfen hatten.

»Sie haben einen Weg für sich gewählt, der nicht authentisch war«, sagte ich. »Stattdessen haben Sie versucht, dem Rollenmodell zu entsprechen, das Ihr Vater Ihnen aufgezwungen hat. Und jetzt weint Ihr Vater auf der anderen Seite. Er sagt, was er Ihnen angetan hat, sei unverzeihlich. Und er weint aus Scham. Er schämt sich und ist traurig und ihm tut es sehr leid, was er getan hat.«

Ich konnte nicht sehen, was genau mit Mike passiert ist, als er neun und elf war. Sein Vater drückte sich diesbezüglich nicht klar aus; er war zu sehr von Reue überwältigt.

Doch dann fing Mike zu reden an. Er nahm mich mit, zurück in seine Kindheit auf Long Island. Er hatte eine Sammlung von Kuscheltieren, die er sehr liebte: einen kleinen gelben Affen mit langem Schwanz, einen kleinen braunen Bären … acht oder neun waren es Tiere insgesamt. »Sie waren meine besten Freunde«, sagte Mike. »In meinem Elternhaus wurde nicht umarmt oder geküsst, aber meine Tiere konnte ich umarmen und küssen, wie ich wollte. Ich konnte eine Beziehung zu ihnen haben. Also nahm ich sie alle mit ins Bett und schlief jede Nacht mit ihnen im Arm ein.«

Eines Tages, als er neun war, kam Mike von der Schule nach Hause und musste feststellen, dass all seine Tiere weg waren. Er suchte verzweifelt nach ihnen, aber sie waren nirgendwo zu finden. Sein Vater hatte sie in den Müll geworfen.

»Mein Vater sagte, dass nur Weicheier mit Stofftieren spielen, also hat er sie weggeworfen«, erzählte Mike.

Zwei Jahre später, als er elf war, fand Mike einen großen Karton vor dem Haus eines Nachbarn und zog ihn in die Garage seiner Familie. Er schnitt ihn auf und verwandelte ihn in eine große Malfläche. Von da an rannte er jeden Tag nach der Schule gleich nach Hause, um an seinem Bild weiterzumalen. Es wurde eine Landschaft mit Bergen, Bäumen und Bächen. Es war sein Meisterwerk. Wenn er an diesem Bild malte, fühlte er sich lebendig. In diesem Bild sah Mike sein eigenes schönes Licht widergespiegelt. Er erkannte seine einzigartigen Gaben und sein wahres Selbst darin.

Eines Nachmittags kam Mike aus der Schule nach Hause, machte das Garagentor auf und sah, dass sein Bild verschwunden war. Er fragte seine Mutter, was damit passiert sei.

»Dein Vater hat es weggeworfen«, antwortete sie.

Mike musste gar nicht fragen, warum sein Vater das getan hatte. Er wusste es bereits. Er hatte es seinen Vater oft genug sagen hören: Nur Weicheier malen.

»Bis heute erinnere ich mich an den Schreck, der mir durch die Glieder fuhr, als ich die Garagentür aufmachte und mein Bild nicht mehr da war«, erzählte Mike. »Danach habe ich nie wieder gemalt. Ich habe meine künstlerische Seite vollkommen unterdrückt.«

Stattdessen schlug Mike einen praktischeren Weg ein, der dazu führte, dass er Vertriebsleiter bei Johnson & Johnson wurde. Es war eine gute Stelle, aber für Mike war es eben nur das – eine Stelle. Als er älter wurde, startete er noch ein paar halbherzige Versuche zu malen, blieb aber nie wirklich dran. Er dachte auch darüber nach, etwas zu schreiben, ließ es dann aber doch sein. Er glaubte einfach nicht mehr an sich.

Mikes Bedürfnis, etwas zu erschaffen, und die Gaben und Fähigkeiten, die den eigentlichen Kern seines Wesens ausmachten, schlummerten jahrzehntelang vor sich hin.

* * *

Das Universum will aber nicht, dass wir unsere Träume unter Schichten von Schmerz und Zweifel begraben. Mike erzählte mir, dass er vor mehreren Jahren, nachdem er eine Scheidung hinter sich hatte, an einer Gruppentherapie teilnahm. Ein Freund hatte darauf bestanden, dass er dort hinging. Nach ein paar Wochen bat der Therapeut die Gruppenteilnehmer, einander mitzuteilen, was sie voneinander dachten. Alle neun sagten Mike, sie hielten ihn für einen Mistkerl.

»Ich war schockiert«, sagte er. »Mir war nicht klar, wie die Leute mich wahrnahmen. Ich wusste immer noch nicht, wie man Gefühle ausdrückt. Also war ich den Menschen gegenüber sehr abweisend, wischte sie mit einer Handbewegung weg oder schlug einen barschen Ton an, wenn ich mit ihnen sprach. Als ich an diesem Abend nach Hause fuhr, dachte ich: *Da sitzen mehrere sensible Menschen, und all sagen dasselbe. Ich glaube, ich muss mir das einmal näher anschauen.*

Das war vermutlich der erste Moment in Mikes Leben, in dem er sich ernsthaft selbst beobachtete.

Danach begann sich sein Leben zu ändern. Er hatte noch nie weibliche Freunde gehabt, aber jetzt suchte er sich welche. Er stellte fest, dass er sich ihnen gegenüber nun in einer Weise äußern konnte, wie es ihm vorher nicht möglich gewesen war. »Ich habe mit ihnen über Dinge gesprochen, die ich mit Männern nie hätte besprechen können«, sagte er. »Damit öffnete sich die Tür ganz weit für mich.«

Mike hatte es immer nach Westen gezogen, nach Kalifornien, und schließlich fuhr er tatsächlich dort hin. Er hatte eigentlich vorgehabt, nur kurz zu bleiben, aber in letzter Minute änderte er seine Pläne und blieb, um zu schreiben. Er fuhr über eine Brücke in Sausalito, schaute nach rechts und hatte einen ungeheuren Energieschub. Es war, als rufe ihn der Ort. »Ich sagte mir: ›Hier wartet etwas auf mich‹, erinnert sich Mike. ›Ich muss nur darauf zugehen.‹«

Mike ließ sich in einer kleinen Stadt namens Tiburon nieder. Hier begann er, an einem Roman und an Drehbüchern zu arbeiten. Zum ersten Mal in seinem Erwachsenenleben widmete er sich wieder seiner künstlerischen Seite. Etwa um diese Zeit hatten Mike und ich unsere Sitzung.

»Das sind sehr, sehr wichtige Jahre, die da auf Sie zukommen«, sagte ich zu ihm. »Sie werden stark wachsen. Sie haben so lange gewartet, und jetzt ist Ihre Zeit gekommen. In Ihrem Leben wird eine umfassende Heilung stattfinden. Sie definieren für sich selbst neu, was es bedeutet, ein Mann zu sein.«

Obwohl Mike mutig genug gewesen war, sich wieder mit seiner künstlerischen Seite zu verbinden, war er nicht sicher, ob er das Richtige tat.

»Ja, ich bin wieder Künstler«, bestätigte er. »Aber ich war noch nicht wirklich erfolgreich damit. Also hatte mein Vater doch irgendwie Recht.«

»Nein!« widersprach ich. »Hier geht es nicht darum, eine Million Dollar zu verdienen. Es geht darum, dass Sie sich auf die Reise einlassen. Der Erfolg besteht darin, dass Sie sich endlich auf diesen Weg machen. Und indem Sie das tun, befähigen Sie sich selbst! Sie sagen: ›Meine Stimme zählt! Was ich fühle, ist von Bedeutung! Es spielt eine Rolle, wer ich bin!‹ Das bedeutet, den Sieg davonzutragen.«

An diesem Punkt zeigte mir die andere Seite das Bild eines Bonsai-Baumes, und ich verstand die Symbolik. Bonsai-Bäume sind hübsche kleine Bäume, die in Töpfen gehalten werden und deren Wachstum stark eingeschränkt wird. Die Bäume werden beschnitten und geformt und verbogen, bis sie den Vorstellungen ihres Besitzers entsprechen. So ein Bonsai-Baum war Mike.

»Man hat Sie verkümmern lassen«, sagte ich. »Sie sind von Kindheit an zurechtgeschnitten und verbogen worden. Sie wurden verkrüppelt, und man hat Ihnen nicht erlaubt zu wachsen. Sie haben sich nicht selbst verwirklichen können. Sie haben Ihre eigene Energie nie verstanden. Sie haben sich nie erlaubt, die Person zu sein, die Sie sein wollten.

Bitte stellen Sie sich einen kleinen Bonsai-Baum vor. Und jetzt stellen Sie sich vor, dass der Boden plötzlich zittert und rumort. Und dann auf einmal schießt ein riesiger Baum aus dem Boden, und dieser große, wunderschöne Baum wächst in den Himmel, so groß wie ein Mammutbaum! Sie sollen wissen, dass dieser Baum für das steht, was Sie wirklich sind! Das ist Ihr Platz im Universum. Sie sind kein Bonsai-Baum mehr. Sie wachsen und wachsen, und nichts kann Sie aufhalten!«

* * *

Meine Sitzung mit Mike dauerte neunzig Minuten. Es war klar, dass er sich immer noch abmühte, immer noch lernte, immer noch versuchte, seine Seelenprüfung zu bestehen. Aber das Entscheidende war, dass er den Mut gefunden hatte, sich dieser Prüfung zu stellen. Als Erwachsener hatte er zum ersten Mal eine Möglichkeit gefunden, seinem Wesen, seinem inneren Antrieb zu entsprechen.

Das Beste daran war, dass Mike seine Reise nicht allein antrat. Er hatte jemanden auf seiner Seite, der mit ihm an einem Strang zog.

»Ihr Vater sagt, er war ein Feigling«, erzählte ich Mike. »Es tut ihm leid, was er getan hat, und er weiß gar nicht, wo er anfangen soll. Er hat das Gefühl, niemals ausgleichen zu können, was er Ihnen alles genommen hat. Aber er sagt, er will es versuchen. Er möchte Ihnen bei Ihrer künstlerischen Arbeit helfen. Er ist jetzt auf Ihrer Seite.«

Als das Reading vorbei war, setzte sich Mike auf sein Sofa und dachte über das Angebot seines Vaters nach. War er bereit, sich von seinem Vater helfen zu lassen? War er bereit, ihm zu vergeben? Er spürte, wie ihm eine Träne über die Wange lief. Dann noch eine. Plötzlich fing er an zu lachen. Dann weinte er wieder. Er saß auf seinem Sofa und lachte und weinte eine ganze Weile. Eine Flut von Gefühlen strömte aus ihm heraus wie Wasser.

»Ich war fast hysterisch«, erzählte er mir später. »Ich war völlig überwältigt von der Erinnerung an diese Momente aus meiner Kindheit. Zu hören, dass meinem Vater leid tat, was er getan hatte, eine Entschuldigung von diesem harten Kerl zu hören, das war Wahnsinn. Das Eingeständnis meines Vaters, dass er Fehler gemacht hatte, ermöglichte meine Heilung.«

In den Tagen nach meiner Sitzung mit Mike spürte ich, wie die andere Seite wieder durchzukommen versuchte, und zwar mit Nachdruck. Es wunderte mich nicht, dass es Mikes Vater war.

Mikes Vater hatte eine Bitte. Eigentlich war es eher eine Forderung. Er hatte das Gefühl, während des Readings nicht genug getan zu haben, um seinen Sohn von seiner Reue zu überzeugen. Er brauchte meine Hilfe.

Das war eine Situation, wie ich sie selten erlebe. Es kommt nicht oft vor, dass jemand so durchkommt und Hilfe fordert. Aber mein Reading für Mike war in meinem Kopf noch sehr präsent, und ich spürte, wie verzweifelt Mikes Vater war. Also kam ich seiner Forderung nach.

Ein paar Tage später hatte Mike zwei Päckchen in seinem Briefkasten. In dem einen fand er ein kleines Stofftier – einen blauen Hund mit einem verschmitzten Lächeln im Gesicht. Das andere enthielt einen kleinen Zeichenblock und eine Packung Buntstifte. Er schaute sich die Sachen lange an und fragte sich, woher sie kamen und was sie zu bedeuten hatten. Dann fand er in einem der Päckchen eine Nachricht. Sie lautete folgendermaßen:

Lieber Mike,

das ist eigentlich von Ihrem Vater. Er hat mich beauftragt, es Ihnen zu schicken. Er sagt, es tue ihm sehr leid. Sie sind immer ein wunderbarer Sohn gewesen, aber er war so mit seinen eigenen Problemen beschäftigt, dass er Sie nicht in der Weise wahrgenommen und unterstützt hat, wie er es hätte tun sollen. Er wusste einfach nicht, wie man richtig liebt. Es tut ihm alles leid, was er Ihnen genommen hat. Er schickt Ihnen seine Liebe und bittet Sie um Vergebung. Er ist stolz auf alles, was Sie erreicht haben. Alles Liebe von Ihrem Vater.

Mike legte die Sachen auf einen Tisch neben seinem Schreibtisch. Dort liegen sie immer noch und sind ihm eine ständige Inspiration, wenn er sich zum Schreiben hinsetzt. Er kommt etwas Wunderbarem immer näher – er spürt es, und ich spüre es auch –, und er fühlt sich mehr denn je ermutigt und bestärkt.

Und nach einer gefühlten Ewigkeit ist er bereit, die Hilfe seines Vaters anzunehmen und sich auf seinen besten und höchsten Weg führen zu lassen.

*** 29 ***

Der QEEG-Test

Seit ich damals, kurz bevor mein Großvater starb, getrieben von einem für mich nicht erklärlichen Impuls aus dem Schwimmbecken stürmte, lebte ich in der Angst, mit mir sei vielleicht etwas nicht in Ordnung. Ursprünglich fürchtete ich sogar, ich sei verflucht. Im Laufe der Zeit hinterfragte ich diese Vorstellung. Ich suchte und forschte. Ich ging zu einem hellsichtigen Medium, und es half mir, meine Furcht zu überwinden. Ich konsultierte einen Psychiater, der mir versicherte, dass ich weder verrückt noch gestört sei. Ich ließ zwei wissenschaftliche Prüfungen meiner Fähigkeiten über mich ergehen und bestand beide. Es gelang mir, meine Angst langsam, aber sicher zu überwinden.

Dennoch blieb eine Frage, auf die ich verzweifelt eine Antwort suchte: War an meinem Gehirn irgendetwas anders als bei anderen Menschen? Und dann traf ich erstaunlicherweise jemanden, der mir diese Frage beantworten konnte.

Auf einer Konferenz zum Thema »Leben nach dem Tod«, die im November 2013 in San Diego stattfand, stellte mir meine Freundin Janet Mayer, ebenfalls ein Medium, Dr. Jeff Tarrant vor. Jeff ist Psychologe und Facharzt für Neurofeedback, eine therapeutische Methode, mit der die

Gehirnaktivität gemessen und trainiert werden kann. Er hat Studenten der Universität von Missouri in Neurowissenschaften, Biofeedback und Achtsamkeit unterrichtet und außerdem ein Beratungs- und Wellness-Zentrum in Columbia, Missouri, geleitet. Heute hält er Vorträge und hat eine Privatpraxis. Ich liebte seine Energie von dem Moment an, in dem ich ihn zum ersten Mal sah.

Als Jeff erfuhr, dass ich ein hellsichtiges Medium bin, fragte er mich, ob er mein Gehirn testen dürfe, und ich stimmte zu. Wir verabredeten einen Termin, zu dem er seine Ausrüstung nach New York brachte. Wir trafen uns an einem bewölkten Morgen im März 2014 in Bob und Phran Ginsbergs Haus auf Long Island. Jeff baute seine Ausrüstung in ihrem Wohnzimmer auf und ließ sich mir gegenüber am Tisch nieder. Seine Assistenten machten Notizen. »Ich werde Sie bitten, verschiedene Dinge zu tun«, sagte Jeff. »Entspannen Sie sich und denken Sie mit geschlossenen Augen an nichts. Und dann machen Sie dasselbe mit offenen Augen. Dann sollen Sie hellseherisch tätig werden und schließlich als Medium.«

Bei jedem Schritt wollte Jeff die elektrische Aktivität in verschiedenen Teilen meines Gehirns aufzeichnen. Die Daten würden es ihm erlauben zu erkennen, welche Teile meines Gehirns wann aktiviert wurden. Dann konnte er die Funktionsweise meines Gehirns mit der anderer Gehirne von »normalen« Menschen vergleichen. Das Ganze nannte sich QEEG-Test (QEEG = quantitatives Elektroenzephalogramm) und war eine statistische Analyse der elektrischen Aktivität in der Großhirnrinde, der äußeren Gewebeschicht des Gehirns.

Er half mir, eine eng anliegende blaue Elektro-Mütze aufzusetzen, eine Schädelkappe aus Elastan, gespickt mit zwanzig Zinnelektroden und entsprechenden Verbindungsdrähten.

Die Elektroden waren, wie Jeff mir erklärte, nach dem internationalen 10-20-System positioniert. Mir kam die Kappe wie eine dieser altmodischen Bademützen vor. Sie saß so fest, dass ich das Gefühl hatte, geliftet zu werden. Er stöpselte die Verbindungsdrähte in einen Verstärker und verband diesen wiederum mit seinem Laptop.

»Okay, jetzt möchte ich, dass Sie sich einfach nur entspannen und nichts tun«, sagte Jeff. Er hätte mich genauso gut bitten können, zehn Minuten lang unter Wasser den Atem anzuhalten. Während ich ganz ruhig da saß, spürte ich, wie sich meine »außersinnliche Tür« für all die Buchstaben, Worte, Namen, Bilder und Geschichten öffnen wollte. Ich schlug die Tür zu, starrte auf die Wasserflasche auf dem Tisch und versuchte, mich zu konzentrieren. Ich sang Lieder in meinem Kopf. »Runaround Sue« kam mir aus irgendeinem Grund in den Sinn und dann »This Little Light of Mine«.

Schließlich teilte mir Jeff mit, dass dieser Teil des Tests zu Ende sei. Es hatte sich wie eine Stunde angefühlt, aber es waren nur drei Minuten gewesen.

Dann folgte eine zwanglose Unterhaltung. Wieder musste ich Einmischungen von der anderen Seite abwehren. Während ich Small Talk über das Wetter machte, spürte ich, wie jemandes Großvater durchzukommen versuchte und jemandes Mutter und dann noch eine männliche Person, die ich als einen Linguisten oder Wissenschaftler aus dem 19. Jahrhundert wahrnahm. Ich dachte mir, dass er vielleicht hoffte, eine Verbindung zu Jeff herstellen zu können.

Schließlich bat mich Jeff, hellseherisch tätig zu werden.

»Noch nichts Mediales«, sagte Jeff. »Aber Sie können nach Herzenslust hellsehen.«

Der drängelnde Großvater versuchte weiterhin durchzukommen, aber ich hielt die Tür geschlossen. Ich konzentrierte mich stark auf die wenigen Informationen, die zu mir durchkamen. Die erste, wirklich klare Information hatte etwas mit Jeff zu tun.

»Sie ziehen um«, sagte ich. »Ich sehe Kiefern und einen offenen Kamin. Irgendwas stimmt nicht mit dem Kamin, und es gibt Holzböden, die Sie abschleifen müssen. Außerdem sollten Sie sich eine neue Brille verschreiben lassen.«

»Ich habe gerade erst eine neue bekommen«, sagte Jeff.

»Die ist nicht die richtige«, sagte ich. »Besorgen Sie sich eine neue.«

Es gab noch mehr Bilder für Jeff. »Nehmen Sie Ihre Tochter in den Arm«, sagte ich zu ihm. »Sie macht gerade eine etwas schwere Zeit durch. Und sagen Sie Ihrer Mutter, dass sie nicht verrückt ist. Sie hat neulich unter der Dusche mit ihrer Mutter gesprochen.«

Als Nächstes kamen Botschaften für die anderen Menschen im Raum durch. Ich wandte mich an die Frau, die Fotos machte, und erzählte ihr, dass sie bald aus ihrer Wohnung in ein Haus ziehen würde.

Ein anderer Mitarbeiter von Jeff musste seine Ernährung umstellen. Und noch ein anderer sollte das Richtige tun und sich ein sichereres Auto kaufen. Nach einer Weile sagte Jeff, der hellseherische Teil des Tests sei abgeschlossen. Dieses Mal fühlte es sich an, als hätte ich nur fünf Minuten gesprochen, aber das Reading hatte einundzwanzig Minuten gedauert.

Jetzt war meine Arbeit als Medium dran. Der drängelnde Großvater kam endlich zu Wort.

»Jeff, Ihr Großvater kommt durch«, sagte ich. »Ich höre etwas, das wie ein J oder G klingt.«

Jeff nickte.

Dann hörte ich den Namen ganz deutlich. »Giuseppe. Er sagt, sein Name sei Giuseppe.«

Jeff schien verblüfft. »Ja«, bestätigte er, »das war sein Name.«

»Er sagt mir, es sei so viel besser für ihn dort, wo er jetzt ist, weil seine Frau mit ihm dort ist.« Dann kam Jeffs kürzlich verstorbene Großmutter durch. »Sie zeigt mir, wie sie ausgesehen hat, als sie achtundzwanzig war«, berichtete ich. »Und sie sagt: ›Schau mich an. Ich war ein heißer Feger, nicht wahr?‹«

Andere Verwandte kamen durch und hatten Botschaften für jeden Einzelnen im Raum. Die Sitzung mit mir als Medium dauerte sieben Minuten, obwohl ich den Eindruck hatte, dass sie im Nu vorbei war. Ehe ich mich's versah, hatte Jeff seine Daten, und das QEEG war vorbei.

Als er wieder in Missouri war, wertete Jeff die Daten aus und rief mich an, um mir die Ergebnisse mitzuteilen.

»Das Erste, was ich Sie fragen muss, ist, ob Sie jemals irgendeine schwere, traumatische Gehirnverletzung hatten«, sagte Jeff. »Ein Autounfall oder ein Schädel-Hirn-Trauma?«

Nein, ich hatte nie eine Gehirnverletzung irgendwelcher Art.

»Die Sache ist nämlich die«, fuhr Jeff fort. »Ich habe Ihre Daten einer sogenannten TBI-Diskriminanzanalyse unterzogen und einen Wahrscheinlichkeitsindex von 97,5 Prozent für Sie erhalten. Das heißt, dass Ihre Gehirnströme zu fast 100 Prozent mit denen von Menschen übereinstimmen, die eine traumatische Gehirnverletzung hatten. Laura, Teile Ihres Gehirns verhalten sich nicht normal.«

Jetzt war es raus. Mein Gehirn *war* anders.

Jeffs Aufzeichnungen von meinem Gehirn erlaubten es ihm, bestimmte Bereiche mit abnormaler Gehirnaktivität auszumachen. Manches von dem, was er mir erklärte, war zu technisch, als dass ich es hätte verstehen können. Beispielsweise informierte mich Jeff darüber, dass die Gehirnstromaktivität in meinem Gyrus cinguli eine Standardabweichung von 7« gegenüber der normalen Aktivität von 4 Hertz beträgt, und eine Standardabweichung von 7« ist nach Auskunft von Jeff jenseits aller Normalität. Das ist nicht gerade das, was ich in meinen Lebenslauf schreiben würde.

Aber andere Erkenntnisse, die sich aus den Aufzeichnungen ergaben, leuchteten mir sehr ein und warfen ein Licht darauf, warum ich genau so war, wie ich war.

Jeff zeigte mir eine Darstellung der Wellenaktivität in verschiedenen Bereichen meines Gehirns. Während ich hellseherisch tätig war, hatte er ein hohes Maß an abnormaler Aktivität im hinteren Teil meines Gehirns festgestellt, wo Scheitel- und Schläfenlappen zusammentreffen (die zweite Linie in der Darstellung unten). Statt einer Linie aus kleinen Wellen, die auf eine normale Gehirnstromaktivität hinweisen, zeigten Jeffs Aufzeichnungen eine Reihe größerer, intermittierender Wellen von der Art, wie sie in der Regel im Tiefschlaf oder im Koma auftreten.

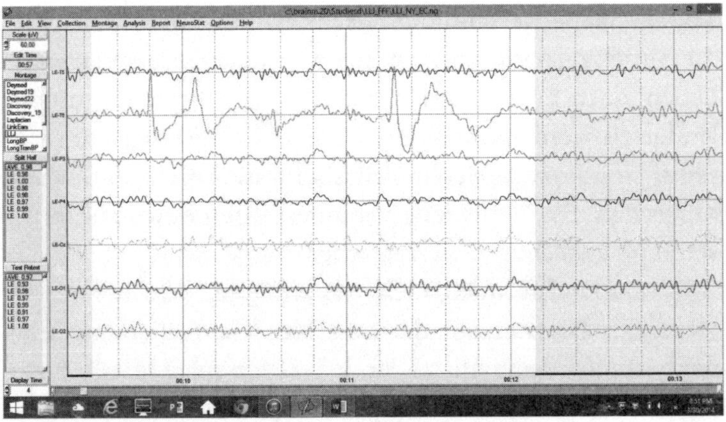

»Die Spannung von Gehirnströmen wird in Mikrovolt gemessen und liegt normalerweise zwischen null und 60«, erklärte Jeff. »Aber Ihre Aktivität betrug in manchen Bereichen bis zu 150 Mikrovolt! Sie haben die Skala gesprengt!«

Wenn man die Aufzeichnung einem Neurologen gezeigt hätte, wäre er vermutlich zu dem Schluss gekommen, dass der Betreffende einen Krampfanfall hatte. Doch was verursachte die abnormale Aktivität in meinem Gehirn?

Jeff erklärte, dass die Scheitel-/Schläfenlappenverbindung der Teil des Gehirns ist, der mit Funktionen wie dem Speichern neuer Erinnerungen, dem Verarbeiten von Sinneseindrücken, der Ableitung von Bedeutungen und der emotionalen Steuerung in Verbindung gebracht wird. Mit anderen Worten: Dieser Teil des Gehirns hat viel damit zu tun, wie wir unsere Vorstellung von unserem Ich definieren. Wenn Menschen meditieren, also ihren Geist entspannen und eine eher ruhige Bewusstseinsebene erreichen, verlangsamen sie die auf sich selbst bezogene Aktivität in ihrem Gehirn. Genau genommen gönnen sie ihrem Ego eine Pause.

Aber ich meditierte nicht. Ich redete.

Jeff war fasziniert von der Aktivität in meiner Scheitel-/Schläfenlappenverbindung. Er erwähnte, dass Menschen, die Verletzungen in diesem Teil des Gehirns davongetragen haben, dazu neigen, spiritueller, nachsichtiger und mitfühlender zu werden. Sie kreisen tendenziell weniger um sich selbst und konzentrieren sich stattdessen mehr auf andere Menschen. Die Verletzung verändert ihren Bewusstseinszustand und macht sie empathischer.

Es überraschte mich nicht zu erfahren, dass meine Gehirnwellenaktivität mit der von Menschen übereinstimmt, die besonders empathisch sind. Was ich machte, war sozusagen auf die Spitze getriebene Empathie. Ich schloss alle

Selbstbezogenheit aus und verwendete meine ganze Geisteskraft darauf, mit jemand anderem in Verbindung zu treten.

Doch wie trat mein Gehirn in diesen veränderten Bewusstseinszustand ein?

»Sie schlafen nicht, Sie sind nicht bewusstlos und Sie meditieren auch nicht, und doch sind Teile Ihres Gehirns offenbar abgeschaltet«, sagte Jeff. »Es ist, als schafften Sie Ihr Gehirn ganz bewusst aus dem Weg, damit andere Menschen und Botschaften durchkommen können. Wenn Sie als Hellseherin oder Medium tätig sind, funktionieren manche Teile Ihres Gehirns im Grunde nicht, auch wenn kein äußeres Ereignis vorliegt, das erklären könnte, warum das so ist. Irgendwie schafft es Ihr Gehirn, diesen veränderten Bewusstseinszustand ganz von selbst zu erreichen.«

Das leuchtete mir ein. Wenn ich ein Reading durchführe, löst sich mein Ego auf, und ich verbinde mich mit etwas, das größer ist als ich, mit etwas, das über meine individuelle Person hinausgeht. Das Portal, das ermöglichte, was die Testergebnisse vermuten ließen, war irgendwo in meinem Gehirn.

Das QEEG zeigte auch, dass die hellseherischen Fähigkeiten in der einen Hälfte meines Gehirns angesiedelt sind und die Fähigkeiten als Medium in der anderen. Diese beiden klar voneinander getrennten Bereiche entsprechen den beiden Seiten des Bildschirms, zu dem ich bei Readings Zugang habe. Dies zeigte mir zumindest, dass das, was ich wahrnahm, wenn ich als Hellsehrein oder Medium tätig war, nicht einfach eine seltsame Wirklichkeit war, die ich soeben erfand. Sie spiegelte sich tatsächlich in meinem Gehirn wider. In meinem Gehirn spielten sich Dinge ab, die ich nicht unter Kontrolle hatte und die ich beim besten Willen nicht hätte erfinden können.

Doch beantwortete das QEEG die Frage, warum ich so war, wie ich war? Und war es ein Beweis dafür, dass ich wirklich Informationen von der anderen Seite bekam?

»Die einzig wirkliche Möglichkeit, die Sie haben, um zu beweisen, dass das, was Sie empfangen, von der andern Seite kommt, ist die Verlässlichkeit der Information«, sagte Jeff. »Ist sie genau? Handelt es sich um etwas, das Sie beim besten Willen nicht wissen konnten? Das ist etwas, dass diejenigen, welche das Reading betrifft, für sich selbst entscheiden müssen.« Mit anderen Worten: Die Aufzeichnung der Vorgänge in meinem Gehirn bewies lediglich, dass sie abnormal waren. Sie lieferte jedoch nicht die Grundlage, diese abnormalen Vorgänge zu benennen.

* * *

Eine letzte Information, die ich aus der Aufzeichnungssitzung mitgenommen habe, würde ich gern noch mit Ihnen teilen. Jeff kam zu dem Schluss, dass mein Gehirn in der Lage ist, den Informationsfluss, der mich während eines Readings erreicht, zu kanalisieren und zu verarbeiten. Er konnte nicht sehen, was ich sah – niemand konnte das –, aber er konnte sicher sein, dass das, was ich sah, in meinem Gehirn verarbeitet wurde. Die rätselhafte Maschine menschliches Gehirn hat in meinem Fall ein System, eine Struktur, einen voll funktionierenden Mechanismus, um die visuellen Reize zu verarbeiten, die sich einstellen, wenn ich als Hellseherin oder Medium arbeite. Dieser Mechanismus existiert. Er ist real.

Und weil sich mein Gehirn im Grunde nicht vom Gehirn eines jeden anderen Menschen unterscheidet – es ist nicht das Gehirn eines Alien und auch kein Roboterhirn, sondern ein ganz normales menschliches Gehirn –, mutmaßte Jeff, dass dieser Mechanismus potenziell in allen menschlichen Gehirnen vorhanden ist.

»Vielleicht verfügen wir alle über ihn«, sagte Jeff. »Vielleicht werden wir in Zukunft Menschen beibringen können, wie man die veränderten Bewusstseinszustände erreicht, die Sie so mühelos erreichen. Vielleicht können wir diese Fähigkeit alle irgendwann entwickeln. Das Gehirn beinhaltet noch so viel, was wir noch nicht verstehen.«

Ich gehöre zu denen, die glauben, dass dieser Mechanismus oder Schalter in jedem Einzelnen von uns vorhanden ist. Ich weiß nicht, warum er bei mir stärker ausgeprägt ist und besser funktioniert als bei den meisten anderen Menschen, aber ich glaube, dass wir alle in der Lage sind, unsere selbstbezogene Gehirnaktivität zu verlangsamen und mehr Informationen aus anderen Quellen durchzulassen. Ich glaube, dass wir alle in der Lage sind, unsere Gedankenenergie mehr auf das zu konzentrieren, was außerhalb von uns selbst liegt, und mehr auf andere Menschen, und ich glaube, dass wir auf diese Weise empathischer werden können.

Ich bin außerdem davon überzeugt, dass wir die Ängste und Zweifel überwinden können, die uns davon abhalten, unseren höchsten Weg zu finden, wenn wir der Frage nachgehen, was unser Platz im Universum ist.

*** 30 ***

Verschränkung

Am Morgen des 20. November 2012 fuhr ein schwieriger junger Mann namens Kyle mit seinem Skateboard auf einer belebten Straße in Manhattan von Penn Station nach Greenwich Village. Der in Long Island aufgewachsene Kyle war ein außerordentlich aufgewecktes, schönes Kind mit unbändiger Energie und Neugier. Er war allerdings kaum unter Kontrolle zu bringen. Nicht, weil er böse oder schlecht war. Er war einfach nur stur.

Als er älter wurde, zog sich Kyle immer mehr zurück. Er fand es problematisch, etwas mit anderen Kindern zusammen zu unternehmen, und hatte nur wenige Freunde. Aber er war ein begabter Musiker. Er spielte Klarinette und Saxophon, war ein fähiger Trommler und sang in einer A-cappella-Gruppe. Aber am wohlsten fühlte er sich allein.

Seine Eltern brachten ihn zu verschiedenen Ärzten und suchten nach Erklärungen für sein Verhalten, bekamen aber nie eine klare Diagnose. Depressionen, Ängste, eine affektive Störung – niemand wusste, was genau mit Kyle los war. Die Sache war nämlich die, dass er sehr gut funktionierte. Er marschierte nur eben im Takt eines anderen Trommlers.

Schließlich hörte Kyle auf, in eine Welt passen zu wollen, in der er sich wie ein Ausgestoßener fühlte. Er glaubte ohnehin nicht, dass er jemals akzeptiert werden würde, also versuchte er es auch gar nicht mehr.

Es überrascht nicht, dass Kyles Weltsicht immer dunkler wurde. In seinen Augen war die Welt kein guter und schöner Ort. Er sah sie überkritisch und verurteilte, was er sah. Er hatte zwar viele Menschen um sich, die ihn liebten, aber ihm fiel es schwer, an das Gute in den Menschen zu glauben. Seine Verbindung zur Welt riss allmählich ab. Er fühlte sich ausgeschlossen, isoliert und ignoriert. Obwohl er liebevolle, besorgte Eltern hatte, glaubte er, ganz allein zu sein.

Und doch gab er nicht auf und versuchte weiterhin, die Einzelteile irgendwie zusammenzufügen. Er schrieb sich an der New York University ein und gab sich alle Mühe, ein guter Student zu sein. Am 19. November 2012 arbeitete er bis tief in die Nacht an einer Hausarbeit, die er tags darauf abgeben musste. Am nächsten Morgen machte er sich auf den Weg, um mit dem Zug nach Manhattan zu fahren.

* * *

Eine der wichtigsten Lektionen, welche die andere Seite uns lehren will, lautet, dass wir als spirituelle Wesen alle miteinander verbunden sind. Doch wenn das stimmt, wo findet dann jemand wie Kyle seinen Platz?

Kyle fühlte sich nicht als Teil dieser Verbundenheit. Er konnte keinen Beweis dafür in seinem Leben erkennen. Vielmehr nahm er eine zersplitterte Welt wahr, in der sich jeder allein durchschlagen muss. Er hatte die Erfahrung gemacht, dass Menschen gemein, gefühllos und verletzend sein können. Er sah keinen Sinn darin, Beziehungen aufzubauen, die höchstwahrscheinlich nur Schmerz mit sich brachten. Stattdessen fand er sich damit ab, dass er in diesem Leben ganz allein war.

Aber war er wirklich allein?

Wenn eine allgemeine geistige Verbindung wirklich existiert, warum blieb Kyle dann außen vor? Was nützt eine solche Verbindung, wenn sie nicht allumfassend ist und sich jemand wie Kyle davon ausgeschlossen fühlen kann? Und was, wenn Kyle recht hatte? Was, wenn wir uns nicht für unser aller Freude, Erfolg und Wachstum engagieren? Was, wenn wir auf unserer Reise durchs Leben letztlich tatsächlich ganz allein sind?

Auch Wissenschaftler setzen sich mit dieser Frage auseinander: Bewegen sich verschiedene Facetten des Seins allein durch Zeit und Raum, oder gibt es irgendeine subtile, unsichtbare Kraft, die sie alle miteinander verbindet? Dies hat Wissenschaftler veranlasst, ein Phänomen namens Verschränkung zu erforschen.

In seinem Buch *Entangled Minds* berichtet Dean Radin, leitender Wissenschaftler am Institute of Noetic Sciences, von einem Experiment zur Erforschung der Beziehung von Photonen – subatomaren Teilchen der elektromagnetischen Strahlung. Dieses Experiment zeigte, dass bestimmte Photonen auf eine Art und Weise miteinander verbunden sind, die wir noch nicht erklären können.

Beispielsweise haben subatomare Teilchen wie Elektronen oder Photonen, die bei demselben Ereignis erzeugt werden, messbare Eigenschaften wie Spin oder Polarisierung, die sie als eng miteinander verbunden ausweisen, egal, wie weit sie voneinander entfernt werden. Ihre daraus ableitbare Verbindung, die in den letzten Jahrzehnten durch zunehmend verfeinerte Experimente belegt wurde, bestätigt die aufregende

Realität eines Phänomens, das Einstein als »spukhafte Fernwirkung« bezeichnete: Die Teilchen bleiben miteinander verbunden, auch wenn dies dem gesunden Menschenverstand und Einsteins Vorstellung von der Lichtgeschwindigkeit als höchster Geschwindigkeit, mit der Information (oder die Wirkung eines Teilchens auf das andere Teilchen) reisen kann, völlig widerspricht. Auch die Messung eines Teilchens hat eine unmittelbare Wirkung auf das andere. Das hat tief greifende Konsequenzen für die vollständige Vernetzung des gesamten Universums und unser Verständnis der grundlegenden Natur von Raum und Zeit. Darum geht es bei der Verschränkung.

Verschränkung läuft darauf hinaus, dass, wie Radin schreibt, »die Trennungen, die wir zwischen normalen isolierten Objekten sehen, auf einer tieferen Ebene in gewissem Sinne Illusionen sind, die von unserer begrenzten Wahrnehmung hervorgebracht werden. Die physische Wirklichkeit ist in einer Weise vernetzt, die wir gerade erst zu verstehen beginnen.«

Die andere Seite hat mir ein gewaltiges Feld aus Lichtenergie visuell gezeigt, das der Sonne nicht ganz unähnlich ist. Dieses Feld bildet eine Einheit, besteht aber auch eindeutig aus Milliarden über Milliarden kleinerer Lichtpunkte – wie ein Bild, das bei näherem Hinsehen aus Hunderten von kleineren Bildern zusammengesetzt ist. Diese Milliarden Lichtpunkte sind wir.

Ich sehe, dass wir dieses gewaltige Lichtfeld bilden. Ohne uns kann es nicht existieren. Umgekehrt können auch wir nicht einzeln außerhalb dieses Feldes existieren. Unsere Existenz wird hauptsächlich dadurch definiert, welchen Platz wir in dieser großen Energiekonstellation einnehmen, und nicht dadurch, wer wir als Individuum sind. Es mag so scheinen, als würden wir getrennt von allen anderen existieren, und wir mögen die Grenzen, die uns beschreiben, wahrnehmen und das Gefühl haben, wir seien autonom. Aber unsere Energie, unser Bewusstsein ist untrennbar mit der Energie anderer verschränkt.

Stellen Sie sich eine Hand mit fünf Fingern vor. Jeder Finger ist eigenständig, aber alle Finger sind auch mit derselben Quelle verbunden, der Hand. Die Finger sind getrennt und doch verbunden. Wir Menschen machen sehr unterschiedliche Erfahrungen hier auf der Erde, aber all unsere Erfahrungen münden in eine gewaltige kollektive Erfahrung, in die Erfahrung unserer Existenz.

Unsere Seelen, wir selbst, unsere Erfahrungen, unsere Existenz sind in keiner Weise isoliert. Das Universum ist kein Ort der Trennung, es ist ein Ort der Verschränkung. Wir sind alle auf eine unergründliche Weise miteinander verbunden.

* * *

Am 20. November fiel Kyles Zug nach Manhattan aufgrund eines Gleisschadens aus, und er musste einen späteren Zug in die Stadt nehmen. Er informierte seinen Vater per Kurznachricht über die Verspätung – »Wie blöd. Ich komme zu spät« –, schaffte es dann aber doch, um 11.00 Uhr in der Penn Station zu sein. Dann sprang er auf sein Skateboard und rauschte den Broadway hinunter. Auf dem Union Square Park angekommen, bog er in die Union Square West ein. Plötzlich kam ein Fahrradkurier auf der falschen Straßenseite auf ihn zugerast, und genau in diesem Moment überholte ihn ein großer Lkw links. Es gab eine Kollision. Kyle wurde von seinem Skateboard geworfen und lag bewegungslos auf der Straße.

Ein paar Stunden später, als seine Mutter, Nancy, nach Hause kam, fand sie eine Nachricht von einem Polizeibeamten auf dem Anrufbeantworter vor: »Bitte rufen Sie mich an.«

Am Abend ging Kyles Familie in die Leichenhalle, um ihn zu identifizieren. »Alles war so surreal«, sagte Nancy. »Er war doch erst zwanzig Jahre alt.«

***

Ein paar Monate nach Kyles Beerdigung rief mich Nancy an. Sie hatte über einen Freund, Dr. Marc Reitman – den Psychiater, der mir geholfen hatte, meine Gabe anzunehmen – von mir gehört. Dr. Reitman dachte, ich könne Nancy vielleicht helfen.

In unserem Reading kam Kyle sofort durch, stark und klar. Er wollte über das reden, was passiert war.

»Er zeigt mir ein Fahrzeug und einen Aufprall, aber er zeigt mir auch, dass er nicht in dem Fahrzeug war«, teilte ich ihr mit. »Er zeigt mir auch, dass es nicht seine Schuld war. Er zeigt mir Menschen, die um ihn herum auf der Straße stehen. Eine Person hält seine Hand, eine seinen Kopf. Er sagt, es sei wichtig für ihn gewesen, in seinen letzten Momenten von Menschen umgeben zu sein, die sich um ihn kümmerten. Er war nicht allein. Jemand hat ihn in den Armen gehalten, als er starb.«

Am anderen Ende der Leitung weinte Nancy. Sie erzählte mir von Kyles Unfall.

»Es ist gegenüber von einem McDonald's passiert«, sagte sie. »Ein junger Mann kam aus dem McDonald's, und wenn er weitergegangen wäre, wäre er weg gewesen, als der Unfall passierte. Aber ihm ist etwas runtergefallen, und er musste zurückgehen, um es aufzuheben. Und als er gerade dabei war, geschah der Unfall. Direkt vor ihm.«

Nancy hatte den Mann ausfindig gemacht und von ihm mehr über diese entscheidenden Momente erfahren.

»Sein erster Impuls war wegzulaufen«, sagte sie. »Aber etwas hielt ihn dort fest. Etwas zog ihn zur Straße. Er war der erste Passant, der zu Kyle hinging.«

Nancy erzählte mir, dass sich der junge Mann neben Kyle hingekniet und ihn in die Arme genommen hatte. Als er merkte, dass jemand versuchte, Kyles Skateboard wegzunehmen, packte er denjenigen mit einer Hand und hielt ihn davon ab. Als andere mit ihrem Handy Fotos machen wollten, verhinderte er auch das. »Er hatte das Gefühl, hier platziert worden zu sein, um meinen Sohn zu beschützen«, berichtete Nancy. »Er blieb bei ihm, bis der Krankenwagen kam.«

Kyle war noch bei Bewusstsein, als der Mann zu ihm kam. Einen Moment lang konnte er in die Augen dieses Fremden schauen, der ihn fest in den Armen hielt. Dann drehten sich Kyles Augen nach innen.

»Es kniete sich noch eine Frau neben Kyle«, sagte Nancy. »Auch sie blieb bei ihm, bis der Krankenwagen kam. Eine Menge Leute hielten sich in der Nähe auf. Sie bildeten eine Art Kreis um ihn.«

»Kyle erwähnt diesen jungen Mann aus einem ganz bestimmten Grund«, sagte ich zu Nancy. »Er erwähnt ihn, weil er weiß, dass er aus lauter Herzensgüte dort geblieben ist. Er weiß, dass dieser Mann eigentlich nicht dort sein wollte, aber er ist trotzdem geblieben. Er ist geblieben, weil er ein freundlicher Mensch ist. Und Kyle konnte die Güte und Freundlichkeit in ihm sehen.«

Kyle hatte noch viel mehr mitzuteilen. Er versicherte seiner Mutter, dass er sehr glücklich sei – jetzt, wo er sich nicht mehr anstrengen müsse, um all die kleinen Stücke zusammenzusetzen. Er sagte, er sei jetzt bei Pops, seinem Großvater, den er immer sehr verehrt habe. Und er sagte, er verstehe die Dinge jetzt in einer Weise, wie er sie auf der Erde nie verstanden habe.

In den Wochen nach Kyles Tod sah ihn Nancy allmählich in einem ganz neuen Licht. Es fing damit an, dass eine von Kyles Mitschülerinnen an der Highschool – die es auch nicht leicht gehabt hatte – zu ihr kam und ihr erzählte, dass Kyle in ihrem Leben eine wichtige Rolle gespielt habe. »Sie hatte familiäre Probleme gehabt, die ihr Angst machten«, sagte Nancy, »und Kyle hatte ihr das Gefühl gegeben, dass alles wieder in Ordnung kommen würde. Er hat ihr seine Freundschaft geschenkt. Er ist für sie da gewesen.«

Weitere Freunde kamen auf Nancy zu und erzählten ihr ähnliche Geschichten. Einen Jungen, der sich mit seinen Eltern überworfen hatte und vor die Tür gesetzt worden war, hatte Kyle mit nach Hause genommen, damit er einen Platz zum Schlafen hatte. Einen Jungen, der sich an immer härteren Drogen versuchte, hatte Kyle dazu überredet, die Finger von den wirklich gefährlichen Sachen zu lassen. »So viele Kinder – gerade die nicht so beliebten, diejenigen, die immer eher im Schatten der anderen standen – kamen zu mir und erzählten mir, wie viel Kyle ihnen bedeutet hatte«, erzählte mir Nancy. »Es ist, als hätte Kyle anderen genau das gegeben, wonach er selbst gesucht hat.«

In Kyles Tagebuch fand Nancy ein Zitat, das sie ganz besonders berührte:

Für die Welt bist du vielleicht nur eine Person,
aber für eine Person bist du vielleicht die ganze Welt.

»Kyle hat dieses Zitat aufgeschrieben, er muss also auf irgendeiner Ebene daran geglaubt haben. Aber es schien, als könne er sich nicht selbst davon überzeugen, dass er eine wichtige Rolle im Leben so vieler Menschen spielte«, sagte sie. »Und dann kam er im Reading durch und erkannte schließlich, dass er nicht allein war. Endlich erkannte er seine eigene Herzensgüte und seinen Platz in der Welt. Und das ist die große Lektion aus Kyles Geschichte. Denken Sie nie, dass eine Person das Leben einer anderen nicht verändern kann.«

* * *

Mein Reading mit Kyle und seiner Mutter ist mir auf sehr kraftvolle Weise im Gedächtnis geblieben. Die Lektion, die Kyle in den letzten Momenten seines Lebens auf der Erde gelernt hat, ist so unglaublich schön.

Viele Menschen sehen sich mit Schwierigkeiten und Hindernissen konfrontiert, und manchmal stoßen sie die Menschen, die sie lieben, von sich weg. Kyles innere Kämpfe gaben ihm das Gefühl, ganz allein zu sein. Und dann, unter höchst tragischen Umständen, akzeptierte er die Liebe eines anderen Menschen und erfuhr in diesem Moment, dass er nie wirklich allein gewesen war.

Nancy erzählte mir, was sie im Gespräch mit dem Passanten erfahren hatte. Auch er hatte ein schweres Leben und eigene Probleme. Auch er hatte Zweifel bezüglich seines Platzes in der Welt. Dann wurde er Zeuge des Unfalls und nahm Kyle in die Arme und erleichterte ihm den Übergang von einer Welt in die nächste. Dadurch veränderte sich etwas in ihm. In diesem bemerkenswerten Moment der Verbundenheit begann die Heilung auch dieses jungen Mannes.

Für mich ist das ein überzeugenderer Beweis für die Verschränkung unserer Existenz, als ihn irgendein wissenschaftliches Experiment jemals bieten könnte. Wir sind alle miteinander verbunden. Wir sind verschränkt. Wir sind alle am Wohl und Wehe der anderen beteiligt.

In meinem Reading für Nancy erwähnte Kyle einen Ring. Er zog sie damit auf, dass sie sein Bett nicht abgezogen hatte – sie hatte sein Zimmer monatelang völlig unberührt gelassen –, und er sagte ihr, sie solle, wenn sie das Zimmer endlich aufräume, auf einen Ring achten. Nancy hatte keine Ahnung, wovon er sprach. Aber eine Woche später, als sie Kyles Sachen aufräumte, fand sie einen kleinen Silberring mit winzigen schwarzen Herzen auf der Innenseite. Sie streifte ihn über ihren Ringfinger, und er passte ihr wie angegossen. Sie hat ihn seitdem nicht wieder abgelegt.

Nancy hat auch ein Stipendium in Kyles Namen bereitgestellt. Es wird an einen Studenten vergeben, der in vorbildlicher Weise deutlich machen kann, was es bedeutet, ein wahrer Anführer zu sein. »Es ist für denjenigen, der immer da ist, wenn jemand Hilfe braucht«, sagt Nancy.

Durch dieses Stipendium und durch die vielen Menschen, die er in seinem kurzen Leben tief berührt hat, lebt Kyle weiter. Am Union Square West in der Nähe des Unfallorts steht eine kleine Vase mit Blumen unter einem Baum neben dem Fußweg. Jeden Sonntag kommt Nancy oder ihr Mann dort hin und stellt frische Blumen in die Vase. Im Dezember steht dort ein kleiner Weihnachtsbaum. Manchmal bleiben Fremde kurz stehen und fragen, für wen die Blumen seien. Dann erzählen sie ihnen Kyles Geschichte.

»Und wenn ich diese fremden Menschen später wiedersehe, bleiben sie stehen und sagen Hallo«, sagte Nancy. »Und dann erzählen sie mir: ›Jeden Tag, wenn wir an diesem Baum vorbeigehen, sagen wir Hallo zu Kyle.‹ Sie haben ihn nicht einmal gekannt, und doch sprechen sie jeden Tag mit ihm. Was für ein Geschenk es doch ist zu wissen, dass Kyles Name immer noch irgendwo da draußen ist, dass er immer noch in der Luft liegt. Weil Kyle damals nicht allein war und auch heute nicht allein ist.«

Keiner von uns ist allein.

*** 31 ***

Der Swimmingpool

Um 7.05 Uhr fuhr ich auf den Parkplatz der Herricks-Highschool, wo ich seit sechzehn Jahren unterrichte. Ich stellte mein Auto in der mir zugewiesenen Parkbox unter einem Baum in der Nähe des Hintereingangs ab. Dann betrat ich das Gebäude und ging durch den Flur im ersten Stock, wo die älteren Schüler ihre Schließfächer haben. Mein Outfit war unspektakulär – beige Hose, orangefarbenes Top, orangefarbene Strickjacke (Orange ist meine Lieblingsfarbe), laminierte Kennkarte an einem Schlüsselband um den Hals. Außerdem hatte ich eine Thermoskanne mit Kaffee in der Hand. Warum also starrten mich alle an?

Einige Schüler, die ich kannte, einige, die ich nicht kannte, ein paar Lehrer – so ziemlich jeder hielt in dem inne, was er gerade machte, und schaute mich mit einem kleinen wissenden Lächeln auf dem Gesicht an. Ich ging einfach weiter und fragte mich, was hier los war.

Ich verzog mich ins Lehrerzimmer der Englischabteilung und ging meine Unterrichtsvorbereitungen zum Thema rhetorische Strategien am Beispiel von *Narrative of the Life of Frederick Douglass* durch. Um 7.25 Uhr läutete die Schulglocke zum ersten Mal, und ich machte mich auf den Weg zu

Raum 207. Normalerweise schlafen die Schüler um diese Zeit noch halb, aber heute saßen sie hellwach auf ihren Stühlen, als hätten sie auf mich gewartet. Eine eigenartig knisternde Energie erfüllte den Raum. Ich ignorierte die ungewöhnliche Aufmerksamkeit und zog meinen Unterrichtsplan durch.

Um 8.14 Uhr verkündigte die Glocke das Ende der Schulstunde. Doch niemand stürzte sich auf die Tür, wie es normalerweise der Fall ist. Alle Schüler blieben sitzen. Schließlich meldete sich einer von ihnen, ein kluger, aufgeweckter Junge namens Owen, der in der letzten Reihe saß, und fragte: »Mrs. Jackson, sind Sie Hellseherin?«

Ich hörte, wie jemand nach Luft schnappte.

Fassungslos fragte ich: »Entschuldigung, was?«

»Sind Sie Hellseherin?«, wiederholte Owen. »Sind Sie ein hellsichtiges Medium?«

Ich stand da und war sprachlos. Das war er. Der Moment, vor dem ich mich gefürchtet hatte.

Mir war ziemlich schnell klar, wie das hatte passieren können. Eine der Personen, für die ich regelmäßig Lesungen machte, war eine berühmte Pop-Sängerin – ein junger, dynamischer Star mit einer riesigen Fangemeinde in den sozialen Medien. Erst vor ein paar Tagen hatte sie mich zu einem Konzert im Barclays Center in Brooklyn eingeladen, wo sie im Vorprogramm eines noch bekannteren Pop-Stars auftrat. Anschließend hatte ich in ihrer Garderobe mit ihr für ein Foto posiert. Sie hatte das Foto bei Instagram gepostet, mir gedankt und mich als Laura Lynne Jackson vorgestellt.

Niemand an meiner Schule kannte mich unter meinem vollen Namen. Als einer meiner Schüler das Foto des berühmten Pop-Stars mit seiner Englischlehrerin sah, hat er mich gegoogelt und die Website gefunden, auf der meine Fähigkeiten als hellsichtiges Medium beschrieben werden.

»Gestern Abend haben Sie unsere sozialen Medien geradezu explodieren lassen, Mrs. Jackson«, sagte einer meiner Schüler.

Nachdem ich den Schock über mein unfreiwilliges Outing überwunden hatte, war ich bereit, Owens Frage zu beantworten, wie ich es mit der Direktorin besprochen hatte.

»Ja, ich bin ein hellsichtiges Medium«, antwortete ich. »Ich bin von Wissenschaftlern getestet worden, die meine Fähigkeiten bestätigt haben. Aber ich trenne diesen Teil meines Lebens streng von meinem Beruf als Lehrerin. Daher werde ich abgesehen von der Beantwortung deiner Frage, Owen, nicht mehr Unterrichtszeit darauf verwenden, dieses Thema zu diskutieren. Ihr braucht euch keine Gedanken darüber zu machen, dass ich im Klassenzimmer für euch ein Reading durchführe. Und ich werde für niemanden aus irgendeiner meiner Klassen ein Reading machen, also fragt erst gar nicht. Es ist nicht angebracht, dass wir noch mehr Zeit auf dieses Thema verwenden.«

»Merken Sie, wenn jemand bei einer Klassenarbeit schummelt?«, fragte ein Schüler.

Das merkte ich in der Tat. Einen Monat zuvor hatte ich während einer Klassenarbeit an meinem Tisch gesessen und den Schülern nur ganz kurz den Rücken zugedreht, weil ich etwas im Computer nachschauen musste. Plötzlich spürte ich, wie mich ein Energielasso in den hinteren Teil des Klassenzimmers zog. Es fühlte sich an wie eine Hand, die sich auf meinen Arm legte und mich aufforderte, mich umzudrehen. Ich gab dem Zug nach und sah einen Jungen in der letzten Reihe, der gerade versuchte, einen Zettel unter seiner Hand zu verstecken. Ich ging zu ihm und bat um den Zettel, der mittlerweile unter seinem Bein versteckt war. »Das ist Betrug«, sagte ich. »Das weißt du ganz genau.«

Dennoch war ich nicht versucht, meinen Schülern diese Geschichte zu erzählen, sondern wiederholte, dass ich nicht mehr Zeit mit diesem Thema verbringen wolle. Aber sie löcherten mich mit weiteren Fragen.

»Wie ist es im Himmel?«

»Ist mein Hund im Himmel?«

»Kann ich mit meiner Großmutter im Himmel sprechen?«

»Können Sie Gedanken lesen?«

»Waren Sie schon einmal an der Suche nach einem Vermissten beteiligt?«

Ich erkannte, dass sich meine Schüler so für meine Fähigkeiten interessierten, weil sie einfach sehr offen waren und alles hinterfragten. Ich hatte gedacht, dass die meisten der Kinder mehr über den Pop-Star wissen wollten. Das traf sicher auch für viele von ihnen zu, aber am meisten überraschte mich, wie fasziniert sie von meiner Gabe waren.

Ich hätte ihre Fragen gern beantwortet, wusste aber auch, dass ich es nicht durfte. Daher beendete ich die Diskussion schnell und scheuchte die Schüler in ihre nächste Stunde.

Die gleiche Szene spielte sich in den nächsten sechs Stunden ab. Auch vor meiner letzten Klasse an diesem Tag, in der achten Stunde, erklärte ich, dass ich meine Arbeit als hellsichtiges Medium von meinem Beruf als Lehrerin getrennt halten wollte. Noch einmal widerstand ich der Versuchung, meine Ansichten über die andere Seite preiszugeben und ihre Neugier zu befriedigen. Ich sagte also meinen Text und schickte meine Schüler in ihre nächste Klasse.

Aber eine Schülerin weigerte sich, den Raum zu verlassen. Sie war fünfzehn Jahre alt, hübsch und sehr klug, aber auch schüchtern und ruhig. Als alle gegangen waren, stand sie noch neben ihrem Pult und bedeckte ihr Gesicht mit den

Händen. Ich konnte sehen, dass sie weinte. Dann kam sie langsam nach vorn.

»Mrs. Jackson«, sagte sie kaum hörbar, »ich brauche Ihre Hilfe.«

Ein paar Monate zuvor hatte ihre Mutter wieder geheiratet, nachdem sie viele Jahre allein gelebt hatte. Ihr Stiefvater war ein liebevoller, fürsorglicher Mann, der sie und ihre Mutter vergötterte und viel Freude und Glück in ihr Leben brachte. Doch dann, nur drei Wochen nach der Hochzeit, ging er im Swimmingpool hinter dem Haus schwimmen, und plötzlich hörte sie ihre Mutter schreien.

Das Mädchen rannte nach draußen und sah ihren Stiefvater mit dem Gesicht nach unten am tiefen Ende des Pools auf dem Wasser treiben. Ihre Mutter konnte nicht schwimmen. Daher rief sie nach ihrer Tochter, damit diese in den Pool sprang und ihren Stiefvater rettete.

»Aber ich erstarrte«, berichtete meine Schülerin und weinte jetzt noch hemmungsloser. »Ich konnte mich nicht bewegen. Ich war wie gelähmt. Ich hatte einfach Angst, in den Pool zu springen. Also machte ich es nicht.«

Als die Sanitäter am Unfallort eintrafen, war ihr Stiefvater bereits tot.

Ich spürte den Schmerz, die Schuldgefühle und die Qual dieser jungen Frau tief in meiner Seele. Es war herzzerreißend. Sie wartete darauf, dass ich etwas sagte, irgendetwas, aber ich wusste nicht, was ich sagen sollte. Ich durfte keine Readings für meine Schüler machen. Zudem hatte ich gerade erklärt, dass ich diese Grenze nie überschreiten würde. Aber die Bürde, die dieses Mädchen zu tragen hatte, war niederschmetternd, und ich wusste, dass es vielleicht ihr ganzes Leben bestimmten würde, wenn sie gezwungen war, sie für immer mit sich herumzuschleppen.

»Können Sie ihm bitte sagen, dass es mir sehr leid tut?«, fragte sie. »Bitte.«

Was sollte ich machen?

In Wirklichkeit las ich bereits für sie. Die Tür hatte sich weit geöffnet, und ihr Stiefvater kam mit Nachdruck durch. Er machte deutlich, dass es nicht ihre Schuld gewesen war. *Bitte sagen Sie ihr, dass es nicht ihre Schuld war.*

Ich zögerte. Ich hatte die letzten zwei Jahrzehnte stets darauf geachtet, meine zwei Wege streng getrennt zu halten. Ich hatte mein Doppelleben sorgfältig aufrechterhalten. Und jetzt brach die Mauer, die ich aufgebaut hatte, in sich zusammen. Würde ich sie wieder aufbauen können?

»Seine Zeit war einfach gekommen«, sagte ich schließlich. »Du hättest deinen Stiefvater nicht retten können, selbst wenn du in den Swimmingpool gesprungen wärest. Ich spüre, dass sein Herz versagt hat. Deswegen hat er es nicht geschafft. Du hättest ihn nicht retten können. Seine Zeit war gekommen. Es war nicht deine Schuld.«

Das Mädchen hörte auf zu weinen, schaute mir in die Augen und hielt den Atem an. Ihre Augen waren weit offen und ihre Lippen zitterten.

»Dein Stiefvater möchte, dass du etwas sehr Wichtiges weißt«, sagte ich ihr. »Er möchte dich wissen lassen, dass sein größtes Geschenk – das größte Geschenk, das er in seinem ganzen Leben jemals bekommen hat – war, dass er deine Mutter und dich getroffen hat und dass er Zeit mit euch beiden verbringen durfte. Und dafür möchte er dir danken. Er sagt, dass du ihm ein schönes Geschenk gemacht hast.«

Das Mädchen brach in Tränen aus. Ich legte meine Hand auf Ihre Schulter. Meine beiden Welten kollidierten, und ich konnte nichts dagegen tun. Ich war mir auch gar nicht mehr sicher, ob ich es überhaupt versuchen sollte.

*** 32 ***

Der Engelweg

Ich war mit dem Auto auf Long Island zu meiner Freundin Bobbi Allison unterwegs und warf genau in dem Moment einen Blick auf den Bildschirm des Navigationsgeräts, als ich die Anweisung bekam, an der nächsten Ausfahrt abzufahren.

Wow, diese Ausfahrt kommt schneller, als ich erwartet habe, dachte ich. Die ganze Fahrt hatte nur siebzehn Minuten gedauert. Ich hatte angenommen, sehr viel länger fahren zu müssen. Dennoch folgte ich dem GPS und nahm die nächste Ausfahrt.

Bobbi ist eine meiner engsten Freundinnen und ebenfalls ein hellsichtiges Medium. Ich wollte sie zum Mittagessen in ihrer neuen Wohnung besuchen und war schon sehr gespannt auf die Energie, die sie in ihren neuen Räumlichkeiten geschaffen hatte. Das Navigationssystem behauptete, ich sei in wenigen Minuten da. Dann wies es mich an, scharf nach rechts abzubiegen, dann scharf links, dann wieder zweimal rechts. Seltsam. Es schien, als umkreise ich die Peripherie eines Wohngebiets direkt neben der Schnellstraße.

»Sie haben Ihr Ziel erreicht«, verkündete die Stimme des Navigationssystems.

Doch wie war das möglich? Da war weit und breit kein Haus! »Sie haben Ihr Ziel erreicht«, wiederholte das Navigationssystem eindringlich.

Ich rief Bobbi auf dem Handy an. »Hm, ich bin verwirrt«, sagte ich. »Mein Navi hat mich sinnlos durch die Gegend geschickt und in eine Straße direkt hinter einer Ausfahrt von der Schnellstraße geführt. Wohnst du hier irgendwo?«

»Wie heißt die Straße?«, fragte Bobbi. Ich schaute auf das Straßenschild.

»Engelweg«, antwortete ich.

Bobbi fing an zu lachen. »Willst du mich veräppeln?«, sagte sie. »Nein, da wohne ich nicht, aber ich weiß, wo das ist. Du bist etwa zwanzig Minuten von mir entfernt. Aber Laura, das ist wirklich witzig! Die Geister haben sich wohl einen kleinen Scherz mit uns erlaubt! Engelweg! Sehr lustig!«

Ich lachte mit. Die andere Seite hatte offenbar Sinn für Humor. Ich wusste schon lange, dass die andere Seite Dinge manipulieren kann, die mit Strom betrieben werden, entweder um uns eine Botschaft zu übermitteln oder, wie in diesem Fall, um sich einen kleinen Scherz mit uns zu erlauben. Ich habe jedenfalls gelernt, mich nie wieder zu sehr auf mein Navigationssystem zu verlassen.

Seltsame und wunderbare Dinge scheinen zu passieren, wenn ich mich mit Freundinnen treffe, die auch hellsichtige Medien sind. Zwischen uns knistert eine erhöhte Energie. Aber das Beste ist, dass wir etwas empfangen. Wir wissen, wie es ist, »irgendwie seltsam« zu sein und Dinge auf unkonventionelle Weise wahrzunehmen, und uns ist klar, dass wir eine große Verantwortung tragen, weil wir diese besonderen Fähigkeiten haben. Wir bedauern uns gegenseitig wegen der Erschöpfung, die eine Begleiterscheinung unserer Readings ist. Wir vergleichen die Grenzen, die wir zwischen unserem

»normalen« und unserem außersinnlichen Leben ziehen. In unserer Gemeinschaft finden wir eine Ebene der Geborgenheit, der Unterstützung und des Verständnisses, die wir anderswo nicht haben.

Vor Jahren haben wir angefangen, uns etwa einmal im Monat zu einem außersinnlichen Mädchenabend zu treffen – zu einem »Zaubertrank«, wie wir scherzhaft sagen. Manchmal kam die ganze Bande zusammen: Bobbi, Kim Russo, Bethe Altman, Diana Cinquemani – alles hellsichtige Medien. Außerdem Pat Longo, eine spirituelle Heilerin und Lehrerin, und die fabelhafte Dorene Bair, eine intuitive »Veränderungsvermittlerin«, wie sie sich auf ihrer Visitenkarte nennt. Unsere Zusammenkünfte sind wundervoll. Sagen wir einfach, wir laufen zu Hochform auf. Alkohol bringt unsere Fähigkeiten offenbar noch mehr zum Vorschein. Und dann baut sich die Energie einfach auf.

Eine der letzten Zaubertrank-Zusammenkünfte mit Kim, Bobbi und mir fand im *Fanatico* statt, einem meiner Lieblingsitaliener in Hicksville auf Long Island. Wir saßen an einem Tisch im vorderen Teil des Restaurants und bestellten Pasta mit Brüsseler Sprossen und Oliven sowie Spaghettikürbis à la marinara und außerdem zwei Portionen gebratenen Brokkoli für alle. Kim und Bobbi bestellten Wein, und ich entschied mich für einen Grey Goose Cosmo.

Unsere Unterhaltung war wie immer locker, witzig und zwanglos, und es ging dabei weitgehend um die üblichen Themen, über die Freundinnen normalerweise miteinander reden. Bobbi erzählte uns von dem neuen Zuhause ihrer Tochter in South Carolina und was für ein Schnäppchen es gewesen war.

»Wie viel?«, fragte Kim ungläubig. »Da gibt es ja Handtaschen, die mehr kosten.«

Wir sprachen darüber, dass unsere Arbeit unendlich lohnend ist, aber auch ziemlich ermüdend. Wir mussten aufpassen, nicht ständig »auf Empfang« zu sein, wenn wir nicht riskieren wollten, körperlich krank zu werden. Ich erwähnte, dass ich einmal in schneller Folge mehrere Einzelreadings und ein großes Gruppenreading durchgeführt hatte und anschließend Grippe und einen Keuchhusten bekam, die mich drei Monate lang außer Gefecht setzten. Bobbi sagte, sie habe gerade eine schlimme Bronchitis gehabt, weil sie es mit den Readings in letzter Zeit etwas übertrieben habe.

Wir stellten fest, dass wir zwar alle auf der gleichen Wellenlänge arbeiteten, wie Kim sich ausdrückte, uns aber unterschiedlicher Techniken bedienten.

»Ich sehe Geister vor mir, die ich richtig anfassen kann«, berichtete Kim.

»Ich auch«, sagte Bobbi.

»Das ist mir noch nie passiert«, sagte ich.

Ich erwähnte, dass ich die Informationen von der anderen Seite auf einem inneren Bildschirm empfange, der in spezifische Abschnitte eingeteilt ist.

»Ich setze automatisches Schreiben ein«, sagte Bobbi. Diese Fähigkeit, Gedanken und Einsichten von der anderen Seite niederzuschreiben, ohne dass ihr bewusst war, was sie da schrieb, war mir ebenfalls fremd.

Wir sind auf ganz unterschiedliche Weise zu unserer Berufung gekommen. Kim und Bobbi hatten beide Lehrer, die sie betreut haben, während ich meine Fähigkeiten selbst weiterentwickelte. Bobbi erzählte von dem ersten Kurs im Geistheilen, an dem sie teilgenommen hatte. »Ich wollte erst gar nicht hingehen«, sagte sie. »Ich hatte Angst vor dem, was mir da begegnen würde. Ich dachte, ich würde Hühner mit abgeschnitten Köpfen herumlaufen sehen.«

Natürlich gab es keine kopflosen Hühner. Und Bobbi war begeistert von dem Kurs.

Kim erinnerte sich, dass sie und ihre Schwester sich die Präsentation einer Hellseherin namens Holly angeschaut hatten. Diese Frau lud Kim ein, an ihrem Grundkurs zur Entwicklung der eigenen Intuition teilzunehmen. Dort sagte sie ihr, sie sei bereits ein hoch entwickeltes hellsichtiges Medium und empfahl ihr, sich die Grundlagen der Erdung und des Selbstschutzes anzueignen. Den Rest, so versicherte sie ihr, würden ihre Geistführer ihr schon beibringen.

»Woher wissen Sie das?«, hatte Kim das Medium gefragt.

»Ich bin hellsichtig, meine Liebe, schon vergessen?«, hatte Holly geantwortet.

Bei unseren Abendessen führten wir Readings füreinander durch, weil wir so sehr auf die Energie der jeweils anderen eingestimmt sind. Und jedes Mal fragte eine von uns angesichts des Ergebnisses des Readings: »Woher weißt du das?«, bevor wir uns über die Absurdität der Frage kaputtlachten.

»Heute ist irgendwas mit deinem Auto passiert, nicht wahr?«, sagte Bobbi beispielsweise.

»Woher weißt du das?«, fragt Kim dann.

»Ich bin hellsichtig, meine Liebe.«

Wir geben einander auch Ratschläge, die auf dem basieren, was uns die andere Seite zeigt.

»Wenn eine von euch ein Reading für mich macht, ist das eine enorme Bestätigung«, sagte Bobbi. »Es geht dabei in der Regel um etwas, worüber ich nachgedacht habe, dessen ich mir aber nicht sicher war.«

»Das liegt daran, dass es so schwer ist, Informationen über sich selbst zu bekommen«, sagte Kim. »Gerade jetzt weiß ich beispielsweise, dass etwas in meinem Leben vor sich geht, aber mir wird nichts gezeigt. Gar nichts! Und ich respektiere das, weil ich keine ungezogene Göre sein will, die sagt: ›Los, ich will das jetzt wissen!‹«

»Wenn ich ein Reading für euch mache, gehe ich auf die linke Seite meines Bildschirms, wo ich die Geistführer sehe«, erläuterte ich. »Da halten sich die Geistführer einer Person immer auf. Und diese Geistführer geben mir ihre Botschaften für euch.«

»Es ist, als seien alle unsere Geistführer hier versammelt«, sagte Bobbi.

Geistführer sind Seelen, die früher auf der Erde gelebt haben (aber nicht während unserer jetzigen Lebenszeit) und ihre Reise auf der anderen Seite fortsetzen. Und es ist Teil ihrer Reise, dass sie Aufgaben haben – genau wie wir hier auf der Erde. Diese Aufgaben helfen ihnen, die Lektionen zu lernen, die sie lernen müssen, damit auch sie auf ihrer Reise vorankommen. Die Seelen werden Geistführer, und Geistführer zu sein hilft ihnen bei ihrem Wachstum. Sie sind unsere Beschützer, Lehrer, Mentoren und Cheerleader. Sie setzen Gedanken in unsere Köpfe und geben uns Anstöße, Zeichen, Affirmationen, kreative Impulse, Geistesblitze, Instinkte, Bauchgefühle. Wenn wir sagen, dass wir unserem inneren Antrieb folgen, sind sie diejenigen, die uns antreiben. Sie möchten immer, dass wir den für uns besten Weg finden.

Bobbi hatte Recht. Unsere Geistführer arbeiteten zusammen.

»Sie kennen sich alle«, sagte ich. »Unsere Geistführer sind alle im selben Team.«

An diesem Abend im *Fanatico* bekamen wir Informationen füreinander.

»Ich bekomme eine Menge Material für dich«, sagte ich zu Kim. »Gutes Material.«

»Die Geistführer sagen mir, dass sie hinter den Kulissen Dinge ausarbeiten, aber das ist alles, was ich weiß«, sagte Kim, die sich mitten in einem beruflichen Entscheidungsprozess befand.

»Sie zeigen mir, dass du nicht drängeln, sondern loslassen sollst«, sagte ich. »Das ganze letzte Jahr hast du gedrängt, geschoben, gedrückt, und jetzt musst du loslassen. Sie haben ein Auge darauf, wie sich die Dinge entfalten. Dafür gibt es einen Grund. Es gibt einen Plan. Das Loslassen wird eine Zeit lang schwierig sein, aber du musst es einfach machen, damit sich der für dich beste Weg vor dir entfalten kann.«

»Aber während ich meinen Weg gehe, geben sie mir überhaupt keine Hinweise«, sagte Kim.

»Hier ist ein Hinweis, den sie mich sehen lassen«, sagte ich. »Ich sehe Los Angeles. Eindeutig Los Angeles. Du wirst feststellen, dass es dich nach Los Angeles zieht, und dort wirst du Teil einer Show sein, und alles wird sich so entwickeln, wie sie es geplant haben. Du musst einfach deinem inneren Antrieb folgen und dort auftauchen. Sie werden es ermöglichen.«

»Für mich geht es darum, etwas zu manifestieren«, sagte Kim und bezog sich dabei auf die Praxis, ein Ziel zu visualisieren und durch die Energie der eigenen Überzeugung Wirklichkeit werden zu lassen. »Wir verhalten uns so, als sei es bereits geschehen. Wir danken dem Universum für das, was uns rechtmäßig zusteht.«

Ich erzählte ihnen, wie ich Dinge manifestiere, nämlich indem ich zu Beginn eines jeden Jahres einen Brief an das Universum schreibe. In dem Brief danke ich dem Universum dafür, dass es mir hilft, bestimmte Ziele zu erreichen, auch wenn das noch nicht geschehen ist.

»Ich bin Pat Longo zu Dank verpflichtet, weil sie mich dazu gebracht hat, dies so klar und eindeutig zu machen«, erklärte ich. »Sie ist diejenige, die mir gesagt hat, dass ich es aufschreiben muss. Früher dachte ich, es genüge, die eigenen Gedanken entsprechend zu projizieren, aber sie sagte, das genüge nicht, denn es liege eine ganz besondere Kraft im schriftlichen Formulieren. Und sie hat recht.«

»Das beweise ich meinem Mann die ganze Zeit«, sagte Kim. »Er sagt: ›Du kannst nicht all das geschehen lassen.‹ Und ich erwidere: ›Das wirst du schon sehen.‹ Und wenn es dann passiert, schüttelt er nur den Kopf.«

Wir lachten und sprachen darüber, dass die Männer in unserem Leben ihre ganz eigene Kameradschaft pflegten. Manchmal gingen wir alle zusammen aus, und die Männer warteten geduldig, bis wir einen Tisch gefunden hatten, dessen Energie uns genehm war. Die Männer tauschten dann ein wissendes Lächeln aus. Sie hatten Verständnis dafür, dass wir Plätze brauchten, die sich für uns richtig »anfühlten«.

An diesem Abend waren wir die letzten Gäste im *Fanatico*. Wir gingen erst, als die Stühle hochgestellt wurden. Das passierte eigentlich immer, wenn wir zusammenkamen. Die Stunden vergingen wie im Flug.

Auf dem Heimweg legte ich die spektakuläre Energie, die während unseres Abendessens geherrscht hatte, langsam wieder ab und dankte dem Universum dafür, dass es mich mit so besonderen Freundinnen zusammengebracht hatte. Das Abendessen hatte uns wieder einmal darin bestärkt, dass wir miteinander verbunden sind und dass wir diese Verbindung sehr brauchen.

Wir alle haben ein großes Team von Unterstützern, die dafür sorgen, dass wir auf dem rechten Weg bleiben und uns zum Besseren entwickeln. Wir haben unsere Lieben im Jenseits, und wir haben unsere Geistführer.

Aber wir haben auch hier auf der Erde Menschen, die uns lieben und brauchen. Und manchmal ist ihre Unterstützung die wichtigste von allen. Das gilt nicht nur für meine hellsichtigen Schwestern und mich. Das gilt für uns alle.

*** 33 ***

Das Licht am Ende

Wenn ich mich nicht gerade mit der anderen Seite befasse, ist mein Leben ziemlich normal. Im Grunde dreht sich alles um meine Familie. Für sie bin ich einfach Mama oder Sis oder Blondie (so nennt mich Garrett). Merkwürdigerweise gibt mir die andere Seite zwar unglaublich genaue Informationen über völlig Fremde, aber ich kann keine zuverlässigen Readings für meine Familienmitglieder machen. Ich kenne sie zu gut, liebe sie zu sehr. Weil ich immer möchte, dass sie glücklich sind und dass bei ihnen alles gut und glatt läuft, traue ich mir nicht zu, die Informationen, die ich von der anderen Seite über sie bekomme, »sauber« zu interpretieren, also ohne meine eigenen Gefühle mit ins Spiel zu bringen. Das gehört zu den Eigenarten meiner Gabe: Ich kann sie nicht immer nutzen, um meiner Familie oder mir selbst zu helfen. Aber vielleicht ist das auch gut so.

Meine ältere Schwester Christine, die vier wunderbare kleine Jungs hat, geht sehr locker mit meiner Gabe um. Wenn wir zusammen sind, kommen meine Fähigkeiten nicht so oft zum Vorschein, aber gelegentlich meldet sich die andere Seite dennoch mit bruchstückhaften Informationen zu Wort. Beispielsweise erwähnt Christine einen Freund,

und ich frage unvermittelt: »Hat dein Freund einen Bruder namens Ted?« Dann unterbricht sie das Gespräch und fragt: »Ist das eine Unterhaltung oder ein Reading?«

Dennoch sagt meine Schwester, dass das, was ich mache, ihre Weltsicht sehr verändert habe. Sie habe schon immer geglaubt, dass es einen Himmel gibt, aber jetzt sei sie davon überzeugt, dass er uns sehr viel näher ist als das große blaue Himmelszelt. Jetzt glaube sie, dass er direkt hier bei uns ist. Sie glaube, dass uns die Energie der Menschen umgibt, die von uns gegangen sind.

John, mein Bruder, ist nicht so offen für diese Art zu denken. Er sagt, er glaube, dass ich eine intuitive Gabe habe, kann sich aber nicht mit dem Gedanken anfreunden, dass die andere Seite real ist. John ist verheiratet und hat drei Kinder. Wenn in ihrem Leben etwas Wichtiges ansteht, sagt seine Frau: »Ruf deine Schwester an! Frage sie danach!«

John hat nichts dagegen, dass ich versuche, seine Familie mit der anderen Seite in Verbindung zu bringen. Und seltsamerweise bekomme ich offenbar durchweg klare Informationen für ihn. Ich habe ihm beispielsweise gesagt, in drei Monaten warte eine große Chance in Asien auf ihn. John, der äußerst intelligent ist und in der technischen Industrie arbeitet, hatte bislang keinerlei Geschäftsbeziehungen in Asien gehabt. Aber genau zum vorhergesagten Zeitpunkt eröffnete sich eine entsprechende Chance, und John fand sich in einem Flugzeug nach Korea wieder.

Zu Hause kommen meine Fähigkeiten nicht so oft zum Vorschein. Aber ich erinnere mich, dass ich vor ein paar Jahren mit Garrett und den Kindern den Superbowl, die amerikanische Footballmeisterschaft, angeschaut habe. Ich merkte, dass Garrett von etwas abgelenkt war, und es platzte aus mir heraus: »Hey, schau mal lieber auf den Fernseher, wenn du diesen Touchdown nicht verpassen willst.« Drei Sekunden später fing ein Spieler den Ball, rannte damit übers Feld und erzielte einen spektakulären Touchdown.

»Du solltest mal lieber hoffen, dass die Mafia nicht auf dich aufmerksam wird«, sagte Garrett.

Ich werde oft gefragt, ob meine Kinder meine Gabe geerbt haben. Mein älteste Tochter Ashley, eine der liebenswürdigsten Seelen, die ich kenne, hat offenbar eindeutig außersinnliche Fähigkeiten. Sie spürt Dinge und ist sehr gut darin, die Energie von Menschen zu lesen. Manchmal scheint sie auch über Dinge Bescheid zu wissen, die erst noch kommen. Vor ein paar Jahren hatten Ashley und Garrett am Muttertag noch ein paar Besorgungen gemacht und waren gerade auf dem Heimweg, als Ashley plötzlich sagte: »Mami ruft an: zehn, neun, acht, sieben …« Sie zählte rückwärts bis eins. Und als sie dort angekommen war, klingelte Garretts Handy. Ich war dran.

Hayden, unser mittleres Kind, ist ein liebenswerter Junge mit viel Energie. Bei ihm läuft ein anderes Programm ab. Er findet verloren gegangene Dinge – eine sehr praktische Gabe.

»Hayden, weißt du, wo die Fernbedienung für den Fernseher ist?«, fragt einer von uns.

Daraufhin sitzt er einen Moment oder auch zwei ganz still da und sagt dann: »In der Sofarille« oder »Unter dem Bett.«

Das funktioniert auch mit Ballettschuhen. Im letzten Frühjahr sagte ich zu ihm: »Hayden, dies ist ein Notfall. Wir müssen in fünf Minuten hier weg, um zu Juliets Aufführung zu kommen, und wir können ihren zweiten Ballettschuh nicht finden! Konzentriere dich! Finde ihn!«

»Okay, gib mir eine Minute«, sagte er und schaute nach rechts oben.

Nach nur wenigen Sekunden stand er auf, öffnete den Garderobenschrank im Flur und griff tief in eine dunkle Ecke.

»Hayden, da drin ist er nicht«, sagte ich – und genau in dem Moment zog er einen Ballettschuh hinter einer Aufbewahrungsbox hervor und schwenkte ihn durch die Luft.

Allerdings ist Ostereiersuchen mit Hayden alles andere als eine faire Sache. Und mit ihm Schiffe versenken zu spielen auch nicht.

Mein jüngstes Kind, Juliet, ist so lichtvoll und offenherzig, wie ich es in ihrem Alter war. Wohin wir auch gehen, Menschen fühlen sich offenbar von ihrer Energie angezogen. Sie kommen garantiert auf sie zu und schenken ihr etwas. Es ist mittlerweile eine Dauerwitzelei in unserer Familie: Was wird Juliet wohl heute geschenkt bekommen?

Eines Tages, damals war sie erst drei, kam sie zu mir und sagte: »Mami, da ist immer so ein kleiner blonder Junge bei mir.«

Eine Sekunde lang erstarrte ich vor Schreck. War das jetzt einfach ein Fantasiefreund oder war es … etwas anderes?

»Ist der Junge nett oder gemein?«, fragte ich.

»Er ist sehr nett«, versicherte Juliet.

»Okay«, sagte ich. »Dann kann er wohl bleiben.«

Juliet lächelte, hüpfte weg und machte mit ihrem wunderbar unschuldigen Leben einfach da weiter, wo sie aufgehört hatte.

* * *

Roscoe, unser treuer und verschmuster weißer Zwergschnauzer, war ein weiteres geliebtes Mitglied unserer Familie. Als unsere beiden jüngsten Kinder geboren waren und wir sie nach Hause brachten, legte sich Roscoe ans Fußende unseres Bettes und blieb die ganze Nacht wach, um über das Baby zu wachen. Einmal hat er mit seinem Bellen sogar Einbrecher verjagt. Er war ein toller Freund und ein großartiges Familienmitglied.

Als er zehn Jahre alt war, hatte er plötzlich einen Krampfanfall. Ich fuhr mit ihm zum Tierarzt. Der sagte, dies sei nichts, worüber man sich Sorgen machen müsse, und schickte uns wieder nach Hause. Doch das fühlte sich für mich nicht richtig an. Daher holten wir eine Stunde später eine zweite Meinung ein. Dieser zweite Tierarzt machte sich sehr wohl Sorgen und führte ein paar Tests durch.

Während ich mit Roscoe im Wartezimmer des Tierarztes saß, nahm ich plötzlich die Anwesenheit eines anderen Tieres auf dem Bildschirm wahr, auf dem ich die andere Seite sehe. Ich hatte nicht versucht, ein Reading für irgendjemanden zu machen oder jemanden zu kontaktieren; das Tier tauchte einfach auf. Ich erkannte es. Es war Thunder, der von meiner Mutter sehr geliebte schwarze Labrador, der zwei Jahre zuvor gestorben war. Thunder und Roscoe waren dicke Freunde gewesen. Thunder sprang auf den Schleier zu – die durchlässige Grenze, die auf meinem Bildschirm diese Welt von der anderen Seite trennt –, als sei er wegen irgendetwas sehr aufgeregt, und ich wusste, was das bedeutete. Ich hatte das schon einmal erlebt. Roscoe würde bald sterben, und Thunder war gekommen, um ihn zu begrüßen.

So verstört ich über die plötzliche Wendung bei Roscoes Gesundheitszustand auch war – die Vorstellung, dass er sterben könne, kam nicht ganz überraschend für mich. Ein paar Monate zuvor hatte mir die andere Seite gezeigt, dass Roscoe bald sterben würde. Auf der Zeitlinie hatte ich drei Monate gesehen. Ich hatte verzweifelt gehofft, dass ich falsch lag und ich die Botschaft irgendwie missverstanden hatte. Immerhin hatte es bei Roscoes letzter Vorsorgeuntersuchung keinerlei Beanstandungen gegeben. Dennoch sagte ich damals zu Garrett, ich würde mich allmählich emotional auf Roscoes Ableben einstellen. Garrett und ich sprachen darüber und beschlossen, auch die Kinder behutsam vorzubereiten. »Roscoe ist vielleicht nur noch ein paar Monate bei uns«, sagten wir zu ihnen, »also sollten wir unsere Zeit mit ihm wirklich genießen.« Drei Monate später hatte Roscoe seinen Anfall.

Die Röntgenbilder zeigten, dass Roscoe einen Tumor im Magen und innere Blutungen hatte. Der Tierarzt brachte ihn in die Notfallversorgung, und wir dachten über unsere Optionen nach. Roscoe zu operieren war eine von ihnen, aber er war eindeutig in einem sehr schlechten Zustand, und es schien, als setzten wir ihn einem sehr hohen Risiko aus, ohne sicher sagen zu können, dass wir ihm mit all dem halfen. Roscoes Körper stand unter Schock, und uns wurde gesagt, es sei sehr wahrscheinlich, dass er während der Operation sterbe, und zwar ohne uns an seiner Seite. Ich erinnerte mich an das, was die andere Seite mir gesagt hatte. Seitdem waren drei Monate vergangen. Und ich wusste, dass Thunder da war, um Roscoe über die Schwelle des Todes zu geleiten. Ich verstand: Für ihn war es Zeit zu gehen. Gemeinsam trafen wir die Entscheidung, Roscoe einschläfern zu lassen.

Garrett, die Kinder und ich – wir waren alle bei Roscoe, als er starb. Jeder von uns legte eine Hand auf sein Fell. Wir sagten ihm, wie sehr wir ihn liebten, und dankten ihm dafür, dass er ein so wunderschöner Teil unseres Lebens war. Seine sanften braunen Augen schauten in unsere. Und dann schlossen sich seine Augen, und er starb, umgeben von unserer Liebe.

Obwohl die andere Seite versucht hatte, mich auf Roscoes Tod vorzubereiten, war er niederschmetternd. Ich wusste zwar, dass sein Ableben Teil des Plans war, den das Universum für ihn hatte, und doch wurde ich von Leid und Trauer überwältigt. Trotz allem, was ich über die andere Seite wusste, vermisste ich meinen allerliebsten Hund und fragte mich, ob es ihm wohl gut ging.

Der Tierarzt sagte uns, wir könnten einen Pfotenabdruck von Roscoe bekommen, und der Gedanke gefiel uns allen. Wir warteten, während der Abdruck gemacht wurde. Ich saß wie betäubt da und starrte auf die Wand gegenüber. Schließlich konzentrierte ich mich auf das Poster, das da hing – und mir blieb fast die Luft weg. Es war das Bild eines Ameisenbären.

Was ist so besonders an einem Poster von einem Ameisenbär im Sprechzimmer eines Tierarztes?

Vor langer Zeit hatte ich die andere Seite gebeten, mir Zeichen von meinen verstorbenen Lieben zu schicken. In der Regel bat ich um Monarchfalter, doch nach einer Weile beschloss ich, noch eins draufzusetzen. Ich bat speziell um drei Zeichen – ungewöhnliche Zeichen. Wenn das Universum mir eine Botschaft übermitteln wollte, so meine Bitte, sollte es mir ein Gürteltier zeigen. Oder ein Erdferkel. Oder einen Ameisenbären.

Warum sollte ein Tierarzt ein großes Bild von einem Ameisenbär in seiner Praxis hängen haben? Keine Ahnung. Aber ich weiß, was es für mich bedeutete, diesen Ameisenbären zu sehen. Er ließ mich wissen, dass Roscoe sicher auf der anderen Seite angekommen war, dass er immer noch bei mir war und dass wir in Liebe verbunden waren.

Etwas später mussten Hayden und Juliet zur Toilette. Ich brachte sie hin und wartete vor der Tür. Dann drehte ich mich nach links und genau da, auf Augenhöhe, stand die kleine Keramikfigur eines Hundes. Es war ein weißer

Zwergschnauzer. Der Hund sah genau wie Roscoe aus, und er lächelte. Der Hund war glücklich. Und auf dem Rücken hatte er ein Paar Engelflügel. Okay, manche sagen vielleicht, das war reiner Zufall. Aber ich weiß, dass es das nicht war.

Am nächsten Tag besaß ich die Frechheit, Roscoe um ein weiteres Zeichen zu bitten. »Lass mich einfach wissen, ob es dir da oben gut geht«, sagte ich laut, während ich im Auto irgendwohin fuhr. »Lass es mich wissen, indem du mich das Wort *angel* hören lässt.«

Sobald ich Roscoe um das Zeichen gebeten hatte, schaltete ich das Autoradio ein. Eine Ballade wurde gespielt, und das erste Stück Text, das ich hörte, war: »must have been an angel«.

Aber dennoch – immer noch – fühlte ich mich nicht viel besser. Immerhin kommt das Wort *angel* in einer gefühlten Million Lieder vor, oder etwa nicht?

Später an diesem Tag rief ich in der Praxis des Tierarztes an, um unsere Rechnung zu begleichen. Die Frau am Telefon erklärte mir geduldig und freundlich die verschiedenen Posten. Sie sagte auch, wie leid es ihr tue, dass Roscoe sterben musste, und sorgte dafür, dass es mir insgesamt gleich viel besser ging. Zum Abschluss unseres Gesprächs bedankte ich mich bei ihr und fragte nach ihrem Namen.

»Ich heiße Angel«, sagte sie.

Ich lächelte. Ich konnte es ruhig Roscoe überlassen, mir ein weiteres Zeichen zu geben, wenn ich es am meisten brauchte.

Es war unsere tiefe, mächtige Liebe zu Roscoe, die diesen Kanal der Kommunikation zwischen uns offen hielt. Diese Liebe hatte auch meine Vorahnung, dass Roscoe sterben würde, und den Besuch von Thunder bewirkt.

Vor vielen Jahren, als ich ein paar Wochen vor Pop Pops Tod von dem mächtigen Drang, ihn unbedingt sehen zu wollen, aus dem Schwimmbecken gezogen wurde, wusste ich noch nicht, was eine Vorahnung ist. Und als Pop Pop starb, hasste ich die Vorstellung, etwas im Voraus zu wissen. Aber bei Roscoe nahm ich meine Vorahnung dankbar an. Ich wusste, wo die Botschaft herkam, und erkannte, dass sie ein Zeichen der Liebe war. Die andere Seite handelt nur aus Liebe. Bei Roscoe erwies uns die andere Seite die große Gnade, unsere endlose Liebe für ihn ausleben zu können. Und ich weiß so sicher, wie ich irgendetwas weiß, dass Roscoe uns nicht verlassen hat. Unser wunderbarer Roscoe ist immer noch hier.

* * *

Wir waren nicht die Einzigen in der Familie, die eine intensive Begegnung mit der anderen Seite hatten, an der ein Hund beteiligt war. Vor nicht allzu langer Zeit erfuhr mein Bruder John, dass seine geliebte Pitbull-Hündin Boo Radley krank war. Sie war schon einmal wegen Kieferkrebs behandelt worden, aber jetzt war der Krebs zurückgekehrt und hatte sich ausgebreitet. Sie konnten nichts mehr tun, um ihn aufzuhalten, und mussten den Hund einschläfern lassen.

Boo hatte einen ganz besonderen Platz im Herzen meines Bruders. Er hatte sie bekommen, nachdem er nach Kalifornien gezogen war und sich von seiner damaligen Freundin getrennt hatte. Boo war dabei, als er seine Frau Natasha kennenlernte und als seine drei Kinder geboren wurden: Maya, Zoey und der kleine Johnny. Und Boo hatten sie alle mit ihrer Liebe überschüttet.

Mein Bruder tat sich schwer mit der Frage, wie er es Maya beibringen sollte, die erst sechs war. Er wusste, sie würde fragen, wo Boo hinging. Er wollte sie auf den Verlust vorbereiten und ihr helfen, ihn zu überwinden, aber wie würde er behaupten können, dass Boo in den Himmel ging, wenn er selbst nicht wirklich an den Himmel glaubte?

Er wandte sich ratsuchend an unsere Mutter. Sie glaubt an den Himmel, hatte aber Verständnis dafür, dass mein Bruder unsicher war. Also schlug sie vor, er solle Maya sagen, dass »manche Leute« glaubten, es gebe einen Himmel, wo es sehr schön sei und alle glücklich seien und wo alle – auch Hunde – geliebt werden würden und wir, wenn wir selbst dorthin gingen, wieder mit unseren Hunden vereint seien.

John folgte ihrem Rat. Als er es Maya auf diese Weise vermittelte, fragte sie: »Daddy, bist du einer von den Leuten, die das glauben?«

»Ich weiß es nicht sicher«, sagte John, »aber natürlich hoffe ich, dass es wahr ist.«

Boo wurde eine Woche vor Weihnachten eingeschläfert. John hielt sie fest umarmt, als sie starb. Mein Bruder litt sehr unter ihrem Verlust und begann, sein eigenes Denken zu hinterfragen. »Wenn es wahr ist«, sagte er zu Boo, »wenn es wirklich einen Himmel gibt, dann brauche ich ein Zeichen von dir. Und das kann nur von einer einzigen Person kommen: von Laura Lynne.«

Er dachte an Boos Halsband und sagte: »Boo, ich möchte, dass das Zeichen ein Stern in einem Kreis ist. Gib mir dieses Zeichen durch Laura Lynne, und ich glaube.« John erzählte niemandem von dem Zeichen.

Ein paar Tage später flogen mein Bruder und seine Familie nach New York, um Weihnachten mit der ganzen Familie zu verbringen. An Heiligabend besuchte mich meine Mutter mit einer Flasche Wein, die wunderschön eingepackt war, wie es ihre Geschenke immer sind. Sie hatte die Flasche in Geschenkpapier mit einem Schneeflockenmuster gewickelt und oben einen Plätzchenausstecher in Schneeflockenform befestigt.

Am nächsten Tag, dem Weihnachtstag, kamen wir alle im Haus meiner Mutter zusammen. Ich beschloss, einen gebackenen Camembert zu machen. Meine Mutter sagte zwar, sie habe genug zu essen, aber aus irgendeinem Grund wollte ich unbedingt diesen Camembert machen. Ich packte die Zutaten zusammen – einen runden Camembert, Aprikosenmarmelade, Walnüsse und Brandteigmasse – und wollte gerade gehen, als ich den Schneeflockenausstecher meiner Mutter auf der Küchentheke liegen sah. Da kam mir der Gedanke: *Ich habe später bestimmt noch Teig übrig. Warum sollte ich daraus keine Schneeflocke ausstechen und sie auf den Camembert legen, damit er festlicher aussieht?*

In der Küche meiner Mutter rollte ich den Teig aus und schnitt mit dem Ausstecher eine Schneeflocke heraus. Ich glaube, es ist mir nicht ganz gelungen, denn das Gebilde sah eher wie ein Davidstern aus. Ich war dennoch begeistert.

»Schaut euch das an!«, rief ich meinem Bruder und meiner Schwester zu. »Wir haben einen gebackenen Camembert mit einem Davidstern zu Weihnachten!«

Ich nahm den restlichen Teig und rollte ihn zu einer langen Wurst, aus der eine kreisrunde Umrandung für den Camembert werden sollte. Mir entging nicht, dass mich mein Bruder genau beobachtete. »Was machst du mit dieser Teigwurst?«, fragte er fast anklagend.

»Ich lege einen Kreis um den Stern«, sagte ich. »Ich weiß, das ist nicht besonders kreativ, aber mir ist einfach danach. Hier, schau.«

Mein Bruder verließ kopfschüttelnd die Küche. Kurze Zeit später rief er mich in ein Zimmer: »Laura, kann ich dich mal eine Sekunde sprechen?« Seine Stimme klang dringend, fast fordernd.

»Ich komme!«, sagte ich.

Als ich, immer noch mit Teig an den Händen, zu ihm kam, versuchte John zu sprechen, brach dann aber einfach in Tränen aus.

»Was ist denn los, was ist mit dir?«, fragte ich.

»Als Boo gestorben war, habe ich zu ihr gesagt, dass sie, wenn das wirklich wahr ist und es die andere Seite wirklich gibt, mir ein Zeichen schicken müsse«, sagte er. »Und ich sagte ihr, es müsse von dir kommen. Das Zeichen, um das ich sie gebeten hatte, …« – er schluchzte und bekam kaum ein Wort heraus – »war ein Stern in einem Kreis.«

Jetzt weinten wir beide.

Eins war mir klar: Wenn ich einfach gesagt hätte, ich würde spüren, dass Boo Radley noch bei uns ist, hätte John mir nicht geglaubt. Die andere Seite wusste das auch. Also arrangierte sie alles so, dass sich Boos Zeichen manifestieren konnte. Sie brachte mich dazu, etwas zu schaffen, und sorgte dafür, dass sogar unsere Mutter ihre Hand im Spiel hatte. John hatte Boo einen ganz schön schweren Auftrag gegeben, aber sie hatte ihn ausgeführt! Was für ein Weihnachtsgeschenk für John!

Ich fragte meinen Bruder: »Glaubst du es jetzt endlich?«

Mein wunderbarer Bruder, der sein Leben lang Skeptiker gewesen war, dachte einen Moment lang nach. »Irgendwie muss ich das ja«, sagte er dann.

* * *

Wir sind alle in der Lage, diese erstaunlichen Verbindungen zur anderen Seite wahrzunehmen. Wir sind alle mit denen verbunden, die wir lieben, sowohl hier als auch auf der anderen Seite. Über diese Verbindungen hinaus glaube ich, dass wir alle die Fähigkeit haben, uns mit der anderen Seite zu verbinden. Vielleicht sind wir nicht alle in der Lage, verloren gegangene Ballettschuhe zu finden. Aber wer weiß – vielleicht doch.

Ich mache es mit meinen Kindern ebenso wie mit meinen Schülern oder wie mit den Menschen, für die ich ein Reading durchführe. Und ich hoffe, dass ich es auch mit den Lesern dieses Buches gemacht habe. Ich ermutige sie, ihre Köpfe und ihre Herzen für die Idee zu öffnen, dass das Universum größer und magischer ist, als wir es uns vorstellen können.

Genau das sage ich auch mir selbst jeden Tag. Ich kann das Leben mittlerweile so annehmen.

* * *

Und hier kommt das Schönste von allem: In unserem Leben muss sich nichts ändern außer unsere Wahrnehmung.

Wir alle machen außersinnliche Erfahrungen in unserem Leben, die uns miteinander und mit unseren Lieben auf der anderen Seite verbinden. Nicht nur ab und zu, sondern die ganze Zeit. Ich wünsche mir, dass wir die Gabe, die wir in uns tragen, erkennen und wertschätzen und dass wir verstehen, wie grundlegend sich unser Leben verändern kann, wenn wir unsere Köpfe und unsere Herzen dafür öffnen.

Es wird keine Blitze und keine Donnerschläge geben. Alles, was passieren wird, ist, dass wir anfangen, unser Leben mit anderen Augen zu sehen. Aber diese winzige

Wahrnehmungsverschiebung kann unser ganzes Leben verändern. Sie kann die Welt verändern. Sie kann das Universum erschüttern. Und das Licht zwischen uns wird noch heller leuchten.

Danksagung

Dieses Buch verdankt seine Existenz dem Licht und dem Einfluss sehr vieler Menschen in dieser Welt und auf der anderen Seite.

Alex Tresniowski: Sie haben die Reise dieses Buches vom ersten Tag nach dem Download an begleitet. Innerhalb von vierundzwanzig Stunden, so schien es, haben Sie entscheidend dazu beigetragen, es in Form und in die Welt zu bringen. Ich hätte mir keinen besseren Mitarbeiter wünschen können. Danke für all das Licht, das Sie eingebracht haben. Sie sind einer der bescheidensten Menschen, die ich je kennengelernt habe, und ein Geschenk an die Welt.

Jennifer Rudolph Walsh: Sie sind eine Lebensveränderin und Lichtbringerin und, nicht zu vergessen, eine unglaublich hilfsbereite und erstaunliche Agentin und Freundin. Ihre Visionen und Ihre Leidenschaft sind nicht aufzuhalten und schlicht überwältigend. Welche große Lichtkraft auch immer dafür gesorgt hat, dass sich unsere Weg kreuzten, ich bin ihr ewig dankbar. Sie inspirieren mich und helfen mir, geerdet zu bleiben. Sie verändern ganz einfach die Welt. Ich bin so dankbar, dass ich diese Reise mit Ihnen machen und in Ihrem Licht sein darf! Strahlen Sie weiter!

Julie Grau: Ich weiß, dass Sie von der anderen Seite ganz bewusst als Lektorin für dieses Buch ausgewählt wurden und dass Sie Teil eines Lichtteams sind. Ihr Verständnis, Ihre Intelligenz und Ihre Weitsicht waren für die Reise dieses Buches von großer Bedeutung. Danke, dass Sie es bis zur

Endfassung begleitet haben. Danke für Ihre Geduld, Ihre Freundlichkeit und Ihre Freundschaft. Ich weiß, wie viel Glück ich habe, dass sich unsere Wege kreuzten, und ich bin außerordentlich dankbar dafür.

Linda Osvald, meine Mutter: Als meine erste und wichtigste Lehrerin hast du mir beigebracht zu lieben, hart zu arbeiten, freigiebig und freundlich zu sein und immer auf mein Herz zu hören. Du bist eine große Kraft der Liebe in dieser Welt, und in meinem Leben hast du eine entscheidende Rolle gespielt. Du hast die Landschaften meiner Kindheit unendlich schön gemacht. Und jeder Moment, jedes Opfer, jedes Mal, wenn du mich angefeuert hast, sagte mir, dass ich stark und schön bin und dass du an mich glaubst. Du hast mich inspiriert und bedingungslos geliebt. Das alles hat für mich eine große Rolle gespielt. Mein Weg des Lichts ist mit deiner Liebe gepflastert. Dieses Buch spiegelt dich genauso wider wie mich. Was immer ich in einem früheren Leben getan habe, um dich in diesem Leben als Mutter zu bekommen, ich bin auf ewig dankbar dafür. Ich habe den Mutter-Jackpot gewonnen.

John Osvald, mein Vater: Ich danke dir für all die Nächte, in denen du im Keller gesungen hast und für jeden Versuch, der in diese Richtung ging. Ich liebe dich.

Marianna Entrup, TT: Sie waren immer da, wenn es darum ging, uns in Brant Lake zu retten oder einen medizinischen Rat zu geben. Sie waren ein Teil unserer Familie. Danke dafür.

Ann Wood: Vielen Dank für all die Güte und Liebe, die Sie mir immer bewiesen haben. Sie sind etwas ganz Besonderes.

Christine Osvald-Mruz: Als deine Schwester bin ich in eine Welt voller Liebe hineingeboren worden. Danke für all unsere Kindheitsabenteurer. Zu meinen glücklichsten Erinnerungen gehören die an die Zeiten, die ich mit dir verbracht habe. Du warst immer ein wunderbares Vorbild und eine große Inspiration für mich. Ich kann mich glücklich schätzen, eine so freundliche, intelligente, mitfühlende Schwester und Freundin zu haben.

John William Osvald: Du bist einer der liebevollsten, großmütigsten, im positiven Sinne risikobereitesten und mitfühlendsten Menschen, die ich je kennengelernt habe – nicht zu vergessen, der beste Koch, den ich kenne. Die Tatsache, dass ich dich als Bruder und Freund habe, gehört zu den größten Segnungen meines Lebens. Du inspirierst mich und hilfst mir, auf zahllose Weisen zu wachsen und mich zu verändern. Der Tag, an dem du geboren wurdest, war einer der glücklichsten meines Lebens. Meine Seele muss es gewusst haben …

Garrett Jackson: Es sind so viele schöne und lichtvolle Dinge in mein Leben gekommen, weil du da bist. Dein Herz und meines sind offenbar alte Freunde. Und indem ich dich gefunden habe, habe ich einen der größten Schätze meines Lebens gefunden. Unser gemeinsames Leben umfasst alles, was ich mir erträumt habe, und mehr. Du forderst mich heraus, inspirierst mich und hilfst mir, auf unermessliche Weise zu wachsen. Du bist ein Mann mit Charakter, und es ist mir eine Ehre, mit dir durchs Leben zu reisen – durch ein Leben als Eltern und alles andere. Ich liebe dich so sehr.

Ashley Jackson: Meine erstgeborene, lichtvolle Tochter. Du hast mich zur Mutter gemacht und meine Welt für immer verändert, indem du sie mit mehr Liebe erfüllt hast, als ich es je für möglich gehalten hätte. Deine Schönheit, deine Intelligenz, deine künstlerischen Fähigkeiten und dein Licht erhellen selbst die dunkelsten Ecken meines Lebens.

Hayden Jackson: Mein süßer Bubba, der mir so ähnlich ist, dass es mich fast erschreckt. Du bist mit einer strahlenden Haarkrone in diese Welt gekommen und hast sie für mich mit noch mehr Liebe erfüllt. Durch dich lerne ich täglich neue Dinge – sei es über die Naturwissenschaft und die Aufspaltung der Gene oder die Sprache und die Tiefe meines Herzens. Ich habe sehr viel Glück, deine Mutter sein zu dürfen, und bin dankbar, dass du mich gewählt hast.

Juliet Jackson: Du bist der Sonnenschein in menschlicher Form und bringst Licht, Freude und Liebe, wohin du auch gehst. Dein freundliches Herz und deine Begeisterung für das Leben inspirieren mich und erinnern mich daran, ganz und mit Leidenschaft zu leben. Du bist ein wahres Geschenk für alle, die dich kennen – und vor allem für mich. Ich bin so dankbar, deine Mutter sein zu dürfen.

Laura Schroff: Das unsichtbare Band, das uns zusammengezogen hat, gehörte sicher zum Plan der anderen Seite. Die Rolle, die Sie für das Erscheinen dieses Buches gespielt haben, kann gar nicht genug hervorgehoben werden. Sie sind ein großes Licht in dieser Welt, und ich habe das Privileg, mich nicht nur in Ihrem Glanz sonnen, sondern Sie auch als Freundin bezeichnen zu dürfen. Danke für Ihre liebevolle Begleitung auf dieser Reise. Sie inspirieren mich.

Gina Centrello und Gail Rebuck: Ihr habt von Anfang an die Macht dieser Geschichte geglaubt – und sie weitergetragen. Ich bin sicher, dass ihr zum Lichtteam gehört.

Stephanie Nelson: Vor anderthalb Jahrzehnten, als ich dich – du warst damals noch Lehramtsstudentin – kennenlernte, habe ich definitiv meine besonderen Fähigkeiten eingesetzt, als ich dir sagte, dass du die feste Stelle an der Highschool unbedingt annehmen musst, damit du meine beste Freundin sein kannst und wir zusammenarbeiten können.

Eine bessere Freundin hätte ich mir nicht wünschen können. Danke, dass du mit mir durch dick und dünn gegangen bist – und dass du ein festes Licht in meiner Welt und in meinem Herzen warst. Und wie schön vom Universum, dafür zu sorgen, dass auch unsere Männer Freunde sind!

Dorene Bair: Du bist jemand, der in meinem Leben alles zum Guten verändert und verbunden hat! Deine quirlige, positive Energie ist ansteckend. und ich halte mich sehr gern in deinem Licht auf. Danke, dass du eine so unglaublich unterstützende Freundin bist. Alles, was du machst, machst du mit Anmut, Klasse und Liebenswürdigkeit. Du inspirierst mich auf so vielen Ebenen! Du funkelst. Und deinem wunderbaren Ehemann, Tom Bair sei gesagt: Danke für die unglaubliche Rolle, die du gespielt hast, um diesem Buch zu seinem Platz in der Welt zu verhelfen!

Gwen Jordan: Seit der achten Klasse warst du immer da und bereit für zahllose Abenteuer, Telefongespräche und Eskapaden. Unsere Freundschaft ist uns über Jahrzehnte und trotz aller Veränderungen erhalten geblieben. Ich bin so dankbar für das Geschenk, das du darstellst, und freue mich auf weitere Abenteuer mit dir. Danke dafür, dass du eine so tolle beste Freundin bist.

Marris Goldberg: Mit dir zusammen zu sein oder auch einfach nur mit dir zu sprechen ist immer sehr erfreulich. Du lebst mit Leidenschaft und Freude und inspirierst deine ganze Umgebung. Danke, dass du ein derart helles Licht in meiner Welt bist und eine ganz wunderbare Freundin.

Danielle Lash: Mit deinen Eskapaden in Übersee und deinen Abenteuern hier sorgst du immer für viel Spaß und Gelächter. Du bist ein Geschenk an die Welt und erhellst sie, wohin du auch gehst. Ich bin sehr dankbar für deine Freundschaft und deine Gegenwart in meiner Welt.

Rachel Rosenberg: Von manchen Freunden weiß man einfach, dass sie Freunde für immer sind. Du gehörst dazu.

Danielle Hain: Tiny, was habe ich für ein Glück, dass deine positive Energie in meiner Welt ist! Du strahlst!

Jennifer Schulefand – meine frühere Mitbewohnerin: Ich bin unendlich froh, dass wir nach so vielen Jahren immer noch in Verbindung stehen.

Drew Katz: Ich wünschte zwar, wir hätten uns unter anderen Umständen kennengelernt, aber ich bin der anderen Seite dankbar, dass sie uns zusammengebracht hat. Sie sind ein Mensch mit Charakter, Großzügigkeit und geistiger Stärke – und ich weiß, dass Ihr Vater und Ihre Mutter sehr stolz sind auf den Mann, der Sie geworden sind. Sie umarmen die Welt mit Güte und Mitgefühl. Ich habe das Gefühl, Ihre Seele schon sehr lange zu kennen, und ich bin glücklich im Licht Ihrer Freundschaft. Meine Liebe und Dankbarkeit wird Ihnen beiden immer gehören, Ihnen und Ihrer wunderbaren Frau Rachel.

Litany Burns and Ron Elgas: Danke, dass Sie mir geholfen haben, meinen Weg zu erkennen und zu verstehen, und für all das Licht, das Sie in die Welt gebracht haben.

Bob and Phran Ginsberg: Sehr viel von meiner Arbeit ist eng mit Ihnen verbunden. Unter den freigiebigen, inspirierenden und großzügigen Menschen, die ich kenne, stehen Sie ganz weit vorn. Die Arbeit, die Sie machen, um anderen zu helfen, ihre Trauer zu heilen und ihnen die Botschaften der anderen Seite zu übermitteln, ist gar nicht messbar. Ich weiß, dass Sie Teil des unglaublichen Lichtteams sind. Ich will nicht versäumen, Ihre Tochter Bailey zu erwähnen und auch ihr zu danken, denn sie steht von Anfang an hinter all dem, und sie ist bestimmt auch diejenige, die mich mit Ihnen zusammengebracht hat. Was für ein kraftvolles Licht Sie drei bilden.

Dr. Julie Beischel: Die Hingabe, mit der Sie das Leben nach dem Tod erforschen, ist von unermesslicher Bedeutung für die Welt. Ich bin zutiefst dankbar für die Rolle, die Sie und das Windbridge Institute in meinem Leben gespielt haben.

John Audette: Ihr Glaube und Ihre Hingabe an die Lichtarbeit ist wunderbar. Ich weiß, dass die andere Seite mit Ihnen und durch Sie arbeitet, um ihre Botschaft der Liebe und des fortdauerndes Bewusstseins in die Welt hinauszutragen. Sie sind Teil eines großartigen Lichtteams. Ihre Freundschaft war auf meiner Reise von unschätzbarem Wert. Danke, dass Sie mir den Weg erleuchtet haben.

Eben Alexander: Ihre Bereitschaft, Ihre Geschichte mit der Welt zu teilen, ist inspirierend. Danke für alles, was Sie uns vermittelt haben. Ich bin stolz, Sie als Freund betrachten zu dürfen.

Dr. Mark Epstein: Ihnen zu begegnen, war ein großes Geschenk. Es ist mir eine große Ehre, mit Ihnen in Verbindung zu stehen. Ihr Licht heilt und inspiriert unsere Welt.

Dr. Brian Weiss: Ihr Licht erleuchtet so vielen den Weg und hilft uns allen zu verstehen, dass unsere größte Gabe unsere Fähigkeit zu lieben ist und dass wir unsterbliche Wesen sind. Sie haben mich auf so viele Arten inspiriert. Danke, dass Sie auch mir auf meiner Reise den Weg gewiesen haben.

Dr. Gary Schwartz: Die Hingabe, mit der Sie die kraftvollen Botschaften, die uns die andere Seite zu übermitteln hat, erforschen und anderen helfen, sie zu verstehen, ist sehr inspirierend. Ich bin ausgesprochen glücklich über all die Synchronizitäten und darüber, wie sich unsere Wege immer wieder gekreuzt haben. Sie haben eine wichtige Rolle bei meiner Reise gespielt, und ich schätze das Licht zwischen uns.

Lehrer spielen für uns alle eine wichtige Rolle, wenn es darum geht, uns den Weg zu weisen. Ich bin all meinen vielen

Lehrern dankbar, aber ganz besonders den folgenden, die mir geholfen haben, meine Verbundenheit mit anderen zu erkennen und zu verstehen, mir gezeigt haben, wie ich das Licht nutzen kann und mir ermöglicht haben, an mich selbst zu glauben: Mrs. Nolan, meine Lehrerin in der dritten Klasse; Mrs. Margaret McMorrow, meine Lehrerin in der vierten Klasse; Mr. Kevin Dineen, mein Englischlehrer in der zwölften Klasse, und der leider schon verstorbene Mr. David Bosnick, mein Englischprofessor am College. Ihnen kann ich gar nicht genug danken. Ich schätze und sehe das Licht zwischen uns. Jeder von Ihnen ist ein Teil von mir und bleibt für immer in meinem Herzen.

Michelle Goldstein, eine Lehrerin, die das Leben meiner Kinder entscheidend geprägt hat: Sie sind ein ganz außergewöhnlicher Mensch!

Dr. Jane Modoono Philport: Sie haben, als Sie in der Herricks Highschool angekommen sind, sofort ein ganz großes Licht ausgestrahlt. Ich habe so viel von Ihnen gelernt. Ich bin dankbar für Ihre Unterstützung, Ermutigung, Liebe und Freundschaft. Ich wünschte, jeder Lehrer könnte einen Direktor wie Sie haben. Sie schaffen Großes, wo immer Sie sind.

Nicole Cestari Clark: Ich bin dem Universum sehr dankbar, dass es mich mit einer so erstaunlichen Frau und Freundin zusammengebracht hat. Deine Energie und Leidenschaft sind ansteckend, und die Arbeit, die du in der Welt vollbringst, ist voller Licht. Jeder, der dich kennt und als Freundin bezeichnen darf, ist ein Glückspilz.

Laura Castillo: Ich bin dir sehr dankbar, weil du meinen Kinder der wunderbarste, fürsorglichste und lustigste Babysitter und mir ein ebensolcher Ansprechpartner bist. Um dich ist so viel Licht!

Henry Bastos: Danke für die Schönheit und Freundschaft, die du in mein Leben bringst.

Lisa Capparelli: Ich liebe deine Energie und deine Abendessen. Danke für das Geschenk deiner Freundschaft. Es gibt keinen langweiligen Moment, wenn Dave in der Nähe ist. Ich freue mich schon auf weitere gemeinsame Eskapaden!

Paul und Pam Cain: Sie sind ein Paar, das ganz von Licht erfüllt ist! Alles, was Sie in dieser Welt tun, wird von Ihrem Mitgefühl und ihrer Freundlichkeit berührt. Ich bin stolz, Sie zu kennen.

Trina und Adam Venit: Es freut mich sehr, dass mich mein Weg mit zwei so unglaublichen Menschen zusammengebracht hat. Lassen Sie Ihr schönes Licht auch weiterhin strahlen!

Starr Porter: Was für ein Sternenlicht du in die Welt schickst! Ich schätze mich glücklich, dass sich unsere Wege gekreuzt haben – unsere und der von Chris Wagner – und dass wir mit Lichtschnüren verbunden sind.

Sky Ferreira: Sie haben einen Weg des Lichts durch die Dunkelheit gebaut. Ich weiß, dass Ihr Team auf der anderen Seite sehr stolz ist, weil Sie Ihre künstlerischen Gaben in die Welt bringen. Ich werde immer mit Ihnen mitfiebern, und ich fühle mich geehrt durch Ihre Freundschaft.

Für all meine Nichten, Neffen, Schwägerinnen und Schwager und die Mitglieder meiner erweiterten Familie: Jeder von euch bringt ein wunderschönes Licht in die Welt, und ich bin unendlich dankbar, dass ich diesen Weg mit euch als Familie gehen kann: John, Matt, Willy, Henry und Peter Mruz, John und Laurie Mruz, Cyndi und Alan Switzer, Natasha Khokhar, Maya, Zoey und John Osvald, Aliya und Priya Khokhar, Anika Bashir, Angela und Angela G. F. Jackson, Jimmy, Kerry, Joey, Brian, Kevin und Danny Jackson, John,

Emily, Jay und Johnny Jackson, Lucille Weintraub, Brett, Elyse, Gregg, Karen, Jarrett und Carol Weintraub, Jimmy, Ted, Maddy, Teddy und Kenny Wood. Und für meine Lieben auf der anderen Seite: Omi und Pop Pop, Dundee Yette, Nani und Apa, Vicki sowie meine Schwiegereltern Gary und Alan. Jeder von euch hat eine wichtige Rolle in meinem Herzen und in meiner Welt gespielt. Ich danke euch.

Für die erweiterte Familie meiner Kindheit: Nancy, Lee, Damon und Derrick Smith, Ellie und Nick Pucciarello. Ich verbinde so viele glückliche Erinnerungen mit euch.

Alle Menschen, die ihre Geschichten in diesem Buch geteilt haben: Was für ein großes Geschenk ihr uns allen gemacht habt. Eine der größten Segnungen dieser Arbeit besteht darin, dass man dabei unglaubliche Menschen kennenlernt, die sich am Ende fast wie Familienmitglieder anfühlen. Auf dieser Liste stehen Susan Newton-Poulter und Fred Poulter, Maria Ingrassia, Kenneth Ring, Nancy Larson, Jim Calzia, Rose-Ann DeRupo und Charlie Schwartz, Joe und Maryanne Pierzga, Mary Steffey, Frank McGonagle und Mike Cestari. Und all die zu ihnen gehörigen Familienmitglieder auf der anderen Seite: Scotty Poulter, Kyle Larson, Kathy Calzia, Jessie Pierzga, Charlotte, Elizabeth und alle anderen. Wir erweisen euch die Ehre und danken euch, weil ihr uns alle zusammengebracht und eure Geschichten und euer Licht mit der Welt geteilt habt.

Bobbi Allison, eine meiner Seelenschwestern und ein großes Licht in meiner Welt: Danke für deine ständige und unerschütterliche Liebe und Unterstützung. Möge das Universum dich ohne Ende segnen für all die Güte und das Licht, die du anderen bringst.

Dr. Marc Reitman: Ich bin sehr dankbar für die unglaubliche Rolle, die Sie auf meinem Weg gespielt haben. Sie sind ein Heiler und Lichtbringer in dieser Welt! Es ist mir eine Ehre, Sie zu kennen.

Dr. Jeff Tarrant: Danke, dass Sie sich mein Gehirn angeschaut und mir ein paar Antworten gegeben haben und dass Sie ein wunderbarer Freund sind! Ihre Lebensfreude überträgt sich auf jeden, der Ihre Energie erlebt. Und ich bin sehr dankbar, dass ich einer von diesen Menschen bin.

Amy Lewin: ein Engel und Begleiter auf meinem irdischen Weg. Ich bin für immer dankbar für die Rolle, die du gespielt hast. Du gehört zu den Menschen, die ich am liebsten habe.

Melissa und Tom Gould: Eines der größten Geschenke dieser Arbeit ist, dass man so wunderbare, unglaubliche Menschen wie euch dabei kennenlernt. Ich bin froh, euch zu kennen und als Freunde bezeichnen zu dürfen.

Angie Walker, Danielle Perretty, Lynne Ruane, Laura Swan, Rainey Stundis sowie Anthony und Grace Avellino: Der beste Teil dieser Arbeit besteht darin, dass man unglaubliche Menschen dabei kennenlernt und Freundschaft mit ihnen schließt. Euch zähle ich dazu.

Bill, Angela und B.J. Artuso: Ich danke euch für eure Hingabe in der Erforschung der anderen Seite und das Licht unserer Freundschaft. Ich bin sehr glücklich, dass sich unsere Wege gekreuzt haben.

Der Rest meiner Mannschaft aus hellsichtigen Freundinnen: Was würde ich ohne euch machen? Ihr sorgt dafür, dass ich geerdet bleibe und immer was zu lachen habe. Es ist stets wunderbar, mit euch zusammen zu sein: Kim Russo, Janet Mayer, Bethe Altman, Diana Cinquemani, Pat Longo und alle anderen.

Meine erste Klasse für außersinnliche und spirituelle Entwicklung: Ich hätte mir keine bessere Gruppe zur Erforschung unserer Verbindungen untereinander und mit der anderen

Seite wünschen können! Danke, dass ihr die Mittwochabende zu den Highlights meiner Woche macht: Amanda Muldowney, Janine Martorano, Amy Lederer, Marilyn Pilo, Mary Kennedy, Lisa Johnson, Cathleen Costello, Rosemary McNamara und Linda Pawlak.

Laura Van der Veer, Katie Giarla und Maggie Shapiro: Danke für die Hilfe bei der Entstehung dieses Buches und für die Beantwortung aller technischen Fragen, die ich zu jeder Tages- und Nachtzeit dazu hatte!

Mein Lichtteam bei Random House: Sally Marvin, Nicole Morano, Theresa Zoro, Sanyu Dillon, Leigh Marchant, Andrea DeWerd, Greg Mollica und Nancy Delia … Danke, dass Sie sich so gut um mich und meine Arbeit gekümmert haben.

Und das Team bei Arrow in Großbritannien: Ich danke Susan Sandon, Jenny Geras, Gillian Holmes und Jess Gulliver.

Alle anderen aus meinem Lichtteam bei WME: Rafaella De Angelis, Alicia Gordon, Kathleen Nishimoto und Scott Wachs, ich bin so dankbar für alles, was ihr tut, und für die Rolle, die ihr gespielt habt.

Ein ganz großes Dankeschön an das Kollegium und die Mitarbeiter der Herricks Highschool und an alle meine ehemaligen Schüler. (Ich bin mir sicher, dass sie mir mehr beigebracht haben, als ich ihnen jemals beibringen konnte.) Ganz besonders lieben Dank an die aktuellen und ehemaligen Kollegen von der Englischabteilung, meine zweite Familie: Jane Burstein, Nancy Rajkowski, Barbara Hoffman, Ed Desmond, Steph Nelson, Alan Semerdjian, Jessica Lagnado, Tom Baier, Tom Mattson, Sonia Dainoff, Kelly Scardina, Sarah Kammerdener, Denise Barnard, Lauren Graboski, David Gordon, Mike Imondi, Mike Stein, Karen Meier und Victor Jaccarino. Und auch Chris Brogan, Louise O'Hanlon, Claudia Carter,

Joanne Asaro, Trish Basile, Jane Morales, Michele Pasquier, Joanie Keegan, Andrew Frisone, Bryan Hodge, Gail Cosgrove, Jane Modoono, Suzanne Faeth, Sharon Morando, Danielle Yoo, Tania DeSimone, Rich Gaines, Caryn Krutcher, Nicole Cestari und Deirdre Hayes.

Außerdem danke ich all den wunderbaren Menschen, die mich in ihre Energie gelassen und mir erlaubt haben, ein Reading für sie durchzuführen. Ich bin dankbar für jede Erfahrung und jede Verbindung.

Dem Lichtteam auf der anderen Seite sei gesagt: Nichts von all dem wäre ohne euch möglich gewesen. Danke, dass ihr mir erlaubt, Botschafter und Teil eures großen Lichts zu sein.

Und Ihnen, meinen Lesern, danke ich, dass wir uns gemeinsam auf diese Reise des Lichts begeben.

Über die Autorin

Laura Lynne Jackson ist Englischlehrerin an einer Highschool und ein hellsichtiges Medium. Ihre medialen Fähigkeiten wurden vom Windbridge Institute for Applied Research in Human Potential und von der Forever Family Foundation untersucht und bestätigt. Sie lebt mit ihrem Mann und ihren drei Kindern auf Long Island. Dies ist ihr erstes Buch.

Besuchen Sie Laura Lynne Jackson auf Facebook @lauralynjackson.